中国ESG研究院文库
钱龙海　柳学信　主编

从CSR到ESG

企业可持续发展理论与实践

柳学信　王超　编著

From CSR to ESG
Theory and Practice
of Corporate Sustainability

Environmental —— Social —————————— Governance

本书系统探讨了企业可持续理论溯源与发展脉络、ESG生态系统及其管理实践。全书分为背景篇、理论篇和实践篇三部分，背景篇揭示企业与社会的关系以及企业宗旨转向可持续性的客观趋势及其必然性；理论篇阐释企业可持续理论从CSR到ESG的进阶式演化发展，并提炼ESG作为当前企业可持续核心框架的价值创造机制；实践篇剖析ESG生态系统主体及其实践行为，并提出中国ESG生态体系建设路径。

本书可以为企业可持续发展领域的研究者、ESG及经济管理专业从业者提供借鉴，也可以供对企业可持续议题有兴趣的读者阅读。

图书在版编目（CIP）数据

从CSR到ESG：企业可持续发展理论与实践 / 柳学信，王超编著. -- 北京：机械工业出版社，2024.11.
（中国ESG研究院文库 / 钱龙海，柳学信主编）. -- ISBN 978-7-111-76874-6

Ⅰ. F279.2

中国国家版本馆CIP数据核字第2024HC6089号

机械工业出版社（北京市百万庄大街22号　邮政编码100037）
策划编辑：朱鹤楼　　　　　责任编辑：朱鹤楼　蔡欣欣
责任校对：王荣庆　李　杉　责任印制：单爱军
保定市中画美凯印刷有限公司印刷
2025年1月第1版第1次印刷
169mm×239mm・17.25印张・1插页・251千字
标准书号：ISBN 978-7-111-76874-6
定价：79.00元

电话服务　　　　　　　　　网络服务
客服电话：010-88361066　　机　工　官　网：www.cmpbook.com
　　　　　010-88379833　　机　工　官　博：weibo.com/cmp1952
　　　　　010-68326294　　金　书　网：www.golden-book.com
封底无防伪标均为盗版　机工教育服务网：www.cmpedu.com

中国 ESG 研究院文库编委会

主　任　钱龙海　柳学信

委　员　范合君　刘　斌　柳学信　彭　琳
　　　　钱龙海　申建军　孙忠娟　王大地
　　　　王　凯　王　坦　王文举　尹志超
　　　　张博辉　张承惠

中国ESG研究院文库
总　序

环境、社会和治理是当今世界推动企业实现可持续发展的重要抓手，国际上将其称为ESG。ESG是环境（Environmental）、社会（Social）和治理（Governance）三个英文单词的首字母缩写，是企业履行环境、社会和治理责任的核心框架及评估体系。为了推动落实可持续发展理念，联合国全球契约组织（UNGC）于2004年提出了ESG概念，得到了各国监管机构及产业界的广泛认同，引起了一系列国际多双边组织的高度重视。ESG将可持续发展的丰富内涵予以归纳整合，充分发挥政府、企业、金融机构等主体作用，依托市场化驱动机制，在推动企业落实低碳转型、实现可持续发展等方面形成了一整套具有可操作性的系统方法论。

当前，在我国大力发展ESG具有重大战略意义。一方面，ESG是我国经济社会发展全面绿色转型的重要抓手。中央财经委员会第九次会议指出，实现碳达峰、碳中和"是一场广泛而深刻的经济社会系统性变革""是党中央经过深思熟虑做出的重大战略决策，事关中华民族永续发展和构建人类命运共同体"。为了如期实现2030年前碳达峰、2060年前碳中和的目标，党的十九届五中全会做出"促进经济社会发展全面绿色转型"的重大部署。从全球范围来看，ESG可持续发展理念与绿色低碳发展目标高度契合。经过十几年的不断完善，ESG已经构建了一整套完备的指标体系，通过联合国全球契约组织等平台推动企业主动承诺改善环境绩效，推动金融机构的ESG投资活动改变被投企业行为。目前联合国全球契约组织已经聚集了1.2万余家领军企业，遵循 ESG 理念的投资机构管理的资产规模超过 100 万亿美元，汇聚成为推动绿色低碳发展的强大力量。积极推广 ESG 理念，建立 ESG 披露标准、完善 ESG 信息披露、促进企业 ESG 实践，充分发挥 ESG 投资在推动碳达峰、碳中和过程中的激励和约束作用，是我国经济社会发展全面绿色转型的重要抓手。

另一方面，ESG 是我国参与全球经济治理的重要阵地。气候变化、极端天气是人类面临的共同挑战，贫富差距、种族歧视、公平正义、冲突对立是人类面临的重大课题。中国是一个发展中国家，发展不平衡不充分的问题还比较突出；中国也是一个世界大国，对国际社会负有大国责任。2021 年 7 月 1 日，习近平总书记在庆祝中国共产党成立 100 周年大会上的重要讲话中强调，中国始终是世界和平的建设者、全球发展的贡献者、国际秩序的维护者，展现了负责任大国致力于构建人类命运共同体的坚定决心。大力发展 ESG 有利于更好地参与全球经济治理。

大力发展 ESG 需要打造 ESG 生态系统，充分协调政府、企业、投资机构及研究机构等各方关系，在各方共同努力下向全社会推广 ESG 理念。目前，国内已有多家专业研究机构关注绿色金融、可持续发展等主题。首都经济贸易大学作为北京市属重点研究型大学，拥有工商管理、应用经济、管理科学与工程和统计学四个一级学科博士学位点及博士后工作站，依托国家级重点学科"劳动经济学"、北京市高精尖学科"工商管理"、省部共建协同创新中心（北京市与教育部共建）等研究平台，长期致力于人口、资源与环境、职业安全与健康、企业社会责任、公司治理等 ESG 相关领域的研究，积累了大量科研成果。基于这些研究优势，首都经济贸易大学与第一创业证券股份有限公司、盈富泰克创业投资有限公司等机构于 2020 年 7 月联合发起成立了首都经济贸易大学中国 ESG 研究院（China Environmental, Social and Governance Institute，以下简称研究院）。研究院的宗旨是以高质量的科学研究促进中国企业 ESG 发展，通过科学研究、人才培养、国家智库和企业咨询服务协同发展，成为引领中国 ESG 研究和 ESG 成果开发转化的高端智库。

研究院自成立以来，在标准研制、科学研究、人才培养和社会服务方面取得了重要的进展。标准研制方面，研究院根据中国情境研究设计了中国特色"1+N+X"的 ESG 标准体系，牵头制定了国内首个 ESG 披露方面的团体标准《企业 ESG 披露指南》，并在 2024 年 4 月获国家标准委秘书处批准成立环境社会治理（ESG）标准化项目研究组，任召集单位；科学研究方面，围绕 ESG 关键理论问题出版专著 6 部，发布系列报告 8 项，在国内外期刊发表高水平学术论文 50 余篇；人才培养方面，成立国内首个企业可持续发展系，率先招收 ESG 方向的本科生、学术硕士、博士及 MBA；社会服务方面，研究院积极为企业、政府部门、行业协会提供咨询服务，为国家市场监督总局、北京市发展和改革委员会等相关部门提供智力支持，并连续主办"中国 ESG 论坛""教育部国际产学研用国际会议"等会议，产生了较大的社会影响力。

近期，研究院将前期研究课题的最终成果进行了汇总整理，并以"中国 ESG 研究院文库"的形式出版。这套文库的出版，能够多角度、全方位地反映中国 ESG 实践与理论研究的最新进展和成果，既有利于全面推广 ESG 理念，又可以为政府部门制定 ESG 政策和企业发展 ESG 实践提供重要参考。

尚福林

前　言

进入 21 世纪以来，人类面临的社会经济环境日益严峻，社会各界正致力于寻求破解人类可持续发展困境的解决方案。作为社会经济系统的关键行为主体，企业及其商业活动贯穿于人类可持续发展的始终，既是可持续发展危机的始作俑者和受害者，也是化解这场危机的主力军。企业可持续议题引起了各国政府、国际组织、商业实践者和学术研究者的广泛关注，近年来，国内 ESG 监管、投资和管理实践迅速兴起并得以蓬勃发展。

在此背景下，首都经济贸易大学联合第一创业证券股份有限公司、盈富泰克创业投资有限公司等机构，于 2020 年 7 月成立国内首个专门研究 ESG 的高校智库——中国 ESG 研究院，致力于成为 ESG 领域内有影响力的高端研究型智库，建设服务于"政府决策咨询、国家标准制定、科研学术创新、人才教育培养"的政产研学平台。2020 年以来，研究院开始培养 ESG 方向的硕士博士，并于 2023 年开始培养 ESG 投资与管理的本科生和 MBA 学生。同时，根据中国情境研究设计了"1+N+X"的企业 ESG 标准体系，在此基础上牵头制定了国内首个 ESG 披露方面的团体标准《企业 ESG 披露指南》及多个行业标准和特色标准，为企业 ESG 实践、评价和信息披露提供科学指引，并积极为政府部门、行业协会和企业提供咨询服务。2024 年 4 月 18 日，国家标准化管理委员会秘书处批准环境社会治理（ESG）标准化项目研究组成立，中国 ESG 研究院院长柳学信教授担任召集人，围绕 ESG 标准化需求、标准化路径开展专项研究。此外，研究院出版了国内首套 ESG 系列丛书，发表相关学术论文 50 余篇，获批国家社科基金重大项目等高级别科研项目。这些宝贵的 ESG 研究与实践经历，为我们编写本书奠定了基础。

在长期主持和从事 ESG 研究工作的过程中，我们深刻体会到当前企业可持续实践与研究正处于兴起阶段，面临着诸多理论问题和实践困惑。在理论基础方面，企业可持续的底层价值逻辑缺乏研究深度，尚未形成能够清晰解释和指导 ESG 实践的理论框架；在实践方面，ESG 投资、评级及披露等具体实践得到了广泛关注和积极探索，但仍然缺乏引领社会各界共同促进 ESG 发展的全球性统一规则体系和标准体系；与此同时，中国企业在国际 ESG 市场上的地位仍存在极大的提升空间，亟须建立契合中国国情的 ESG 生态体系。讨论和破解这些难题是推动 ESG 工作取得实质性进展的关键所在，这也是作者团队编写本书的重要动机。

本书溯源企业可持续理论基础，揭示 ESG 价值驱动机制，系统提炼 ESG 实践框架，并构建中国 ESG 生态体系，为 ESG 相关研究者及从业者提供了系统化的研究思路和实践启示。全书分为 3 篇，共 9 章：第 1 章至第 2 章为背景篇，揭示企业与社会的关系以及企业宗旨转向可持续性的客观趋势及其必然性。第 3 章至第 5 章为理论篇，阐释企业可持续理论的演化历程，并提炼 ESG 作为当前企业可持续核心框架的价值创造机制。第 6 章至第 9 章为实践篇，系统提炼 ESG 实践框架，从监管和管理两个方面阐述当前 ESG 实践，并提出中国 ESG 生态体系建设路径，以推动 ESG 的本土化发展。本书的主要特色：一是系统梳理企业可持续理论从 CSR 到 ESG 的进阶式演化脉络，并从价值共创的理论视角揭示 ESG 价值创造机制；二是从 ESG 生态系统的视角构建和分析企业可持续实践框架；三是立足中国式现代化建设战略目标，融合新发展理念，构建本土化 ESG 生态体系。此外，本书的结构安排清晰明确，每篇都提供了摘要导读，对本篇内容进行总结提炼，可以帮助读者系统理解企业可持续问题。

本书的内容是基于作者团队在 ESG 领域多年的研究积累完成的，同时参考了部分公开的资料和数据，也部分反映了作者团队的若干相关研究成果。在此，我们衷心感谢国家社会科学基金重大项目（22&ZD145）为本书提供的基金资助。本书的设计编写从提出体系设计的构想，到撰写大纲、写作初稿、修改定稿，历时两年之久，很多团队成员为本书的写作提供了支持。其中，陈瑾宇和胡曼对第3章内容提供了支持，刘超对第4章和第6章提供了支持，李花倩和吴鑫玉对第5章内容提供了支持，王传丽对第7章内容提供了支持，刘超和郭珺妍对第8章内容提供了支持。我们特别感谢团队成员的高水平工作，这些成员中有的是首都经济贸易大学工商管理学院在站博士后，有的已经出站并从事企业可持续教学研究或ESG投资分析工作，有的正在攻读博士学位，希望这本书的出版能够成为他们人生中的一笔财富。

企业可持续实践及研究正处于蓬勃发展阶段，本书的设计与编写是一项新的探索，旨在推动企业可持续发展理论与实践的实质性发展。限于时间、精力和知识结构，本书在体系设计和内容编写等方面，不可能一蹴而就至臻完善，可能存在许多不足之处。诚请广大读者批评指正！

柳学信　王　超

目 录

中国 ESG 研究院文库总序
前言

第 1 篇　背景篇

第 1 章　人类可持续发展的挑战与企业责任　...002

　　1.1　人类可持续发展挑战　...003
　　　　1.1.1　可持续发展内涵　...003
　　　　1.1.2　人类可持续发展目标与挑战　...006

　　1.2　企业与人类可持续发展　...010
　　　　1.2.1　企业制度演进与社会责任　...011
　　　　1.2.2　企业社会责任功能　...014

　　1.3　企业可持续问题界定　...017

　　1.4　小结　...019

第 2 章　企业的宗旨　...021

　　2.1　企业宗旨与企业可持续　...022

2.2 企业宗旨的争论 ... 023
 2.2.1 企业宗旨早期争论 ... 024
 2.2.2 股东价值与社会价值的整合趋势 ... 026
 2.2.3 企业宗旨的新讨论 ... 028

2.3 企业宗旨的实践发展 ... 032
 2.3.1 国际企业宗旨实践发展 ... 032
 2.3.2 中国企业宗旨实践发展 ... 037

2.4 小结 ... 045

第 2 篇 理论篇

第 3 章 企业可持续理论溯源：CSR ... 048

3.1 企业可持续理论起源与演化：从 CSR 到 ESG ... 048

3.2 CSR 概念内涵 ... 050

3.3 CSR 理论沿革 ... 051
 3.3.1 企业伦理理论 ... 052
 3.3.2 利益相关者理论 ... 054
 3.3.3 企业公民理论 ... 054
 3.3.4 企业社会责任理论局限 ... 056

3.4 CSR 理论指导下的企业社会责任实践 ... 058
 3.4.1 全球企业社会责任实践历程 ... 058
 3.4.2 企业社会责任实践发展中的问题 ... 064

3.5 小结 ... 066

第 4 章　企业可持续理论演进：ESG　...067

4.1　ESG 缘起与发展　...067
4.1.1　ESG 的提出　...068
4.1.2　ESG 的快速发展　...074

4.2　ESG 核心概念体系　...078

4.3　ESG 理论内涵　...087
4.3.1　可持续投资　...089
4.3.2　非财务披露　...090
4.3.3　企业可持续核心框架　...093
4.3.4　价值观工具　...096

4.4　ESG 与 CSR 比较分析：继承与超越　...099
4.4.1　ESG 与 CSR 的内在联系　...100
4.4.2　ESG 与 CSR 的本质区别　...101

4.5　小结　...103

第 5 章　利益相关者与 ESG 价值创造　...105

5.1　ESG 理念下的企业利益相关者　...105
5.1.1　企业利益相关者　...106
5.1.2　ESG 的价值创造功能　...108

5.2　利益相关者与 ESG 风险管理　...108
5.2.1　企业风险与风险管理　...108
5.2.2　ESG 的风险管理功能　...109
5.2.3　企业 ESG 风险管理过程　...111

5.3　利益相关者与 ESG 赋能　...113
5.3.1　ESG 赋能企业经济效能　...114
5.3.2　ESG 赋能企业竞争力塑造　...117

                5.3.3　ESG 赋能企业高质量发展　... 118
        5.4　利益相关者与 ESG 价值共创　... 120
                5.4.1　ESG 价值共创机制　... 120
                5.4.2　企业与利益相关者价值共创过程　... 123
        5.5　小结　... 126

第 3 篇　实践篇

第 6 章　企业可持续实践框架：ESG 生态系统　... 130

        6.1　ESG 生态系统界定　... 130
        6.2　生态主体及功能　... 131
                6.2.1　企业　... 133
                6.2.2　资本、金融机构与投资者　... 134
                6.2.3　ESG 标准制定或框架开发者　... 135
                6.2.4　ESG 中介　... 136
                6.2.5　监管机构　... 138
                6.2.6　其他主体　... 139
        6.3　小结　... 140

第 7 章　ESG 监管实践　... 142

        7.1　ESG 倡议　... 142
                7.1.1　环境责任倡议　... 143
                7.1.2　社会责任倡议　... 145
                7.1.3　治理责任倡议　... 146

7.2 ESG 标准 ... 147
7.2.1 主流披露标准 ... 147
7.2.2 ESG 标准的多样与统一 ... 159

7.3 ESG 政策 ... 162
7.3.1 欧盟 ESG 监管政策演进 ... 163
7.3.2 美国 ESG 监管政策演进 ... 167
7.3.3 中国 ESG 监管政策演进 ... 172
7.3.4 其他国家 ESG 监管政策 ... 176

7.4 小结 ... 180

第 8 章 ESG 管理实践 ... 181

8.1 ESG 战略管理 ... 181
8.1.1 ESG 战略管理的内涵与意义 ... 182
8.1.2 ESG 战略管理体系 ... 184

8.2 ESG 评级 ... 193
8.2.1 ESG 评级的内涵与意义 ... 194
8.2.2 ESG 评级方法体系比较 ... 196
8.2.3 ESG 评级分歧与原因 ... 202

8.3 ESG 投资 ... 204
8.3.1 ESG 投资的内涵与意义 ... 204
8.3.2 ESG 投资演化历程 ... 206
8.3.3 ESG 投资实践 ... 209

8.4 小结 ... 217

第 9 章　中国 ESG 生态体系建设　…218

9.1　ESG 对推动中国可持续发展的战略意义　…219
9.1.1　ESG 是推动经济社会可持续发展的重要理念和工具　…219
9.1.2　ESG 是实现中国式现代化的战略工具　…222
9.1.3　ESG 是我国参与全球经济治理的重要阵地　…223

9.2　中国 ESG 生态体系建设的现实基础　…225
9.2.1　中国 ESG 发展的文化基因　…225
9.2.2　中国 ESG 发展的制度基础　…227
9.2.3　中国 ESG 发展的实践积累　…229

9.3　中国 ESG 生态体系建设的理论支撑　…233

9.4　中国 ESG 生态体系建设　…235
9.4.1　中国 ESG 生态体系框架　…236
9.4.2　中国 ESG 生态体系建设的主要任务　…239

9.5　小结　…250

参考文献　…251

第1篇 背景篇

企业可持续问题源于对商业逐利所带来的恶果的反思。在企业盲目追求利润最大化和股东利益最大化的过程中,环境污染、公司丑闻、社会动荡等问题已经威胁到人类生存和发展。从人类可持续发展问题的根源来看,企业既是受害者,更是造成上述问题的主要推手。因此,在人类可持续发展目标实现问题上,企业既有责任也有能力发挥主体作用。从企业自身发展的过程来看,随着企业制度的演进及其社会责任功能的发展,企业存在的根本目的由纯粹追求经济利益,到服务于股东利益,转变为兼顾环境和社会利益和致力于可持续发展。企业宗旨的变迁为其可持续发展提供了核心驱动力。

鉴于此,本部分旨在揭示企业可持续商业实践的外部压力与内在动力。在明确可持续发展内涵的基础上,从外部视角介绍人类可持续发展目标与挑战以及企业在人类可持续发展进程中扮演的角色,从内部视角厘清企业宗旨的本质内涵及其变迁过程,为深入探讨企业可持续理论与实践问题奠定基础。

第1章
人类可持续发展的挑战与企业责任

进入21世纪以来,人类面临的社会经济环境日益严峻,能源危机、环境污染、极端气候、地缘冲突和政治分歧、贫困与饥荒、公司丑闻等全球性危机事件层出不穷,人类生存和发展面临前所未有的巨大挑战。2023年夏天,世界经历了有记录以来的最高气温,极端高温、野火、洪水和风暴影响着全球人民的生活,而世界上最贫困和最脆弱的人群受到的打击最大。2019年至2023年的停工暴露了所有国家在社会保护和服务提供方面的断层线,加深了现有的分歧,使贫富差距进一步扩大,弱势群体生计被颠覆,福祉受到损害。污染、气候变化及生物多样性等全球生态环境也面临不断恶化的危机。事实上,绝大部分可持续发展危机正是由于人类的短视和过度自信甚至是傲慢自大导致的选择失误或未及时采取有效措施而造成的后果。人类在过去和当下犯下的错误将严重损害未来子孙后代谋取发展的能力和机会。企业为人类社会发展和繁荣提供了必需的服务和产品,在此过程中既是可持续发展危机的受害者,也是造成危机的原因之一。过去几十年来,以联合国为代表的全球性机构、各国政府、研究人员和卓越企业一直致力于寻求破解人类可持续发展困境的解决方案,积极倡导人类社会的可持续发展理念,并努力推动人类可持续发展进程,包括推动利用商业和企业力量等市场机制促进人类社会经济和自然环境的可持续发展。

1.1 人类可持续发展挑战

20世纪70年代，可持续发展理念迅速兴起，受到社会各界的广泛关注。短短几十年间，不同领域的机构组织与研究者们从各自的视角提出了数百个可持续发展的相关定义，推动了可持续发展议题在全球范围内的进程。这一方面得益于以联合国为代表的全球机构和研究者的行动努力，另一方面也是人类可持续发展挑战日益严峻的驱动结果。鉴于此，本部分将详细梳理可持续发展内涵、目标及其挑战。

1.1.1 可持续发展内涵

可持续发展（Sustainable Development）概念明确提出的标志是世界环境与发展委员会（即布伦特兰委员会）在1987年发布的报告《我们共同的未来》（Our Common Future）。该报告将可持续发展定义为"满足当前的需要而不危及下一代满足其需要的能力"。报告指出，可持续发展以公平性、持续性、共同性为三大基本原则，并包括两个重要概念：一是需要的概念，尤其是世界上贫困人民的基本需要，应将此放在特别优先的地位来考虑；二是限制的概念，技术状况和社会组织对环境满足眼前和将来需要的能力施加的限制。报告进一步提出了通过遵循环境限制、确保健康公正的社会、采取可持续的经济发展模式、促进善政和技术改革等具体行动准则以促进人类可持续发展。[一] 随后，这一概念逐步被接受和认可，并在1992年联合国环境与发展大会上得到扩展，成为全球共识，标志着可持续发展理论的产生。

事实上，人类诞生之始就面临着可持续发展问题，中外先哲们也留下很多闪耀着可持续发展思想的论述。工业革命以来，人类的生产力飞速发展，一方面人类为了满足社会巨大的需求而不断加剧对自然环境的索取和破坏，同时社会经济的发展也带来殖民、奴役和不公平等诸多社会问题。在此背景下，

[一] UN. Report of the World Commission on Environment and Development: "Our common future". 1987. https://digitallibrary.un.org/record/139811.

20世纪70年代初可持续发展科学理念迅速兴起。1972年，在斯德哥尔摩举行的联合国人类环境会议期间，可持续发展理念获得了第一次实质性的国际认可。至20世纪80年代中期，欧洲一些发达国家先后围绕这一思想提出了诸多定义，甚至包含了一些旨在限制第三世界国家经济发展的定义和指标。对此，在1987年布伦特兰委员会明确提出可持续发展概念后，联合国环境规划署（UNEP）第15届理事会于1989年5月通过了《关于"可持续发展"的声明》：可持续的发展系指满足当前需要而又不削弱子孙后代满足其需要之能力的发展，而且绝不包含侵犯国家主权的含义。该声明指出，要达到可持续的发展，涉及国内合作及跨越国界的合作。可持续发展意味着"推进国家和国际的平等，包括根据发展中国家的国家发展计划、优先事项和目标提供援助"。此外，可持续发展意味着要有一种支援性的国际经济环境，从而推动各国特别是发展中国家的持续经济增长与发展。该声明进一步提出，可持续发展的定义和战略主要包括四个方面：推进国家和国际平等；要有一种支援性的国际经济环境；维护、合理使用并提高自然资源基础；在发展计划和政策中纳入对环境的关注和考虑。⊖

可持续发展概念提出以来，联合国等国际组织提出的一系列国际倡议和协定将其迅速渗透到全世界各国政府和其他组织的行动规划中。可持续发展的国际倡议和协定受到全球的积极响应。当然，关于可持续发展的强烈政治吸引力很大程度上在于它的模糊性和包容性，允许数百个国家签署国际协议，认可可持续发展的概念，而不用担心其发展计划会受到限制。各国致力于界定可持续发展的内涵，这些定义的涵盖范围包括国际、区域、地方及特定界别的层面，其概念涉及自然、环境、社会、经济、科技等诸多方面。基于不同的角度，研究者对可持续发展所做的定义也就不同（部分示例如表1-1所示）。例如，"持续性"一词首先是由生态学家提出来的，即所谓"生态持续性"（Ecological Sustainability），意在说明自然资源及其开发利用程序间的平衡。1991年国际生态学会（INTECOL）和国际生物科学联合会（IUBS）联合

⊖ 联合国文件 UNEP/GC.15/L.37，Annex1，1989.

举办了关于可持续发展问题的专题研讨会,从生态系统视角将其定义为保护和加强环境系统的生产与更新能力。从经济学视角来看,可持续发展通常是指在保持自然资源的质量及其所提供服务的前提下,使经济发展的净利益增加到最大限度。一个可持续的过程或条件是一个可以无限期地维持的过程或条件,经济过程是否"可持续",在很大程度上取决于对不同资源可替代性的假设,包括用自然资本代替人造资本(张晓玲,2018)。

表1-1 不同视角下可持续发展的概念示例

研究视角	概念提出者/机构	年份	定义
生态视角	国际生态学会和国际生物科学联合会	1991	追求一种最佳的生态系统以支持生态的完整性和人类愿望的实现,使人类的生存环境得以持续
社会视角	世界自然保护同盟(INCN)、联合国环境规划署和世界野生生物基金会(WWF)	1991	在不超出生态系统涵容能力的情况下,改善人类的生活品质。各国可以根据各自的国情制定各不相同的发展目标,但是发展的内涵必须包括提高人类健康水平、改善人类生活质量以及获得必需资源的途径,发展的目标必须是创造一个保障人们平等、自由、人权的环境,使人们的生活在所有这些方面都得到改善,才是真正的"发展"
经济视角	大卫·皮尔斯(David Pearce)	1989	今天的资源使用不应减少未来的实际收入
经济视角	爱德华·B.巴伯(Edward B.Barbier)	1989	在保持自然资源的质量和其所提供服务的前提下,使经济发展的净利益增加到最大限度
经济视角	莫汉·穆纳辛格(Mohan Munasinghe)	2007	在保持能够从自然资源中不断得到服务的情况下,使经济增长的净利益最大化

尽管可持续发展的定义不同,但其核心内涵始终保持一致,即旨在平衡诸多相互冲突的需求与对环境、社会和经济约束的理解。经过数十年的发展,特别是2015年17项联合国可持续发展目标(SDGs)提出后,全球对于可持续发展的定义基本达成了一致意见,认为可持续发展是指在不损害后代人满足

其自身需要的能力的前提下满足当代人的需要的发展。可持续发展要求为人类和地球建设一个具有包容性（Inclusiveness）、可持续性（Sustainability）和韧性（Resilience）的未来而共同努力。㊀

1.1.2　人类可持续发展目标与挑战

人类可持续发展目标，又称全球目标，是联合国制定的指导 2015—2030 年的全球发展工作的目标。为了避免世界各地成千上万的人遭受贫困、饥饿、歧视、不平等、失业和毁灭生命的疾病之苦，避免由于海平面上升、气候变化、土壤荒漠化和生物多样性破坏等原因而面临自然灾害，联合国 193 个成员国于 2015 年提出了《改变我们的世界——2030 年可持续发展议程》，其核心内容即 17 个可持续发展目标（SDGs）和 169 个具体目标，旨在推动国际社会在今后 15 年以系统综合方式解决社会、经济和环境三个维度的发展问题，走可持续发展道路。㊁《改变我们的世界——2030 年可持续发展议程》成为可持续发展领域的全球共识和全球可持续发展行动的基本纲领。

当前人类正面临着人口增长、能源和资源需求、生态和环境胁迫、社会问题等带来的多重压力。根据联合国发布的《2023 年可持续发展目标报告：特别版》，气候危机、新冠疫情和世界各地越来越多的冲突使 17 项可持续发展目标处于危险之中。

目标 1：在全世界消除一切形式的贫困。 当前人类仍然面临着人口增长、能源和资源需求、生态和环境胁迫、社会问题等带来的多重压力。至今仍有 7 亿多人（占世界人口的 10%）处在极端贫困中，对医疗、教育、用水和卫生设施等最基本的需求仍无法得到满足。新冠危机导致自 1990 年起的 30 年来，全球贫困率可能将首次出现增长。

目标 2：消除饥饿，实现粮食安全，改善营养状况和促进可持续农业。 饥饿

㊀ 联合国《2022 年可持续发展目标报告》，https://unstats.un.org/sdgs/report/2022/.
㊁ 联合国《2030 年可持续发展议程》，https://www.un.org/zh/documents/treaty/A-RES-70-1.

和营养不良仍是可持续发展的一大阻碍。2023年《世界粮食安全和营养状况》统计数据显示，2022年全球饥饿人口达7.83亿人，比2019年新增1.22多亿人。与此同时，受地区间争端影响，国际供应链中断，粮食、肥料、能源和严重营养不良儿童的即食治疗性食品价格上涨。提高农业生产力和可持续粮食生产对于减轻饥饿风险至关重要。

目标3：良好健康与福祉。尽管近年来在提高人们的健康和福祉方面取得了长足进步，但在获取医疗保健资源方面仍然存在不平等。在发展中地区，只有一半妇女能够获得所需的医疗保健资源。恐惧和歧视限制了人们获取过上健康和富有成效的生活所需服务的能力。

目标4：确保包容性和公平的教育，并为所有人提供终身学习机会。目前全球教育现状面临巨大挑战，据统计，约有2.63亿名儿童和青年辍学，其中包括6100万名小学年龄的儿童。撒哈拉以南非洲和南亚的小学和中学教育失学人口占全球失学人口的70%以上。

目标5：实现性别平等，增强所有妇女和女童的权能。虽然各国依据千年发展目标在性别平等方面取得了进步（包括初级教育中的男女平等），但世界各地的妇女和女童依然在遭受歧视和暴力。目前有五分之一的15~49岁女士报告称在过去的12个月内遭受过人身暴力或性暴力，还有49个国家目前没有保护妇女免受家庭暴力的法律。

目标6：清洁饮水和卫生设施。根据联合国水机制（UN Water）2023年发布的《联合国世界水发展报告》，全世界有20亿~30亿人身处缺水困境。报告预计全球面临缺水问题的城市人口将翻倍，从2016年的9.3亿人增长到2050年的17亿~24亿人。每天都有近千名儿童死于由水和环境卫生问题引起的可预防的腹泻疾病，洪水和其他与水相关的灾害导致的死亡人数占所有自然灾害致死人数的70%。而且，许多饮用水源正在枯竭，超过17亿人所生活的河流流域用水量超过回补量；水污染正在加剧，人类活动产生的废水超80%未经处理就排放到河流或海洋，而高耗水工业、农业和能源行业还在持续增长，以满足不断扩大的人口的需求。

目标 7：经济适用的清洁能源。 目前，全球约有 30 亿人缺少厨用清洁燃料，并暴露在危险等级的大气污染中。此外，近 10 亿人无法使用电力，其中一半分布在撒哈拉以南非洲。需要获取更多清洁能源并发展相关技术，继续努力将可再生能源纳入建筑、交通和工业的终端应用中。公共和私营部门也应增加对能源的投资，关注建立监管框架和创新的商业模式，以促进世界能源体系的变革。

目标 8：体面工作和经济增长。 世界人口中约有半数的人生活支出每天大约为两美元的水平。在许多地区，有工作不意味着能够摆脱贫困，创造高质量的就业岗位仍将是几乎所有经济体长期面临的主要挑战之一。全球的性别工资差异达 23%，并缺乏决定性行动进行改善，要实现工资平等还需 68 年。女性的劳动参与率为 63%，而男性为 94%。尽管女性的社会劳动参与率在提升，妇女所承担的无偿护理和家务仍为男性的 2.6 倍。2016—2030 年，全球劳动市场需要为新增待就业人群提供 4.7 亿个岗位。

目标 9：建造具备抵御灾害能力的基础设施，促进具有包容性的可持续工业化。 从全球经济发展来看，最不发达国家的制造业份额仍然很低，对到 2030 年实现工业在国内生产总值中比例翻番的目标构成了严峻挑战。受新冠疫情影响，全球制造业的增速在 2020 年骤降。此外，许多发展中国家的基础设施建设仍然匮乏，如道路、信息和通信技术、卫生设施和水电设施。尽管互联网在全球的覆盖范围已经大幅扩大，但是截至 2019 年，全球仍有 46% 的人口未使用互联网。

目标 10：减少国家内部和国家之间的不平等。 收入不平等现象正在加剧，特别是在国家内部。根据发展中国家提供的数据，20% 最贫穷人口的儿童五岁前死亡率仍比 20% 最富裕人口的高三倍。截至 2017 年，10% 最富裕人口的收入至少占全球总收入的 20%。40% 最贫穷人口的收入不到全球总收入的 25%。不平等现象威胁着社会和经济的长期发展，不利于减贫，破坏人们的成就感和自我价值感。

**目标 11：建设包容、安全、有抵御灾害能力和可持续的城市和人类居住区。过去数十年快速的城市化进程超过了住房、基础设施和服务的发展，导致居住在贫民窟的城市人口比例上升，2018年，这一比例达24%。城市只占全球土地面积的3%，但却产生了60%~80%的能源消耗和75%的二氧化碳排放。全球超过半数的城市人口呼吸着污染级别高于安全标准2.5倍的空气。如果城市空间的建设和管理方式得不到显著改变，就无法实现可持续发展。

目标12：负责任消费和生产。目前，人类社会正面临着水、资源、食品等诸多消费和生产模式的巨大挑战。据估计，到2050年，如果世界人口总数达到98亿，那么，要维持现有生活方式所需的自然资源相当于三个地球资源的总和。资源消耗方面，2015年，人均开采了近12吨资源，而电子废物增长最快。此外，家庭能源消费量占全球能源消费的29%，最终产生的二氧化碳排放量占总排放量的21%。

目标13：采取紧急行动应对气候变化及其影响。目前，由人类活动产生的温室气体排放量是有史以来最高的。因经济和人口增长引发的气候变化正在广泛影响各大洲、各国的人类和自然系统。联合国调查数据显示，2021年与能源相关的二氧化碳排放量增加了6%，达到历年来的最高水平。而在过去的2023年夏天，人类经历了有记录以来的最高气温，取代2016年跻身首位。气候变化是一项全球性挑战，亟须协调一致的国际合作。

目标14：保护和可持续利用海洋和海洋资源。目前世界鱼类资源的30%遭到过度捕捞，数量远远低于可支撑持续产出的水平。海洋还吸收了人类产生二氧化碳的30%，海洋酸化比工业革命之初的水平上升了26%。海洋污染主要来自陆地，污染程度已经到达警戒值——平均每平方公里海域中就有1.3万件塑料垃圾。

目标15：保护、恢复和促进可持续利用陆地生态系统。目前，每年森林面积减少1300万公顷，而旱地不断退化则导致360万公顷的土地荒漠化。尽管目前有15%的土地得到保护，但生物多样性仍然遭受威胁。由人类活动和气候变化引起的毁林和荒漠化，给可持续发展带来重大挑战，并影响到千百万正在与贫困做斗争的人的生活和生计。

目标 16：创建和平、包容的社会。 当今世界冲突不断，安全形势严峻，机构能力不足，人们诉诸司法的渠道有限。由于经济状况恶化，人们被招募在当地从事劳动。受战争影响，全球被迫流离失所者从 2001 年的 2070 万人激增至 2022 年的 1 亿人，增长了近五倍，创下历史新高，而系统性地解决被迫流离失所问题唯一的办法是和平与稳定。

目标 17：促进目标实现的伙伴关系。《2030 年可持续发展议程》具有普遍性，呼吁所有国家采取行动，确保不让任何一个人掉队。然而，这一目标仍然存在重大挑战：其一，官方发展援助正在减少。OECD 数据显示，2015 年《巴黎协定》签订以来，发达国家拿出的气候援助金额一直在增长，但远不足以兑现承诺，且涨幅还在逐年递减。其二，贸易紧张和不对等持续存在。发达国家从发展中国家进口的产品有 79% 免税，发展中国家的债务负担保持稳定，约占出口收入的 3%。其三，私人部门提供的资金增长乏力，私人投资流动现状与可持续发展目标不符。其四，显著的数字鸿沟仍然存在。近年来，非洲地区的互联网用户翻了将近一番，全球青少年中有 30% 为数字原住民，网龄至少已经有 5 年，但是仍有超过 40 亿人无法使用互联网，其中 90% 来自发展中国家。

当前连锁和交叉的全球性危机对粮食和营养、健康、教育、环境以及和平与安全产生了连带影响，并严重威胁所有的可持续发展目标。人类社会正处于一个关键时刻，可持续发展的巨大挑战要求世界各国政府、组织、企业和个体加紧努力，从危机中变得更加强大并为未知挑战做好准备。

1.2 企业与人类可持续发展

工业革命以来，现代企业的发展和壮大为人类社会的繁荣发展奠定了基础。企业作为社会经济系统的主体，在人类可持续发展议题上具有不可推卸的历史责任。可持续发展议题的现实背景即是人类赖以生存和发展的环境和资源遭到越来越严重的破坏，并伴生着和谐与公平等诸多社会问题，而现代企业的诞生和发展正是这一系列后果的直接推手之一。特别是工业革命以来，一些跨国大企业逐渐成长为在政治、经济和社会方面具有全球重要影响力的经济主体，代表着人类的无穷欲求和傲慢自信，对自然的掠夺式开发与使用以及对消费品迭代的不断追求，带来了一系列严重的生态后果，并通过用工制度和全球供应链系统造成公平和割裂等社会问题，危及人类在地球上的生存与可持续发展。与此同时，经过近三个世纪的对自然环境掠夺式发展，企业经历了从业主制到公司制的蜕变，企业的力量亦迅速扩大，渗透到人类的社会和环境治理系统中的方方面面，并发挥着重要的作用。特别是经济全球化带来了社会和环境问题的全球化，与之相伴而生的是经济、社会和环境问题的全球治理体系的逐渐成形、演变和重构，其中大企业特别是跨国企业都发挥着不可忽视的作用。与政府机构相比，企业在全球配置资源、开展国际协作与经营等方面表现出显著优势和巨大潜能，成为协助人类解决可持续发展问题的重要力量。也正因如此，国际社会对企业承担社会责任、促进可持续发展的呼声越来越高。本部分将系统讨论企业制度演进过程中企业社会属性及其社会责任功能的变化。

1.2.1　企业制度演进与社会责任

企业是人类社会发展到一定阶段才出现的。作为人类设计的一种精巧的生产机制，企业是指把人的要素和物的要素结合起来的、自主地从事经济活动的、具有营利性的经济组织。企业满足了人类社会对于发展壮大的需求，推动人类在科技和生产力方面的巨大进步，创造了人类社会和经济空前的繁荣发展。与此同时，企业行为也是直接或间接地造成生态环境恶化和社会公平等问题的原因之一，由此产生了企业应该承担社会责任的直接原因。同时，鉴于企业在人类社会中的重要影响力，我们也期待企业能利用商业和市场机制的力量协助解决人类社会的可持续发展问题。企业社会责任问题是在企业发展所导致的经济社会发展矛盾日益突出的背景下产生的，随着企业与社会关系的变迁，企业的制度形式不断演化，其社会责任和社会功能也随之变化，这不仅反映了社会对于企业发展的时代要求，也推动了企业社会责任与社会功能进一步完善。

1. 古典制企业及其经济责任

古典制企业也称业主制企业，是最早存在的企业制度，也是企业组织最传统、最简单的形式，主要关注企业的经济责任。古典制企业发源于工业革命时期，是由传统家庭作坊演变而来的手工工场组织，是由自然人个人投资成立和经营控制的组织。在资本主义早期阶段，包括工场手工业时期和机器大工业初期，业主制企业广泛流行。这一时期，在工业革命的刺激下，全球经济首次出现爆发式增长，人类社会的主要矛盾来自社会生产对产品和服务需求的激增。因此，在业主制主导的工业革命初期阶段，企业如果尽可能高效率使用资源为社会生产其所需要的产品和服务，并以消费者愿意支付的价格出售给他们，即在法律规定的范围内追求利润最大化成为企业的唯一目标，也是当时企业主要的社会责任。

在古典制企业中，业主拥有完整的所有者权利和绝对的经营权威。企业通常由业主直接经营，业主享有企业的全部经营所得，独立地承担企业风险，同时对企业债务负有完全的偿付责任。一方面，业主制企业不具有法人资格，对企业的负债承担无限责任，即当企业资不抵债的时候，业主需要拿出个人财产偿还企业债务。作为自负盈亏的独资企业业主，因对企业的债务承担无限责任，导致企业经营好坏同业主个人的经济利益乃至身家性命紧密相连，这些都会转化成一种强大经济压力，促使业主专注于企业经济责任，尽心竭力地把企业经营好。另一方面，不仅企业初始的资产为投资者所有，而且企业成立后存续期间形成的所有财产也归投资人所有，业主是业主制企业经营成功的最大获利者，巨大的经济刺激也激发了业主勤勉经营的经济责任。

2. 两权分离与股东责任

当企业规模不断扩大时，业主制企业逐渐被合伙制企业所取代，企业开始关注经济之外的责任。合伙制企业出资人由一人变为多人。由于在现实经营过程中，企业最高管理者只能由一位合伙人担任，甚至还可能由合伙人以外的职业经理人担任，因此，合伙制企业并不能完全遵循共同出资、共同经营、共享利润、共担风险的原则，所有权和经营权开始出现一定的分离。这就催生了另一种合伙企业形式——有限合伙企业。在有限合伙企业中存在两类合伙人：普通合伙人和有限合伙人，其中，普通合伙人对企业承担无限连带责任，有限合伙人以认缴的出资额为限对企业债务承担责任。有限合伙企业的制度创新和发展使得企业利益相关者及其利益冲突复杂化，委托代理问题开始出现，这就要求企业不仅仅关注经济利益，还要平衡不同出资人的利益关系，此时，企业的责任区分功能逐渐显现。但由于合伙制企业的规模仍然较小，对社会造成的影响有限，并没有引起社会对于其社会责任问题的广泛关注。

随着经济、社会、技术的不断发展和企业规模的迅速扩大，产生了公司制组织形式。公司制企业是指按照法律规定，由法定人数以上的投资者（或股东）出资建立、自主经营、自负盈亏、具有法人资格的经济组织。与业主制企业和合伙制企业相比，公司制企业的社会责任要复杂得多。一方面，公司制企业实现了权利分离和责任分离，委托代理问题随之产生。所有者和经营者共享公司的控制权，并且股权分散程度越高，所有者享有的控制权就越小。由于两权分离和公司管理者自利的经济人特性，理论上公司管理层可能会偷窃公司的资源或滥用公司的资源，也有可能在公司经营获利的情况下不给企业资源提供者以应有的回报，这就导致了大股东与小股东之间的利益冲突。此外，公司制企业实行有限责任制，这使得股东与其他利益相关者之间的利益冲突变得不可避免。因此，随着企业制度的演化发展，其所面临的利益相关者日益复杂，企业需要对众多利益相关群体负责。另一方面，公司制企业已经具备人格功能，其社会功能进一步独立和凸显。公司是企业法人，具有民事权利能力和民事行为能力，是独立的民事主体，投资者与其投资形成的公司是彼此独立的两个主体，公司的财产属公司所有，而非股东共有；公司的业务由其机关来执行，与股东无直接关系。由于公司具有独立人格，公司寿命具有连续性，不受投资者个人变动的影响，因而赋予了公司制企业独立的社会责任主体身份。同时，公司制企业不断扩大其资源利用能力，对环境资源和社会关系开始产生重要影响，现代意义上的企业社会责任问题开始出现。

3. 全球化企业与利益相关者责任

公司制企业出现以来，从资本主义积累阶段的特许经营公司，到资本主义迅速扩张的托拉斯、卡特尔等垄断组织形式，再到当前主导世界经济的全球化企业，经历了一段快速发展期。时至今日，全球化企业成为人类社会经济生活中主要的企业存在形式，它使企业的创办者和企业家在资本的供给上摆脱了对个人财富、银行和金融机构的依赖。然而，企业全球化的发展壮大过程在一定程度上是以资源消耗为代价的。20世纪70年代起，全球性能源危机、环境危机、社会运动、金融危机频发，经济发展与社会环境之间的矛盾和冲突问题成为当前经济社会的主要矛盾，成为威胁人类可持续发展的关键问题。毋庸置疑，企业应该对自己所造成的这些全球性社会环境危机负责。

事实上，当今全球化企业也完全具备承担改善当前人类社会环境责任的能力。从企业整体规模发展方面来看，当今以公司为代表的全球化企业组织在人类社会发展中的主导性地位已经逐渐凸显。2023年《财富》世界500强排行榜企业的营业收入达到41万亿美元，几乎相当于中美两大强国GDP之和，相当于全球GDP的40%，世界500强企业对全球经济的影响力持续增强。从单个公司规模来看，许多公司已经富可敌国，能够与国家政府竞争，在一些重要方面已成为准政府实体，承担着重要的环境社会治理功能。

1.2.2 企业社会责任功能

尽管关于企业的概念都是围绕其经济功能来定义的，但从自企业诞生之初，就根植于其所属的社会、政治和技术等背景，肩负着独特的社会功能。即使是最原始的业主制企业也承载了工业革命时期的社会烙印，是生产技术水平提高和市场规模扩大对社会化生产提出要求的必然产物。为了满足社会化大生产的需要，业主制企业和无限合伙企业不断提高资源使用效率，以提供更多产品和服务，这一经济责任也是其最为主要的社会责任。

公司制的发展更离不开社会政治的推动。从西方公司的起源和发展来看，国家战争以及维持辽阔疆域的巨大损耗驱使政府与商人相互勾结，签订合同。

公司雏形是大商人联合起来与政府进行利益交换的结果。随着帝国灭亡，城市被废弃，公司赖以存在的基础被破坏，正是这些政治社会因素的骤变导致古罗马时期的公司雏形被扼杀在萌芽中。直至10世纪以后，公司这一组织形式才在贸易和城市重现繁荣的刺激下重新萌生起来。历经数百年的资本原始积累，伴随着资本主义的确立和城市、贸易的发展，政府的军事开支和行政费用均需大量资金的支持，于是商人们便以替政府筹款为条件取得成立公司的特许权，获取厚利。此后垄断组织的出现，也是适应生产社会化的要求，是资本主义社会生产力发展和国家政治变化的复杂结果。垄断专权发展至今，以欧盟为代表的地区性垄断同盟亦是在国家垄断资本主义的推动下成立和存续，并承担着地区甚至全球性的社会、政治和环境责任。

企业制度演化和发展过程中的社会基因使其成为人类可持续发展的重要行为主体。从根源来看，人类可持续发展问题本质上是由人类经济活动过程中的利益关系导致的，企业承受着上述问题的严重后果，和人类社会一样是受害者，同时也是造成上述问题的主要推手，理应为自己的行为负责，因此企业在人类可持续发展问题上具有不可推卸的责任。传统工业革命驱动的经济发展模式下，企业组织把转嫁为生态损耗的成本外部化作为实现剩余价值的本质手段。现代资本运行中的资本积累矛盾和经济危机最终都转化为生态环境和社会问题，最终由人类整体及后代人承担。正因如此，可持续发展问题伴随着工业革命和企业发展逐渐被提上议程。

人类进入工业文明时期以来，商业活动空前繁荣，科学水平迅速提高，人口数量急剧膨胀，经济实力迅速提高，人类对自然的掠夺式开发与使用以及对消费品迭代的不断追求，导致了一系列环境和社会问题，危及人类在地球上的生存与可持续发展。科学技术的迅猛发展使企业具备了前所未有的能力，创造了大量新产品，极大地丰富了人类的物质生活，彻底改变了人们的衣、食、住、行等方面。但与此同时，工业革命也引发很多问题，带来很多矛盾，其主要的问题是消耗了大量的自然资源，引发严重的环境污染，破坏自然的生态系统，威胁着人类及其子孙的生存和地球的命运。自然资源包括水、土地、能源、矿产资源等，是人类生存和发展的必要条件，但是在企业生产能力的推动下，工业化和城市化迅猛发展，导致很多国家都面临资源短缺的巨大压力，能源的使用更是与全球气候变化直接相关，因此已经成为世界各国关注的焦点。

从人类可持续发展目标的实现过程来看，企业是实现可持续发展目标的主力军。基于人类可持续发展战略，企业不仅是经济发展主体，同时也具有高度的社会属性。因此，企业在创造利润、对股东和员工承担法律责任的同时，还要承担对消费者、社区和环境的责任。企业的社会责任要求企业必须超越把利润作为唯一目标的传统理念，强调要在生产过程中关注人的价值，强调对环境、消费者、社会的贡献。企业履行社会责任是人类可持续发展的重要保障。

事实上，在当前人类可持续发展的大背景下，已经表现出显著的企业主导性。一方面，自工业革命以来，现代资本运行中的资本积累矛盾和经济危机最终都转化为生态环境和社会问题，企业面临空前的社会责任压力。特别是20世纪80年代撒切尔政府私有化改革以及美国放松管制以来，极大地改变了过去由国有企业承担社会责任或者由政府积极甚至过度监管企业履行社会责任的状况，将大部分社会责任目标让渡给了市场，而市场激烈的竞争让企业纷纷放弃了本应承担的社会责任，造成了对自然环境的极大破坏和众多社会问题。财富两极分化、种族歧视、性别歧视、石油泄漏、生态污染等大量严重威胁人类可持续发展的问题层出不穷，也在西方国家引发了范围广泛、类型庞杂的以环保运动、生态运动、女权运动、反战和平运动等为主的群众抗议活动和消费者抵制运动。一些非政府组织（国际组织）、社会公民也做出了积极行动，逐渐研究形成了大量促进企业承担社会责任的规则制度等，倡导企业积极践行可持续发展理念，承担社会责任。同时，从21世纪开始，利用市场机制和金融机构力量来促进人类社会经济可持续发展的企业实践也逐渐开始涌现，其中最成功的就是ESG投资和企业ESG实践。这些理念、意识和文化等"软法"的发展促使政府不断完善其"硬法"来约束企业行为。

另一方面，伴随着新一轮的技术革命，公司的力量迅速扩大，一些大企业也开始主动承担社会责任和促进人类社会经济可持续发展，并渗透到整个人类社会的社会和环境治理中来。例如，气候行动100+（Climate Action 100+）由投资者联合发起，旨在促进全球最大的161家温室气体排放企业采取实际行动关注气候变化问题，实施健全的治理框架以应对气候变化风险，并提升信息披露质量。目前，全球已有超过420家投资机构签署气候行动100+，这些机构的资产管理规模超过38万亿美元。企业的组织机制和专业能力在应对严重的可持续发展灾害时往往比政府机构更有效率。例如，从物流的角度来看，在世界各地运营的大型企业集团往往比政府更有能力应对国家和全球挑战。当"卡特里娜"飓风袭击了路易斯安那州，导致1800多人死亡和1250亿美元的损失时，沃尔玛，而不是联邦政府，推出了世界上最令人印象深刻的物流业务之一，该公司率先为受灾居民提供急需的食物和衣服。在许多情况下，企业比政府官僚机构更敏捷、更具创新性、更有能力，甚至已经能够协调跨境工作，表现出比大多数政府实体更强的跨城市、州和国界的行动能力和工作自由。

1.3 企业可持续问题界定

企业是人类经济社会发展的重要力量，企业可持续是实现人类可持续发展的基础。联合国于2015年提出17个可持续发展目标（SDGs），同年全球契约组织（UN Global Compact）发布了《企业可持续指南》（Guide to Corporate Sustainability），明确提出企业可持续是企业的当务之急，对企业的长期成功和确保市场在整个社会中传递价值至关重要。本质上，企业可持续（Corporate Sustainability）与可持续发展（Sustainable Development）基本内涵一致，都强调既要考虑当前发展的需要，又要考虑未来发展的需要，协调自我利益与社会公共利益之间的关系，充分考虑环境、社会和经济之间的平衡和协调发展。不同之处在于，企业可持续侧重于企业兼容人类可持续发展的发展战略和运行范式。根据《企业可持续指南》，企业要想实现可持续，必须做好五件事：第一，企业应按照普遍原则负责任地运作，诚信经营；第二，强化企业的社会责任功能，为社会创造价值；第三，实行自上而下的可持续承诺和组织战略变革；第四，进行可量化的可持续行动报告；第五，因地制宜，根据企业所处环境及其制度期望开展可持续商业活动。由此可见，企业可持续聚焦于企业战略实践，强调管理和平衡企业在相互关联的环境、社会和经济系统中的嵌入，从而以长期生态平衡、社会福利和利益相关者价值的商业模式产生积极影响。

近年来，伴随着人类可持续发展进程的推进和企业制度及其社会责任功能的演进，特别是2004年联合国提出以ESG为核心的可持续倡议以来，企业可持续议题引起了各国政府、国际组织、商业实践者和学术研究者的广泛关注，理论研究和实践中可持续（Sustainability）与ESG是交叉使用的，可持续的核心框架就是ESG。例如，欧盟、美国、澳大利亚、日本、新加坡等都颁布了推动可持续商业实践的监管政策，全球报告倡议组织（Global Reporting Initiative，GRI）、可持续会计准则理事会（Sustainability Accounting Standards Board，SASB）、国际可持续准则理事会（International Sustainability Standards Board，ISSB）等国际组织相继出台了企业可持续相关披露准则，这些准则主要以ESG为核心来构建，很多时候也被称为ESG披露准则。此外，投资机构、企业、咨询机构、研究机构等纷纷投入以ESG为核心的可持续商业实践中来。

值得注意的是，企业可持续实践与研究尚处于早期兴起阶段，当前商界和学界对相关概念的界定及使用尚未统一。在英文语言环境中，Sustainable Development在世界环境与发展委员会1987年发布的报告《我们共同的未来》中被明确界定，用以阐释人类社会可持续发展问题；而Sustainability源于德语"Nachhaltigkeit"，由德国林业工作者创造，最初是指只采伐足够的树木，使森林在未来能够自然再生，后被广泛用于可持续商业情境中，强调可持续战略行动与商业实践。尽管二者在意义构建上非常相近，一定程度上存在混用的情况，但根据语境惯例，Sustainable Development通常用于宏观层面的问题表述，例如用以阐述人类可持续发展问题、各国经济社会可持续发展问题等；

Sustainability 则常用于微观层面的可持续商业实践，与 ESG 含义相同，例如，2021 年国际财务报告准则基金会（International Financial Reporting Standards，IFRS）成立的 ISSB 发布 "IFRS Sustainability Disclosure Standard"。

在中文语言环境中，由于国内相关研究起步较晚，2021 年 ISSB 以可持续指代 ESG 以前，主要关注 ESG，尚未明确提出可持续（Sustainability）。目前相关政策文件、商业实践及研究文献对"ESG""可持续发展"和"可持续"概念术语并未明确区分，甚至将 Sustainability 直接译为可持续发展，因此相关概念使用更不统一。例如，2024 年财政部会计司将 ISSB 发布的准则译为"国际财务报告可持续披露准则"；证监会及三大交易所 2024 年 4 月 12 日发布"上市公司可持续发展报告指引"等文件；国内研究文献则使用了"ESG""可持续发展""可持续成长""可持续竞争优势""可持续绩效"等诸多术语。本质上，上述不同情境下的概念使用都是阐述企业可持续问题。鉴于此，为了规范相关概念表述，本书遵循英文惯例，在讨论宏观层面的相关议题时使用"可持续发展"，即 Sustainable Development，在讨论微观层面的可持续商业实践时主要使用"企业可持续"或"可持续"等表述，意指 Corporate Sustainability，主要指以 ESG 为核心的企业可持续发展战略和运行范式。

1.4 小结

在工业化过程中，面对人类与自然的关系不断恶化，人类社会经历了一个多世纪才完成从现象反思、理论建构再到观念反思的历史转变。又经过半个多世纪，国际社会才在某些议题上达成共识，实现了从观念转变到行动议程的历史性推进，让可持续发展成为人类的发展战略。

作为社会经济系统的关键行为主体，企业及其商业活动贯穿于人类可持续发展的始终。一方面，企业在人类可持续发展问题上具有不可推卸的责任。传统工业思维下，企业组织把转嫁为生态损耗的成本外部化作为实现剩余价值的本质手段。现代资本运行中的资本积累矛盾和经济危机最终都转化为生态环境和社会问题，最终由人类整体及后代人承担。另一方面，企业是推动人类可持续发展的重要力量。企业不仅是经济发展主体，同时也具有高度的社会属性。当前，企业在人类可持续发展中的主导性地位已经逐渐凸显，许多公司现在规模和范围上与政府竞争。在全球化、管理科学的发展以及促进大规模协调的技术通信的发展的协助下，企业在一些重要方面已成为准政府实体。它们可以推行应对气候变化、世界饥饿和不平等的计划，并经常取得真正的进展。即使没有监管迫使它们以超越创收、削减成本和利润最大化的方式行事，许多公司也会热切而心甘情愿地承担这些负担。此外，贫富差距加剧了社会分化，阻碍了经济发展，加剧了地缘政治的紧张局势。全球气候问题等可持续发展挑战空前严峻，如何通过企业可持续行动改善人类生存环境成为人类可持续发展的重要议题。

第 2 章
企业的宗旨

　　企业存在的目的是什么？作为战略管理领域的经典话题，企业宗旨（Corporate Purpose）回答了"企业为何存在"的根本问题。随着企业制度的演进，企业从最初追求纯粹的业主的经济利益，到服务于股东利益，再到将更广泛的利益相关者责任纳入战略决策，本质上，这是企业宗旨变迁的表征。在实践中，人们对于企业和社会之间关系的认识不断进步，不断思考企业的存在对于人类社会进步的意义。企业为人类社会提供了必需的产品和服务，解决了人类社会生存发展的基本需求。特别是工业革命以来，企业在促进人类社会的快速繁荣进步方面发挥了巨大的作用。同样，对于人类社会不断出现的日趋严重的环境、社会和治理等可持续发展问题，由于依赖政府力量和伦理道德说教等各种解决方案大多数并未取得很好的效果，因此我们自然会将企业力量纳入解决问题的视野，更何况很多问题即使不是企业造成的，也与企业息息相关。

　　如果让企业来承担社会责任，我们就要改变原来的理论框架和机制设计，即企业存在的目的不是只关注自己的经济利益或仅仅为股东利益服务，而环境污染和社会公平等这些外部性问题应该通过征税或政府监管机制来解决。这些问题曾经引发了学者的不断思考和争论，也在实践中不断激发社会公众和消费者对于大企业不承担社会责任的抵制运动。在企业可持续理念盛行的今天，如何创新性地利用企业和市场力量来解决人类面临的可持续发展问题，使得企业宗旨问题再次引起了理论界和实践界的广泛关注和激烈讨论。研究者致力通过对企业宗旨的再讨论，找到企业可持续的内在动力。同时，最新的商业实践表明，以可持续为目标的战略行动成为企业长远发展与价值共创的有效路径。由此，厘清企业宗旨的本质内涵及其变迁过程，也是企业可持续发展需要面对和回答的关键问题。

2.1　企业宗旨与企业可持续

企业宗旨是指企业管理者确定的企业生产经营总目标、总方向、总特征和总的指导思想。它反映了企业管理者为组织将要经营的业务规定的价值观、信念和指导原则，揭示了本企业与同行其他企业在目标上的差异（徐盛华，2004）。现代管理大师彼得·德鲁克指出，企业宗旨陈述必须能够回答"本企业是个什么企业？应该是个什么企业？将来是个什么企业？"这一经典问题，它代表着组织中的某种共同抱负和最基本的认同感。因此，对企业宗旨最直接而合理的解释就是"意图"，即存在的理由，是企业从事一切活动的根本原因，也是企业核心价值的最重要维度。鉴于当前人类社会面临着严重的可持续发展挑战，作为社会重要组成部分，企业理当与人类共同应对和解决这些问题。因此企业存在与发展的根本理由是通过正向积极的商业行为满足不断变化的社会需求，而经营利润只是满足社会需求过程中的结果，不是目的。由此可见，企业宗旨与企业可持续有着紧密的联系。

一方面，企业为人类社会繁荣发展提供重要支撑基础，企业的行为和绩效影响着人类社会发展的质量和方向，因此企业宗旨是企业可持续的内在动力和基础。企业宗旨是企业长期发展的指导方针，它明确了企业的核心价值观和目标，为企业提供了持续发展的动力和方向，有助于企业在经济、社会和环境方面进行全面考量，形成科学合理的发展战略，推动企业朝着可持续的目标稳步前进，也推动着人类社会的可持续发展进程。同时，作为人类社会的组成部分，企业也受到所处环境的制约。皮之不存，毛将焉附？作为社会的一员，如果企业不能与人类社会同向而行，互相支持，生存发展的空间和可能性必将逐渐受到限制。因此可持续性要求也必然体现在企业宗旨中，要求企业必须兼顾经济效益与社会效益的统一,倡导创新与绿色发展,注重企业文化建设和员工发展等,实现自身的永续发展才能助力人类社会的可持续发展。企业宗旨是企业具有存在的意义和价值的基础,决定了企业的发展方向和行为方式。只有在企业宗旨的引领下,企业才能够从根本上实现自身可持续发展的目标,也为人类社会经济、社会和环境的协调发展做出积极贡献。可以说,企业宗旨是实现可持续的根源和本质,为企业可持续行动提供了战略基础,而企业可持续实践为企业宗旨实现提供了方法论。

另一方面,企业宗旨始终伴随并推动企业的诞生和发展演化。将可持续性纳入企业宗旨是企业宗旨升级和变迁的主要推动力,也是企业宗旨争论的核心问题。利益相关者理论认为,企业本质上是各利益相关者缔结的"一组契约",换言之,企业不仅是股东的企业,也是社会中各利益相关者利益的共同体。企业的生存发展依赖于各方利益相关者的资源投入和支持,这些利益相关群体在一定程度上共同承担了企业的生产经营风险。因此,企业宗旨的确定,既要考虑企业自身与股东的利益,也要关注人类社会的可持续发展。事实上,在当今竞争激烈的商业实践中,很多企业的宗旨都会阐明企业的环境和社会等可持续发展目标,以强调企业不仅应该追求利润,而且应该关注可持续发展问题,追求与其利益相关者有关的其他目标,包括子孙后代的目标。同样,文献研究中关于企业宗旨的定义也明确关注企业的社会目标,采用这种广泛的企业宗旨观点,作为一套关于强化企业存在和工作意义的信念,已经远远超越了利益观点及其财务业绩的衡量标准。值得注意的是,这与最初以股东价值为唯一目标的企业宗旨观点截然不同,是实践界和学术界将股东价值与社会价值结合的可持续性目标纳入企业宗旨争论和演化的结果。

2.2 企业宗旨的争论

企业宗旨是一个不断发展的概念,现有研究已从不同角度进行了分析,并根据实践的发展定期更新。20世纪30年代,学术界围绕股东价值和社会责任问题展开了长达数十年的激烈争论。自80年代以来,可持续性越来越多地受到关注,并影响了学术讨论,特别是在管理研究领域,这些研究侧重于企业社会责任和利益相关者理论。21世纪初,可持续问题通过开明股东价值理论等观点进入金融领域,企业宗旨呈现出股东价值与社会价值的整合趋势。与此同时,企业可持续实践的蓬勃发展进一步推动了企业宗旨的新发展,包括对企业宗旨内涵、功能作用及其实现方式的重新审视,企业可持续与企业宗旨正在深刻融合。本部分将对企业宗旨的争论及其演化过程展开详细讨论。

2.2.1 企业宗旨早期争论

在20世纪初的商业实践中已经出现了企业宗旨关于股东利益和社会价值之间的矛盾。1917年道奇兄弟诉亨利·福特一案引起了巨大的社会反响,尽管该案最终以股东财富最大化为终,但同时也引发了人们对企业宗旨的重新思考。与此同时,学术界针对企业宗旨的困境也展开了激烈论战,企业社会责任理论兴起并迅速占据上风。20世纪30年代,美国哈佛大学法学院的两位教授展开了一场"企业是否要履行社会责任"的论战。Berle(1931)认为,企业管理者是受股东委托、唯股东利益是从的股东权益受托人,因此只需要关注股东的经济权益而无须他顾。Dodd(1932)则认为,企业既受托于股东,也受托于更为广泛的社会,这个社会的含义就包括雇员、消费者和其他社会公众,所以企业理应承担更广泛的社会责任。这场论战持续20多年后,Berle从最初的反对履行社会责任到转而支持Dodd的观点,并转而成为"企业应该承担社会责任"的积极助推者。20世纪60年代,Berle与Manne关于现代公司功能是否应该包括承担社会责任这项职能展开了争论。这场论战的结果是,Manne也从最初的全盘否定变成后来的有条件支持。经过多次论战,企业宗旨开始从最大化股东财富,转向通过平衡所有重要的"利益相关者"——员工、供应商和当地社区以及股东的要求来确保企业的稳定和增长(Holmstrom & Kaplan,2003)。

随后,这一局势被股东价值理论的提出和短暂繁荣打破。美国经济学家、诺贝尔经济学奖获得者米尔顿·弗里德曼(Milton Friedman)在20世纪60年代首先提出股东理论（Shareholder Theory）的概念，认为企业的唯一责任是对股东负责，同时企业经营管理者有责任确保股东利益最大化（Friedman，1962）。1970年，弗里德曼在《纽约时报》刊登了题为《商业的社会责任是增加利润》的文章，进一步指出"极少情况比公司主管人员除了为股东尽量赚钱之外应承担社会责任，更能彻底破坏自由社会本身的基础""企业的一项也是唯一的社会责任是在比赛规则范围内增加利润"（Friedman，1970）。尽管如此，弗里德曼认识到，公司的长期利益可能导致一家在小社区中担任大雇主的公司投入资源为该社区提供便利。在他看来，这可能更容易吸引理想的雇员，可以减少工资账单或减少盗窃或破坏造成的损失，或产生其他有价值的影响。然而，他不认为这是社会责任的一个例子，因为有关行为是出于企业自身利益的考虑。在弗里德曼看来，社会责任意味着追求利益与企业利益相冲突。他承认，在公司管理中可以考虑利益相关者，但仅限于这将促进公司利益的程度。

弗里德曼对企业社会责任进行了攻击和批判，并在随后几年中得到了成功发展。研究者们将股价与公司利润、劳动生产率联系在一起，提出股价就是公司未来利润折现值的观点，也认为解雇生产率低的员工，或者在公司利润率下降时裁员，对于一个重视股东利益的企业来说是天经地义的事情。而其在公司实践中的传播主要发生在20世纪最后20年。通用电气的传奇总裁杰克·韦尔奇（Jack Welch）将股东利益最大化发展到了极致，他在任职期间通过裁员和重组使得公司股价上涨了30倍，创造了企业经营的神话。

然而，关于企业宗旨的争论朝着与弗里德曼所倡导的不同的方向发展。20世纪末开始，经济发展与社会和环境之间的矛盾日益激增，股东价值理论已经显示出其局限性。在弗里德曼的《商业的社会责任是增加利润》论文发表三十年后，企业社会责任在企业议程上空前突出。利益相关者理论在这一时期迅速发展起来，以对抗以股东为中心的公司主导理论。1984年，爱德华·弗里曼（Edward Freeman）在《战略管理：利益相关者管理的分析方法》中明确提出和阐述了利益相关者管理理论（Freeman，1984）。弗里曼认为，目前人们理解商业环境的方法没有考虑到可能影响或受公司及其利益相关者影响的广泛群体。利益相关者理论家认为，与经济理论中的传统假设相反，价值观和伦理问题必须与经济现实一起讨论和处理。他们批评将商业决策与伦理决策分开，建议将这两种类型的决策结合起来，并承认管理者对它们的伦理责任。此外，企业社会责任学者也使用利益相关者理论来更好地明确和实施他们的概念。事实上，利益相关者的战略管理方法要求放弃股东价值最大化是公司的唯一目的的想法，并在定义企业宗旨时考虑特定的利益相关者的利益。在实践中，随着人类面临的可持续发展问题越发严重，企业承担社会责任已经成为全球的共识，不仅成为各国社会治理和核心企业监管的实践做法，也是企业整合全球资源并在全球市场中立于不败之地的核心竞争力。同时，充分发挥商业力量，积极利用市场机制来解决目前人类面临的环境污染、气候变化、贫富差距和社会公平等亟待解决的可持续发展问题也越来越显示出其效率和效果的优越性，开始成为人类社会可持续发展的核心议题。

2.2.2　股东价值与社会价值的整合趋势

利益相关者理论的兴起为企业宗旨争论提供了新的思路，为股东价值与社会价值结合提供了管理方法，形成了开明股东价值观、共享价值观和股东福利观等一系列代表性观点。

21世纪初，可持续问题通过开明股东价值理论等观点进入金融领域。Jensen（2010）指出，从逻辑上讲，企业不可能同时在多个维度上最大化。例如，告诉经理最大化当前的利润、市场份额、未来的利润增长以及其他任何自己喜欢的事情，将使经理无法做出合理的决定。实际上，它使经理没有目标。因此，公司应该具体说明各个维度之间的权衡，然后确定一个"目标函数"，明确决策对公司的积极影响和消极影响。最大化公司的总市场价值，即股权、债务和任何其他市场价值的总和，将解决多个目标之间的权衡问题。在某种程度上，利益相关者理论认为企业应该关注其所有重要支持者，这与价值最大化完全一致，但传统的利益相关者理论没有关于如何在利益相关者之间进行权衡的概念规范，使董事会和高管没有解决问题的原则标准。鉴于此，Jensen（2010）

提出，开明的利益相关者理论通过引导公司经理和董事更普遍和创造性地思考组织如何对待公司的所有支持者。价值标准可用于在这些相互竞争的利益群体之间进行选择，因为如果公司要生存和蓬勃发展，任何受众都无法得到充分满足。开明的利益相关者理论包括衡量和评估公司管理其与所有重要支持者的关系的过程和审计，同时规定公司的目标功能是使公司长期市场总价值最大化。

几乎与此同时，Porter and Kramer（2011）将股东价值和社会价值这两个概念合并为"共享价值"。这一新概念是指通过解决社会需求和挑战来创造经济价值，同时也为社会创造价值。在资本主义的旧观点中，商业通过产生盈余来为社会做出贡献，盈余支持就业、工资、购买、投资和税收。公司是一个自给自足的实体，社会问题超出了其应有的范围。然而，越来越多的公司认识到社会利益（外部性）可能会给公司带来内部成本，通过"重新认识社会与企业绩效之间的交集"来创造共享价值。例如，产品过度包装和温室气体问题不仅会对环境造成负担，而且对企业也造成负担。一方面，处理商店使用的塑料的创新可以节省数百万美元的垃圾填埋场处置成本；另一方面，尽量减少污染的努力并不一定会增加商业成本，因为环境绩效的重大改善往往可以通过名义增量成本获得更好的技术来实现。因此，公司的宗旨应该根据共享价值而不仅仅是利润来重新定义，包括提高公司竞争力的政策和运营实践，同时改善其经营所在社区的经济和社会条件。

股东价值与社会价值整合的另一代表性观点是诺贝尔奖获得者奥利弗·哈特（Oliver Hart）和路易吉·津加莱斯（Luigi Zingales）提出的股东福利观。Hart and Zingales（2017）认为，公司应该最大限度地提高股东福利水平，其中包括他们对道德问题的关注，而不仅仅是股东价值。这一理论的前提观点是，公司的终极股东是普通人，他们在日常生活中关心的不仅仅是钱，还包括有道德和社会问题。因此，可以假设他们希望投资的公司采取相应的行动，即考虑社会因素，并在自己的行为中内化外部性。股东福利不能被假定等于市场价值，因为它也包括道德问题，企业也应该处理这些问题。基于股东福利观，对于投资者之间就公司应该追求的目标（金钱除外）达成共识可能提出的反对意见，董事可以就一些基本选择对其成员进行民意调查，然后做出相应决定。

尽管上述理论观点将利益相关者纳入企业宗旨和经营决策的考量范围，但仍然聚焦于企业经营的战略选择，争论和解决的问题只不过是以短期财务报表最优为目标，还是以企业的长期发展为重，其根本立场仍然以股东利益为终极目标。例如，Jensen（2010）认为，当一个经济体中的所有公司都最大化企业总价值时，社会福利就会最大化，企业价值只是这一系列利益的长期市场价值。类似地，共享价值理论的基本前提是，经济和社会进步都必须通过价值原则来解决，即通过计算相对于成本的收益。而股东福利观则是将股东利益从经济价值延伸至道德需求层面，并且当股东的社会偏好足够异质时，市场价值最大化将作为次优目标。但是，如果企业过分重视股东的选择，就无法逃脱"指标陷阱"，也就是唯关键绩效指标（KPI）导向，这就使得股东至上原则从微观层面集结为宏观层面，可能导致金融危机、收入不平等甚至全球环境恶化等后果。

2.2.3 企业宗旨的新讨论

近年来，人类社会的可持续发展议题越来越多地受到关注。作为社会一员，企业既是人类面临的环境和社会问题的受害者，也是造成这些问题的原因之一，解决可持续发展问题必然会将企业纳入其中，并分析企业的作用和影响。实践的新进展影响了关于企业宗旨的学术讨论，推动了企业宗旨的新发展，包括对企业宗旨内涵、功能作用及其实现方式的重新审视。

1. 关于"企业宗旨与利润的关系"这一核心问题

相比于传统的利益相关者理论，近期关于企业宗旨的观点更为激进。利益相关者理论认为，利益相关者的利益满足于长期股东价值最大化，而企业可持续研究者则将其归于实现公司目标（Mayer，2018）。因此，当公司章程中宣布公司宗旨时，股东财富不一定最大化。企业的宗旨应该是"为社会创造价值……因此，利润不再是最终目标，而是作为创造价值的副产品出现……投资者不需要从利益相关者那里拿走，利益相关者也不需要保护自己免受投资者的侵害"（Edmans，2020）。它们平衡和整合了作为商业活动基础资本的六个组成部分：人力资本、智力资本、物质资本、自然资本、社会资本和金融资本。

围绕企业宗旨与利润的关系，研究者基于不同领域提出了各自的理论观点。Mayer（2018）从公司治理的视角提出，成功的公司必须有明确的宗旨、稳定和支持性的所有权，以及董事会和董事的责任，并将其定义为"开明的公司"。公司存在不仅仅是为了盈利，其目的是为人类和地球的问题提供解决方案，并在此过程中产生利润，但利润本身并不是公司的目的。Edmans使用"蛋糕经济学"一词来解释"一种仅通过为社会创造价值来创造利润的商业方法"。这与传统的通过慈善捐赠来实现的企业社会责任理论不同，"蛋糕经济学"确保核心业务的主要使命是服务社会。负责任的企业不是要以不同的方式分配蛋糕（例如，牺牲利润以减少碳排放），而是要通过创新和在自己的业务中表现出色来做大蛋糕。企业不能为社会服务，通常不是因为给投资者太多，而是因为坚持现状而未能做大蛋糕。以沃尔玛为例，在因性别歧视、雇用非法移民、童工等而受到越来越多的抨击之后，沃尔玛不顾一些股东的反对，决定对企业责任采取强硬立场，坚定地推行可持续商业计划。由于实施可持续商业计划，该公司惊讶地发现节约能源使其获得了大量资金：到2017年，沃尔玛已经实现了将运输车队效率提高一倍的目标，每年节省超过10亿美元的运输成本，约占净收入的4%（Henderson，2020）。

2. 关于可持续性企业宗旨的功能作用

研究发现，企业宗旨是组织真正的差异化因素，根据从400多家大型组织的大约50万名员工那里收集的数据，宗旨驱动的公司——那些在目标清晰度指标上得分很高的公司——的表现要比竞争对手好得多（风险调整后股票回报率每年约为6%）（Serafeim，2022）。原因包括：一是有令人难以置信的方法可以使用可持续性因素作为业务驱动力，激励更多的创新并为产品和服务的决策提供信息，例如客户看到了同样的信号，并希望与这些公司开展业务或购买它们的产品，甚至愿意为此支付溢价；二是关心这些问题的公司激励了关心并愿意投入更多和更努力工作的员工。对于个体来说，全力以赴完成工作的使命和目的往往成本更高；但当员工为自己每天的贡献感到自豪时，他们的回报要高得多。

随着时间的推移，商业的目的正在发生变化，以反映人们希望公司为世界做出贡献的愿望。大量商业案例表明，许多企业关注的远不止利润，而是致力于解决社会问题，改善不平等，拯救气候和消除贫困。调查发现，驱动企业可持续性宗旨的重要原因是企业是由个人组成的，他们希望每天早上醒来都相信他们正在为世界做好事，为他人创造价值，而不仅仅是让自己致富。因此，可持续性宗旨采取的企业行为方式比以往任何时候都大不相同，它们加紧提供公共产品，并发挥社会作用以产生积极的结果。

3. 关于企业宗旨的实现方式

基于公司治理视角，"宗旨治理"的治理理念正在兴起。这一理念赋予董事会定义和实施公司宗旨以及监督全体成员对公司宗旨承诺的职责，董事在追求长期利益时，会平衡股东的利益与债权人、员工、客户和社区的利益。公司的客户应包括其所有消费者、社区和公民等。通过这种方式，公司治理可以促进经济增长、创业、创新和价值创造，还可能导致股东价值增加。这一观点是对股东价值理论中管理层在追求公司利润，特别是短期利润方面过度行为的重要批判。宗旨治理理论中，企业宗旨应该由契约定义，这源于其成员对公司的信任；应改革公司法，以取代监管，重新界定公司宗旨，避免将其等同于追求利润；主要依靠公司法和公司治理作为对公司宗旨承诺的基础手段，而非监管。建议在公司章程中具体说明公司宗旨或目的。例如，法国最近采用了这一解决方案，要求在相关章程中定义其存在的理由。

基于组织战略视角，共享价值的战略管理理念为企业重新思考资本主义和商业实践提供了新的思路。基于大量的商业实践案例，研究发现，通过解决环境和社会问题，企业可以开拓成功的新业务，降低成本，并确保其供应链的长期可持续性，同时增加对其产品的需求（Henderson，2020）。这与Porter and Kramer（2011）提出的共享价值观一致。对此，研究提出实现共享价值的战略路径：通过重新构思产品和市场、重新定义价值链中的生产力、建立支持性产业集群或组织变革等方式创造社会价值，从而实现经济价值。

基于可持续性视角，"宗旨+利润"的可持续价值理念越来越受到研究者和从业者的青睐。从根本上说，宗旨+利润模式关乎企业家、年轻一代、专业人士、中层管理人员、高级管理人员、投资者和其他利益相关者并为其服务，使之在社会影响范围内运作，从为劳动力和当地社区服务到解决环境、不平等和其他全球问题。企业透明度和披露是公司传达其可持续宗旨和努力的重要手段，越来越多的公司发布ESG报告、可持续发展或综合报告。20世纪90年代初期，只有不到20家公司发布企业ESG报告。2020年S&P的500家企业中，86%发布ESG报告；2022年KPMG统计，全球最大的250家企业中，96%发布ESG报告；各国最大的100家企业中（5200家），71%报告实质性ESG议题。Serafeim（2022）主张通过以ESG为中心的举措提高资本回报率，并针对组织如何从其ESG工作中创造真正的价值和影响描述了一种五管齐下的方法，让公司更好地管理和治理分配给ESG问题的资源：将ESG视为战略而不是合规性，在整个组织中建立ESG问责制，确定企业目标并围绕它建立文化，将ESG责任赋予核心业务领导者，使用影响力加权会计指标（Impact Weighted Accounting）来做出更好的决策并吸引一致的投资者。

本质上，企业可持续宗旨的实现是一项自上而下和自下而上双向驱动的系统性工作，需要完成从顶层设计的制度规范到各项战略性措施落地的完整闭环。具体包括：①法律准则：通过公司法将宗旨置于公司的核心地位，要求公司主要负责人或董事陈述其宗旨并表明对这些宗旨的承诺。②监管准则：通过监管约束执行重要公共职能的公司负责人在参与公众利益方面承担特别高的义务。③所有权准则：强化股东对公司宗旨的承诺及其获得财务利益的权利。④治理准则：建立董事会治理机制，确定一套与董事会目的相一致的价值观，并确保这些价值观嵌入他们的公司文化中，以促进公司宗旨的实现。⑤衡量准则：建立一套标准化的指标，评估公司在多大程度上遵守与人和自然有关的共同最低可持续发展行为标准，从而确定与企业宗旨最相关的指标，并采用关键绩效指标来对照这些指标对员工进行评估和奖励。⑥绩效准则：以公司宗旨的实现程度来衡量，利润应扣除实现宗旨的成本。⑦融资准则：允许公司为其宗旨提供更多的长期投入。⑧投资准则：企业投资应与有助于实现企业目标的私人、公共和非营利机构合作。[一]

2.3 企业宗旨的实践发展

由于企业宗旨的相对灵活性和适应性，商业实践对其演变几乎没有阻力。当前，许多国际组织和政府推行了涉及企业宗旨和信托义务的改革，反映了环境和社会维持能力日益重要，以及在公司治理中更加注重利益相关者。企业在气候变化、腐败和童工等关键领域遵守可持续标准的压力越来越大，公众和政治家对这些问题和其他问题的严重性和紧迫性的认识不断提高，企业和政府都呼吁立即采取行动。鉴于此，本部分将系统梳理国内外商业实践中企业宗旨的变化发展过程，从而揭示企业可持续议题兴起的内在驱动条件。

2.3.1 国际企业宗旨实践发展

商业实践中的企业宗旨也从股东至上主义转向利益相关者主义。Rajan et al.（2023）对1955年到2020年间《财富》世界500强企业中收入最高的120家非金融公司和资产规模最大的30家金融公司的致股东信进行分析，汇总了这些样本公司的企业目标。从数据变化趋势来看，企业宗旨和目标的实践发展趋势与理论界基本一致，但更为直观和清晰。在20世纪50年代末和60年代初，大多数企业在致股东信中尚未明确表达对股东的责任，企业实际经营活动的目标往往是围绕增加利润而开展。从20世纪50年代末到90年代初，股东信主要关注了股东价值最大化的相关目标，这包括明确提出的股东责任和企业绩效目标，因为企业实际经营活动的目标往往是围绕增加利润而开展；在利

[一] British Academy. 2019. Principles for Purposeful Business. https://www.thebritishacademy.ac.uk/publications/future-of-the-corporation-principles-for-purposeful-business/

益相关者目标中，这一阶段企业的关注重点也主要是消费者和员工这些与企业生产经营和利益直接相关的群体。20世纪90年代以来，企业宗旨和目标呈现出显著的多元化趋势，特别是伦理道德目标、ESG环境目标、ESG社会目标、慈善目标以及更广泛的利益相关者目标迅速攀升。这与企业宗旨的理论变迁和国际社会对企业可持续议题的推动密切相关，形成了相互促进的趋势。

1. 国际组织的官方声明

近年来，国际组织纷纷对公司目的做出新的声明，其中以美国商业圆桌会议（Business Roundtable）和世界经济论坛（World Economic Forum）为主要代表，体现了大公司和机构投资者对企业宗旨的新信条。

（1）美国商业圆桌会议

2019年8月19日，181家美国顶级公司首席执行官在美国商业组织商业圆桌会议上联合签署了《公司宗旨宣言书》，同时宣称，公司的首要任务是创造一个更美好的社会。具体包括为客户提供价值、投资于员工、公平和道德地与供应商打交道、支持社区和为股东创造长期价值五项主要内容（如表2-1所示）。该宣言书强调，企业的每一个利益相关者都是至关重要的，为了公司、社区和国家未来的成功，签约企业承诺为所有利益相关者提供价值，这一声明的签署和发布代表了学术界和实践界关于企业宗旨讨论和发展的一个重大哲学转变。

表2-1 商业圆桌会议对企业宗旨的阐释

企业宗旨	释义
为客户提供价值	将继续发扬美国公司在满足或超越客户期望方面处于领先地位的传统
投资于员工	公平地补偿员工，并提供重要的福利；通过培训和教育来支持他们，帮助他们培养适应快速变化的世界的新技能；倡导多样性和包容性、尊严和尊重
公平和道德地与供应商打交道	致力于成为其他大大小小的公司的好伙伴，帮助公司完成使命

（续）

企业宗旨	释义
支持社区	尊重社区中的人，并通过在业务中采用可持续的实践来保护环境
为股东创造长期价值	致力于透明度和与股东的有效接触；为了公司、社区和国家未来的成功，承诺为每一个利益相关者提供价值

自1978年至今，商业圆桌会议定期发布《公司治理原则》。从1997年以来发布的每一份文件都认可了股东至上的原则，即公司的存在主要是为了服务股东。2019年，《公司宗旨宣言书》宣称，股东利益不再是一个公司最重要的目标，革新了企业基于股东权益最大化做出经营承诺的基本内容。在这份宣言中，包括贝佐斯、库克等在内的引领美国商业的CEO集体发声。这也体现了社会对企业社会责任担当和可持续发展的诉求不断广泛、深入和强大之时，企业家们对企业在推动社会进步、环境和谐进程中角色的反思。

（2）达沃斯宣言

1971年，商业政策学教授克劳斯·施瓦布（Klaus Schwab）首次提出利益相关者资本主义（Stakeholder Capitalism）的概念，并创立了世界经济论坛。两年后，参加论坛达沃斯年会的与会者共同签署了《达沃斯宣言》（Davos Manifesto），在宣言中明确描述了企业对各种利益相关者的主要责任。2020年1月，世界经济论坛在瑞士达沃斯举行了主题为"凝聚全球力量，实现可持续发展"的年会。论坛通过了2020年新《达沃斯宣言》，强调"企业不只对股东负责，也要对地球负责"，重新阐述利益相关者理念[一]。具体内容如下：

1）企业存在的目的，是让所有利益相关者参与共享的、持续的价值创造。在创造这种价值时，企业不仅为股东，也为所有利益相关者（员工、客户、供应商、当地社区和整个社会）服务：

[一]《2020年达沃斯宣言：第四次工业革命中公司的普遍目标》，https://www.weforum.org/agenda/2019/12/davos-manifesto-2020-the-universal-purpose-of-a.

①企业提供最能满足需求的价值主张，为客户提供服务；支持公平竞争、对腐败零容忍。

②企业以尊重的态度对待员工，尊重多样性，努力改善工作条件和员工福祉，并通过技能提升和更新，持续为员工培养就业能力。

③企业将供应商视为创造价值的真正伙伴，并将对人权的尊重纳入整个供应链。

④企业通过其活动为整个社会服务，支持所在的社区，并缴纳应负担的税款。它是未来时代的环境管理者，自觉地保护着我们的生物圈，并且倡导循环、共享和再生经济。

⑤企业为股东提供投资回报。

2）企业不仅是创造财富的经济单位，作为社会体系的一部分，它所实现的是人类和社会的期望。它的绩效不仅根据股东回报来衡量，还必须根据它如何实现环境、社会和治理目标来衡量。

3）跨国营运的企业，不仅为最直接的利益相关者提供服务，也扮演企业全球公民的角色，它们应与其他利益相关者（政府、企业）携手合作，改善世界现状。

2. 跨国企业的宗旨宣言

当今世界的成功企业一定程度上都在其企业宗旨（使命、愿景或企业可持续报告等）中公开声明其如何为社会做出积极贡献，可持续价值主张成为新风尚。近年来，一些先进的跨国企业正在改写它们对公司宗旨和愿景的描述，一味追求利润最大化的"实力"主张逐步淡化，强调企业对社会发展和社会进步的"价值"主张日益凸显，并以此为企业追求的核心目标，在此基础上形成企业的价值体系和企业战略。

2020年9月，全球1294家企业CEO联合签署《商业领袖重塑全球合作声明》，向世界承诺"支持联合国的号召与使命，共同引导世界走上更加公平、包容和可持续发展的道路，凝聚企业力量，共创美好世界。"这是继2019年8月29日"商业圆桌会议"中181位顶尖企业CEO联合签署《公司宗旨宣言书》之后，企业界推进参与全球发展和社会治理的又一重大举措，也是在可持续商业进展中的又一里程碑式事件。以下列举几个代表性企业案例。

（1）法国达能集团

法国食品和饮料公司达能集团（以下简称达能）将其目标定义为建立一个平衡、盈利和可持续的增长模式㊀。达能将获得共益企业认证作为其经济和社会双重目的的重要里程碑。作为旨在为消费者和股东创造价值的方法的一部分，达能正在改变其旗舰品牌的食品和饮料的设计和生产方式，并构建新的有机和非转基因产品线。公司还致力于促进可持续农业，鼓励循环经济，节约用水，减少浪费，减少碳足迹，促进动物福利和融入社区㊁。

为了进一步推动饮食与健康革命，并为达能所有利益相关方创造卓越的、可持续的营利性价值，达能设立了与联合国 2030 年可持续议程一致的 2030 九大目标，并成为首家引入"Entreprise à Mission"（使命驱动型企业）治理框架的法国上市公司。达能以"通过食品，为尽可能多的人带来健康"为企业使命，并已将与之对应的社会环境目标写入企业章程。公司拥有高效、负责且包容的运营方式，致力于成为首批获得全面共益企业认证的跨国企业之一。

（2）意大利国家电力公司

意大利国家电力公司（Enel）是欧洲唯一通过 ISO 14001 认证的能源企业，旗下主要有电力和天然气两大业务分支。其"愿景"的定义如下：开放是我们战略的关键特征。出于这个原因，我们确保我们的服务覆盖越来越多的国家，促进当地经济发展并扩大能源供应……这支撑着我们的日常承诺，激励着 Enel 团队的所有人。我们是开放的力量，为每个人改善未来，推动可持续进步，不让任何人掉队，并使地球成为更受子孙后代欢迎的地方。我们是开放的力量，我们的目标是克服世界面临的一些最大挑战。这将通过一种将可持续目

㊀ https://www.danone.com/about-danone/sustainable-value-creation.html.

㊁ https://www.danone.com/about-danone/sustainable-value-creation/BCorpAmbition.html.

标与创新行动相结合的新方法来实现⊖。

2020 年，Enel 电力部门主管安东尼奥·坎米塞拉（Antonio Cammisecra）表示，公司的目标是在 2025 年前退出所有剩余的燃煤电厂，这些电厂的总装机容量约为 1.1 万兆瓦。Enel 宣布，针对南美市场，计划在 2025 年前退出其在智利的燃煤电厂，在哥伦比亚再建一个非燃煤电厂。坎米塞拉表示，"我们退出煤电领域，对大家都好。"

2.3.2 中国企业宗旨实践发展

长期以来，中国企业一直承担着促进国家和地方经济发展的责任和探索国家所要求的技术创新路径的责任。一方面，与西方国家企业发展历史相比，中国企业具有更强烈的社会属性和政治色彩。无论是近代洋务派企业和南京国民政府时期的国家垄断资本主义发展，还是现代企业制度改革，再到新发展格局构建，中国企业发展始终是在国家干预和引导下进行的。另一方面，基于中国特色社会主义经济体制，人们普遍为企业特别是国有企业赋予了更多的政治、社会内涵，而不仅仅是追求"维护股东与自身利益最大化"。伴随着我国进入新发展阶段，在新发展理念的指导下，企业在承担社会福利最大化的公共功能日益凸显。由此可见，中国企业宗旨的演化受到中国经济社会制度发展的深刻影响。

1. 中国企业宗旨相关政策发展

从宏观政策来看，对企业宗旨的具体规定并没有单独的文件，而是分散在各类企业法规、标准、指导意见和监管要求中，如表 2-2 所示。

梳理相关政策文件和企业发展实践发现，中国企业宗旨大致经历了从计划经济时期的以国家计划为主，到改革开放初期的追求经济效益，再到市场经济体制确立期和社会市场经济体制完善期的强调市场竞争力和社会责任，最后到新时代的强调创新和可持续发展。

⊖ https://www.enel.com/company/about-us/vision.

表 2-2 中国企业宗旨的政策导向

年份	名称	内容
1984 年	《中共中央关于经济体制改革的决定》	要使企业真正成为相对独立的经济实体，成为自主经营、自负盈亏的社会主义商品生产者和经营者，具有自我改造和自我发展的能力，成为具有一定权利和义务的法人
1986 年	《国务院关于深化企业改革增强企业活力的若干规定》	推行多种形式的经营承包责任制，给经营者以充分的经营自主权，进一步增强企业自我改造、自我发展的能力
1993 年	《中共中央关于建立社会主义市场经济体制若干问题的决定》	坚持以公有制为主体、多种经济成分共同发展的方针，进一步转换国有企业经营机制，建立适应市场经济要求，产权清晰、权责明确、政企分开、管理科学的现代企业制度；建立全国统一开放的市场体系，实现城乡市场紧密结合，国内市场与国际市场相互衔接，促进资源的优化配置
1999 年	《中共中央关于国有企业改革和发展若干重大问题的决定》	到 2010 年，要适应经济体制与经济增长方式两个根本性转变和扩大对外开放的要求，基本完成国有企业战略性调整和改组，形成比较合理的国有经济布局和结构，建立比较完善的现代企业制度，经济效益明显提高，科技开发能力、市场竞争能力和抗御风险能力明显增强，使国有经济在国民经济中更好地发挥主导作用
2005 年	《国务院关于加快发展循环经济的若干意见》	按照"减量化、再利用、资源化"原则，采取各种有效措施，以尽可能少的资源消耗和尽可能小的环境代价，取得最大的经济产出和最少的废物排放，实现经济、环境和社会效益相统一，建设资源节约型和环境友好型社会
2012 年	《中共中央 国务院关于深化科技体制改革加快国家创新体系建设的意见》	坚持创新驱动、服务发展。把科技服务于经济社会发展放在首位，大力提高自主创新能力，发挥科技支撑引领作用，加快实现创新驱动发展。坚持企业主体、协同创新。突出企业技术创新主体作用，强化产学研用紧密结合，促进科技资源开放共享，各类创新主体协同合作，提升国家创新体系整体效能
2015 年	《中共中央 国务院关于深化国有企业改革的指导意见》	通过界定功能、划分类别，实行分类改革、分类发展、分类监管、分类定责、分类考核，提高改革的针对性、监管的有效性、考核评价的科学性，推动国有企业同市场经济深入融合，促进国有企业经济效益和社会效益有机统一

（续）

年份	名称	内容
2015年	《中共中央 国务院关于深化体制机制改革加快实施创新驱动发展战略的若干意见》	发挥市场竞争激励创新的根本性作用，营造公平、开放、透明的市场环境，强化竞争政策和产业政策对创新的引导，促进优胜劣汰，增强市场主体创新动力
2015年	《中共中央 国务院关于加快推进生态文明建设的意见》	坚持把节约优先、保护优先、自然恢复为主作为基本方针，坚持把绿色发展、循环发展、低碳发展作为基本途径，坚持把深化改革和创新驱动作为基本动力，坚持把培育生态文化作为重要支撑，坚持把重点突破和整体推进作为工作方式
2016年	《"十三五"生态环境保护规划》	提出全面推行排污权交易制度，健全排污权交易机制及其支持体系
2020年	《中共中央关于制定国民经济和社会发展第十四个五年规划和二〇三五年远景目标的建议》	坚持创新在我国现代化建设全局中的核心地位，把科技自立自强作为国家发展的战略支撑，面向世界科技前沿、面向经济主战场、面向国家重大需求、面向人民生命健康，深入实施科教兴国战略、人才强国战略、创新驱动发展战略，完善国家创新体系，加快建设科技强国。坚持绿水青山就是金山银山理念，坚持尊重自然、顺应自然、保护自然，坚持节约优先、保护优先、自然恢复为主，守住自然生态安全边界
2021年	《国务院关于加快建立健全绿色低碳循环发展经济体系的指导意见》	坚定不移贯彻新发展理念，全方位全过程推行绿色规划、绿色设计、绿色投资、绿色建设、绿色生产、绿色流通、绿色生活、绿色消费，使发展建立在高效利用资源、严格保护生态环境、有效控制温室气体排放的基础上，统筹推进高质量发展和高水平保护，建立健全绿色低碳循环发展的经济体系
2021年	《中共中央 国务院关于完整准确全面贯彻新发展理念做好碳达峰碳中和工作的意见》	坚定不移走生态优先、绿色低碳的高质量发展道路，确保如期实现碳达峰、碳中和

（1）满足国家经济计划

在新中国成立初期，中国经济基础薄弱，人民生活水平低下，面临着重建国家经济体系的艰巨任务。在此背景下，中国实行了计划经济体制，通过国家统一规划和管理，推进经济发展。在计划经济时期，中国经济体制的核心特征是国家对生产资料和产品分配实行全面的计划管理，即国家计划部门根据国民经济发展目标和需求，制定年度和长期计划，对企业生产、资源配置、产品价格等进行统一安排和调控。在这一体制下，市场机制的作用被极大地削弱，国家对经济活动进行了全面干预和调控，企业只需执行上级计划，企业宗旨主要体现在保证国家经济的稳定发展，满足基本的物质需求，实现国家的经济发展战略，无须考虑营利性和市场竞争。

（2）追求经济效益

尽管计划经济体制在初期对中国经济发展起到了一定的推动作用，但随着时间的推移，其弊端日益显现。长期实行高度集中的计划经济体制，导致资源配置不合理，企业效益低下，人民生活水平长期得不到提高。同时，由于封闭的政策，中国与世界的经济发展脱节，科技水平滞后，国际地位下降。因此，改革旧的经济体制，引入市场机制，成为中国发展的迫切需要。

党的十一届三中全会以来，中国开始实行一系列旨在推动经济体制改革的方针政策，逐步打破了原有的计划经济体制，引入市场机制，开启了改革开放的新时期。改革开放后，中国开始实行市场经济改革，企业经营自主权逐步扩大。例如，《中共中央关于经济体制改革的决定》等政策文件中，强调要使企业真正成为相对独立的经济实体，成为自主经营、自负盈亏的社会主义商品生产者和经营者，具有自我改造和自我发展的能力，成为具有一定权利和义务的法人。在这一阶段，企业宗旨也发生了重要的变化。企业不再仅仅是执行国家计划的工具，开始注重市场需求和利润导向，强调经济效益，追求利润最大化。企业不仅要完成国家的经济指标，还要追求自主经营、自负盈亏，开始注重提高生产效率和产品质量，以及关注客户需求。同时，企业也积极履行社会责任，关注环境保护，促进社会和谐。在改革开放初期，中国还积极参加国际经济合作，引入外资，学习借鉴国外的先进技术和管理经验。通过与世界各国的交流与合作，中国逐步融入了世界经济体系，提升了国际地位。

（3）提升市场竞争力

1992年，党的十四大明确提出建立社会主义市场经济体制的目标。这标志着中国正式踏上构建社会主义市场经济体制的征程。在这一背景下，中国经济体制改革进入了深化阶段。

中国政府进一步深化国有企业改革，推动垄断行业改革，放宽市场准入，加强市场监管。价格、供求、竞争等市场机制更加成熟，资源配置效率提高。同时，中国积极推动市场化改革，如金融改革、土地制度改革等，为经济发展提供了更完善的制度保障。《中共中央关于建立社会主义市场经济体制若干问题的决定》提出建立适应市场经济要求，产权清晰、权责明确、政企分开、管理科学的现代企业制度。《中共中央关于国有企业改革和发展若干重大问题的决定》强调建立比较完善的现代企业制度，经济效益明显提高，科技开发能力、市场竞争能力和抗御风险能力明显增强，使国有经济在国民经济中更好地发挥主导作用。

在这一时期，中国企业面临着前所未有的发展机遇。国内外市场的不断扩大，为企业提供了丰富的客户资源。政策环境的优化，降低了企业的运营成本，提高了企业的竞争力水平。同时，全球经济一体化带来的竞争压力，要求企业必须提高产品质量、创新能力和服务水平，同时积极投身创新创业，为中国经济发展注入新的活力。此外，企业家们开始关注企业治理结构和企业文化的建设，努力提高企业的核心竞争力。企业不再仅仅追求经济效益，开始关注社会责任、环境保护和可持续发展。企业内部管理体制和激励机制也发生了很大变化，员工福利和培训得到了重视。同时，企业开始积极参与公益事业，为社会和谐发展贡献力量。

（4）强调国际化和社会责任

21世纪初，中国经济社会发展进入新阶段。在这一时期，中国政府积极推动经济体制改革，完善社会主义市场经济体制，提高市场在资源配置中的作用。同时，中国积极参与国际经济合作与竞争，融入全球产业链和价值链。这一时期，中国社会主义市场经济体制逐步成熟，企业成为市场经济的主体。

2001年，加入世界贸易组织（WTO）后，中国企业面临更加激烈的国内外竞争，中国企业开始积极参与国际市场竞争，拓展海外市场，经济全球化进程加速。企业开始注重品牌建设和技术创新，提高产品和服务质量。经营宗旨转向了国际化、品牌建设和技术创新。《中共中央 国务院关于深化国有企业改革的指导意见》提出国有企业要切实转变经营理念，强化社会责任，实现经济效益和社会效益的统一。2008年全球金融危机后，在经济全球化背景下，中国企业开始关注风险管理和可持续发展，同时加强在国内市场的布局和整合。此外，《国务院关于加快发展循环经济的若干意见》提出"减量化、再利用、资源化"原则，要求采取有效措施，以尽可能少的资源消耗和尽可能小的环境代价取得最大的经济效益。企业宗旨更加注重社会责任和可持续发展，强调企业要为社会和客户提供优质的产品和服务。企业宗旨也逐步明确为追求经济效益、提高竞争力，同时兼顾社会责任，关注环境保护、员工权益、科技创新等方面。

（5）坚持创新和可持续发展

在新的历史阶段，中国经济发展进入新常态，经济增长速度由高速转向高质量发展。这一时期，中国经济面临着产能过剩、环境污染、人口红利减弱等问题。为了应对这些挑战，中国政府提出了一系列政策措施，如供给侧结构性改革、创新驱动发展等。《中共中央 国务院关于深化科技体制改革加快国家创新体系建设的意见》指出要坚持创新驱动、服务发展。把科技服务于经济社会发展放在首位，大力提高自主创新能力，发挥科技支撑引领作用，加快实现创新驱动发展。党的二十大报告提出，创新是第一动力，要深入实施创新驱动发展战略，加快建设科技强国，提高科技创新能力，推动科技成果转化应用，加快构建以创新为主要引领和支撑的经济体系和发展模式。

新时代中国经济发展的主要目标是高质量发展，创新成为企业发展的重要驱动力。随着中国经济进入新常态，企业不仅要追求经济效益，还要关注社会责任、环境保护等方面，实现经济效益、社会效益和环境效益的统一。企业开始注重创新，提高产品质量，以适应市场需求。同时，企业积极履行社会责任，如参与脱贫攻坚、公益事业等，为社会和谐发展贡献力量。此外，《中共中央 国务院关于加快推进生态文明建设的意见》强调坚持把节约优先、保护优先、自然恢复为主作为基本方针，坚持把绿色发展、循环发展、低碳发展作为基本途径，坚持把深化改革和创新驱动作为基本动力，坚持把培育生态文化作为重要支撑，坚持把重点突破和整体推进作为工作方式。《中共中央 国务院关于完整准确全面贯彻新发展理念做好碳达峰碳中和工作的意见》指出要坚定不移走生态优先、绿色低碳的高质量发展道路，确保如期实现碳达峰、碳中和。

2. 中国企业宗旨实践演变

从微观企业实践来看，中国企业宗旨也从经济效益转向社会责任。我们收集了2001—2022年中国上市公司的年度报告，其中有1544份含有"致股东信"（包括董事长致辞、董事长报告、董事长寄语、致股东等），涉及344家公司。图2-1显示了股东信中提到经济目标、创新、ESG三个目标的公司比例变化，其中，经济目标包括市场份额增长、利润增长、降低成本、盈利能力、投资回报等，ESG包括环境、社会与治理。图2-2呈现了在致股东信中提到ESG目标的公司所占比例。

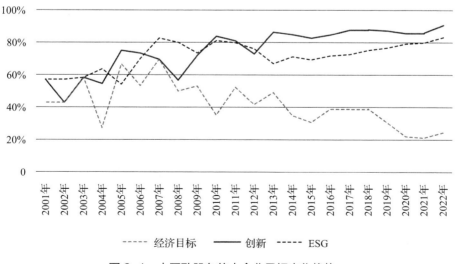

图2-1 中国致股东信中企业目标变化趋势

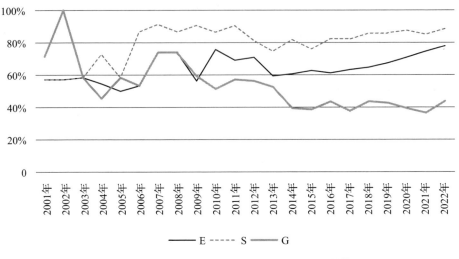

图 2-2 中国致股东信中 ESG 目标比例变化趋势

企业目标的变化趋势与全球经济环境、政策导向和企业自身发展阶段密切相关。如图 2-1 所示，经济目标始终未在中国企业宗旨中占据优先地位，这由社会主义基本经济制度和国有企业作为国民经济主导力量的国情所决定。创新目标长期在中国企业宗旨中占比较高，这是因为，中国共产党和中国政府一直将创新作为引领发展的第一动力，坚持创新驱动发展战略。近年来，世界正经历百年未有之大变局，如何在动荡中生存发展成为企业面临的关键议题，创新成为中国企业的首要目标。鉴于中国特色社会主义的基本国情和可持续发展理念的全球发展，进入 21 世纪以来，ESG 目标始终在中国企业宗旨中占据重要位置。但值得注意的是，如图 2-2 所示，环境、社会、治理目标不同阶段表现出不同的变化趋势。其中，在社会主义经济制度和国有企业的带领下，社会目标一直是中国企业的核心宗旨之一。21 世纪初期，中国企业正经历现代企业制度改革，治理目标由此成为企业重要的努力方向，随着企业制度的完善，治理目标逐渐弱化。近年来，全球气候环境问题日益严峻，中国政府积极参与全球环境治理，环境目标也逐渐被纳入中国企业宗旨，并逐渐占据重要地位。由此可见，ESG 在中国有着深厚的制度基础和实践基础，特别是随着全球可持续实践的兴起和中国政策的推动，ESG 正逐渐成为中国企业的重要目标。

汽车制造企业比亚迪为中国企业宗旨提供了很好的诠释[一]。比亚迪在其品牌使命的阐释中表示："用技术创新，满足人们对美好生活的向往……以零排放、零污染的运行方式，成为连接城市的血脉，美好生活的更多可能展现在我们面前。我们分明已经看到新能源世界正在走来，这是比亚迪的使命，也是全人类的绿色梦想。"

比亚迪致力于用技术创新促进人类社会的可持续发展，助力实现"碳达峰、碳中和"目标。2008年，比亚迪提出太阳能、储能和电动车绿色梦想，打通能源从吸收、储存到应用全产业链环节，持续为城市提供一揽子绿色整体解决方案，开发出太阳能、储能电站、各种电动汽车等产品。2015年，比亚迪在上海国际车展发布"7+4"战略，即私家车、城市公交、出租、道路客运、城市商品物流、城市建筑物流及环卫车等七大常规领域，及仓储、港口、机场、矿山等四大特殊领域，实施"全产业链+全市场"战略，将交通领域用油的部分全部用电替代。2016年，在墨西哥C40市长峰会上，比亚迪发出"为地球降温1℃"的倡议，通过电动车治污、云轨云巴治堵，为地球做减法、为子孙后代谋福利。

2021年，比亚迪获颁国内首张SGS承诺碳中和符合声明证书。同年，比亚迪签署COP26《零排放中、重型车辆全球谅解备忘录》，目标是在2030年之前实现零排放中、重型卡车的销售占比达到30%，2040年之前实现零排放中、重型卡车的销售占比达到100%，以促进2050年实现零碳排放。比亚迪生产的全部中、重型卡车已率先实现零碳排放，引领全球零排放中、重型车辆的发展。

2.4　小结

回顾企业宗旨争论及近期理论研究和商业实践中关于企业宗旨的探讨，

[一] https://www.bydglobal.com/cn/index.html.

可以发现，社会价值在企业宗旨中的上升趋势突出了相关概念（如使命、愿景和价值观）在大公司的沟通和实践中的作用，以及它与大公司的联系。理论和实践表明，可持续正迅速成为大型企业宗旨的新方向，因为不仅是外部监管，企业自身的行为准则和道德标准都制约了其商业行为和对利润的追求。企业可持续的重要性日益增加，可持续发展的所有方面并非都由法规具体处理，但所涉问题的紧迫性需要企业的积极合作，企业越来越多地遵循（或直接宣布遵循）环境和社会事务方面的国际准则和标准。因此，如何认识和把握可持续在商业实践中的积极作用将成为企业思考"为何而存在"的关键问题。

第 2 篇 理论篇

　　企业可持续的内涵是充分考虑环境、社会和经济之间的平衡和协调发展，其核心之一就是协调企业自我利益与社会公共利益之间的关系。对企业而言，可持续发展是一种概括广泛社会期望的方式，追求负责任行动的企业将这种广泛的社会期望考虑其中。因此，企业负责任行动的总体目标是致力于可持续发展。然而，企业必须找到恰当的微观理论基础，以指导其将自身战略行动向可持续目标靠拢，并有效衡量、评价和管理企业为实现可持续目标所做出的努力。

　　作为可持续发展在微观商业层面的理论源头，CSR 理论经过百年探索，一度成为指导企业在商业实践中平衡经济、社会、环境利益的核心理论。但长期以来，基于 CSR 理论的研究和商业实践，多强调利益相关者及其制度压力下的企业行为。本质上，这种社会责任是有悖于企业盈利目的的贡献与付出，由此被认为是企业获取合法性的印象管理工具，并且难以有效量化和评价企业可持续的客观实践。

　　近年来，随着全球可持续实践的蓬勃发展和企业宗旨的变迁，ESG 应运而生。作为 CSR 的进阶，ESG 不仅融入了企业可持续内涵与使命，更强调企业商业模式与环境、社会因素的融合。在对 CSR 继承性发展的基础上，ESG 为企业可持续提供了可量化的理论工具，指导企业战略实践及其衡量和披露业绩的方式发生了实质性转变，成为当前企业可持续理论的核心框架。

　　鉴于此，本部分基于企业可持续理论演化视角，回顾 CSR 的发展历程，梳理从 CSR 到 ESG 的理论脉络，提炼 ESG 的理论内涵，分析二者的内在联系与本质区别，并进一步探讨 ESG 作为当前企业可持续核心框架的价值创造机制。

第 3 章
企业可持续理论溯源：CSR

在众多管理理论中，企业社会责任理论首次系统地将利益相关者纳入企业战略决策与管理过程，为企业遵从商业伦理、贡献社会的负责任行动提供了理论指导。从这个意义上讲，企业社会责任理论是企业可持续的理论源头，对企业社会责任理论发展历程的回顾和梳理即是对企业可持续理论的溯源过程。在这一过程中，寻找和揭示企业社会责任理论蕴含的可持续思想，总结和剖析它在指导当前可持续发展实践时的客观局限，从而识别和明确企业可持续理论的演进方向，对于我们深刻理解企业可持续理论内涵及其演化过程具有重要意义。

3.1 企业可持续理论起源与演化：从 CSR 到 ESG

企业可持续是指充分考虑环境、社会和经济之间的平衡和协调发展，如何处理企业与社会的关系是企业可持续要回答的核心问题。而企业作为经济社会发展的产物，在制度变迁的过程中随着治理结构、社会期待和压力的变化不断地进行演变。因此，企业可持续理论的溯源与演变需要回归到企业制度变迁这一问题上来，从最初古典制企业追求个体利益最大化到两权分离制企业追求股东利益最大化，逐渐发展到目前在全球化背景下追求利益相关者价值最大化。

20世纪初期的商业实践中，在法律规定的范围内追求利润最大化成为业主制企业的主要目标，也是当时企业主要的社会责任。与此同时，理论研究处于主要关注企业自身利润最大化的古典管理思想阶段，如泰勒的科学管理理论、韦伯的官僚组织体系理论、法约尔的管理职能划分理论等。此外，理论研究开始注意到企业外部性问题和企业伦理问题，如马歇尔的外部经济性假说，谢尔顿首提企业社会责任。理论界对企业外部性和伦理问题的关注意味着管理理论开始思考和尝试处理企业与外部环境的关系，追求企业与社会的平衡与协调发展，预示着企业可持续思想开始萌芽。

随着企业规模不断扩大，业主制企业逐渐被合伙制企业和公司制企业所取代，商业实践开始普遍关注经济之外的责任，将股东及其他利益相关者纳入企业战略决策中。在此背景下，整个20世纪中期，理论研究主要是关注企业股东利益最大化的现代管理思想，以及与企业外部利益者建立联系的探索阶段。企业外部研究中关于企业与外部社会、环境、制度的发展研究逐渐增多，企业社会责任理论受到广泛关注。经过数次理论争论，以利益相关者理论为代表的企业社会责任理念逐渐明晰，成为长期指导企业在商业实践中平衡经济、社会、环境利益的核心理论。这与企业可持续的核心内涵高度契合，由此开启了企业可持续理论的探索阶段。

20世纪后期至今，全球化企业成为人类社会经济生活中主要的企业存在形式，推动世界经济迅速发展的同时，也加剧了资源消耗和全球贫富差距，引发了前所未有的全球性环境危机和社会危机，经济发展与社会环境之间的矛盾和冲突问题成为当前经济社会的主要矛盾，成为人类可持续发展的重大威胁。实践发展和理论研究表明，传统企业社会责任理论框架难以应对和解决企业与经济、社会、环境的关系危机。在这一历史背景下，ESG应运而生，推动理论研究关注企业与利益相关者价值共创的当代管理思想，探索企业内外部交互协同，为企业可持续提供了可量化的理论工具。由此，企业可持续理论进入打破环境、社会与治理边界的整合阶段，以ESG为核心框架的企业可持续理论基本确立。

回顾企业制度变迁与管理理论演化历程可以发现，企业可持续理论萌芽于古典时期企业外部性理论思想，而其核心内涵孕育于企业社会责任理论的演化发展过程中，其理论思想与核心框架则伴随着 ESG 的兴起和发展而逐渐明晰。换言之，从 CSR 到 ESG 的演化与进阶标志着企业可持续理论的发展与成熟。鉴于此，本书接下来将基于企业可持续视角，系统梳理 CSR 的发展历程及其理论局限，提炼 ESG 的理论内涵，并深入剖析二者的内在联系与本质区别，以揭示企业可持续理论的核心理念。

3.2 CSR 概念内涵

早在 20 世纪初就有学者在其论著中涉及企业社会责任思想，但直到霍华德·R．鲍恩（Howard R. Bowen）的《商人的社会责任》一书出版时，才推动了有关社会责任的广泛探讨。尽管经历了百年探索，关于企业社会责任的定义，并未形成统一的理解和表述，本书总结了一些代表性定义，如表 3-1 所示。

表 3-1 企业社会责任代表性定义

代表学者	企业社会责任定义
McGuire（1963）	企业不仅仅有经济和法律义务，而且还对社会负有超过这些义务的责任
Davis 和 Blomstrom（1975）	决策者在谋求企业利益的同时，对保护和增加社会福利方面所承担的义务
Edwin（1987）	要使企业决策结果对利益相关者产生有利的而不是有害的影响
Robbins（1991）	超过法律和经济要求的，企业为谋求对社会有利的长远目标所承担的责任
世界可持续发展委员会（1992）	企业承诺持续遵守道德规范，为经济发展做出贡献，并且改善员工及其家庭、社区、社会的生活品质
Weihrich 和 Koontz（1993）	企业要认真考虑公司的一举一动对社会的影响
ISO26000 国际标准（2010）	组织通过透明和合乎道德的行为，为其决策和活动对社会和环境的影响而承担的责任

综合现有研究观点，从广义上讲，企业社会责任是指在特定社会发展时期，企业对其利益相关者应该承担的经济、法律、伦理、自愿性慈善以及其他相关的责任。企业应当承担多少以及何种类型的社会责任一直是一个引起关注和争论的热点问题，主要原因在于：①企业社会责任是社会对企业的期望，必须从社会而不是从单个企业的角度来理解企业社会责任，这在一定程度上有悖于企业盈利的经济目标；②从形式上看，企业需同时履行多种责任的观点更能完整地反映外界的期望，因而优于企业仅需履行一种责任的观点。从内容上看，两者实际上关注的是同一个问题，即除了经济和法律责任外，企业还应该履行什么责任，如果对这第三种责任认识一致，两者便没有本质区别；③经济、法律以外的责任不是公益责任，而是道德责任。道德责任是理解企业社会责任内涵的关键。由此得出本书对企业社会责任的理解：企业社会责任是指企业应该承担的，包含经济责任、法律责任和道德责任在内的一种综合责任。

3.3 CSR 理论沿革

企业社会责任理论发展至今，经历了一个复杂而又漫长的演进过程，如表 3-2 所示。20 世纪 60 年代之前广泛流行的企业伦理理论，是企业社会责任理论的基础。企业伦理理论强调企业的本质是道德代理人，出于自身道德标准的判断，需要承担慈善责任（Sciarelli, 1999）。这一时期，企业践行可持续发展源自于自身道德驱动，其预期目标也是实现纯粹的道德追求。在参与主体方面，往往由单一企业主导，不会与其他主体协作。

20 世纪 60 年代开始，一批学者开始反思并修订企业伦理理论存在的问题，提出利益相关者理论。20 世纪 90 年代之前的利益相关者理论指出，企业基于工具理性标准，出于满足利益相关方的要求，避免因声誉受损而危害企业价值，需要被动地承担经济责任、法律责任、社会责任。利益相关者理论强调企业本质为机械性的"刺激—反应"系统，进行责任管理的目标在于增强合法性和获得必要资源（Fassin, 2012）。

20世纪90年代初期以来,利益相关者理论得到进一步完善,进入企业公民理论阶段。企业公民理论基于价值理性标准,以实现企业社会价值最大化兼顾经济价值为目标,系统性地阐述了企业在经济、法律、社会、环境等方面应主动承担的责任(Pies et al., 2009)。企业公民理论强调企业是以实现社会价值最大化为目的兼顾自身价值的经济组织,企业承担社会责任的动力来源则由社会价值驱动(Cornelius et al., 2008)。企业需要坚持长期导向,主动履行对经济、法律、社会、环境等多方面的责任。

表3-2 企业社会责任的演进脉络

代表理论	活跃时间	判断标准	责任内容	对企业的认识	动力来源	管理目标	参与主体
企业伦理理论	20世纪60年代之前	道德标准	慈善责任	道德主体或道德代理人	道德驱动	实现纯粹的道德追求	单一企业主导
利益相关者理论	20世纪60年代初到80年代末	工具理性标准	经济、法律、社会	机械性的"刺激—反应"系统	企业价值驱动	增强合法性和获得必要资源	单一企业主导,兼顾其他主体诉求
企业公民理论	20世纪90年代初开始受到关注	价值理性标准为主	经济、法律、社会、环境	以实现企业社会价值最大化为目的、兼顾自身利益的经济组织	社会价值驱动为主	实现企业社会价值兼顾经济价值	单一企业主导,兼顾其他主体诉求

3.3.1 企业伦理理论

作为企业社会责任理论的理论起点,企业伦理理论广泛流行于20世纪60年代之前。以如今的眼光来看,企业伦理理论存在着一些不足。比如,对管理者道德水平的过分依赖、责任范围更多局限于经济责任与法律责任、忽视了外部主体的协同作用等。但是,这些缺陷并不能掩盖企业伦理理论对企业可持续相关理论发展的推动作用。在以人为本的新社会价值观的影响下,企业伦理仍然是企业经营管理中的一个不容忽视的重要问题，它对企业生死存亡、社会经济健康发展和精神文明建设依然具有重大的理论和实践意义。

企业伦理也被称为"管理伦理""商业伦理""经营伦理"或"经济伦理"，是管理学和伦理学交叉研究的一个重要课题。沃尔顿（Walton，1997）认为，"企业伦理是对判断人类行为举止是与非的伦理正义规范加以扩充，使其包含社会期望、公平竞争、广告审美、人际关系应用等因素"；Gandz（1988）将企业伦理定义为"含有道德价值的管理决策"；周祖城（2005）认为，"企业伦理学是研究企业道德现象的科学。'伦'是指人、群体、社会、自然之间的利益关系，包括人与他人的关系、人与群体的关系、人与社会的关系、人与自然的关系；群体与群体的关系、群体与社会的关系、群体与自然的关系；社会与社会的关系、社会与自然的关系等。'理'就是道理、规则和原则。'伦'与'理'合起来就是处理人、群体、社会、自然之间关系的行为规范。"借鉴和综合以上国内外理论界的研究成果，企业伦理可以被理解为企业在其经营活动过程中处理经济与法律责任的、符合伦理道德标准的、实现自身道德追求的行为规范。也就是说，企业伦理发生在企业的经营活动过程中；企业伦理调整的对象涉及企业经济与法律方面，企业伦理的依据是纯粹的道德标准，企业伦理的目的是实现自身道德追求。

从动力来源与价值判断标准方面来看，在伦理理论阶段，企业履责的动力来源于道德驱动，强调的是一种自发行为。企业家认为企业的本质是道德主体，企业家个人应当被视为道德代理人，他们的根本动力来源于纯粹的道德良知，也即这种行为是"发自内心"的，而不是为了任何明显的商业目的或满足"底线"要求（任荣明和朱晓明，2009）。在此阶段，他们所履行社会责任的主体内容就是公益慈善活动，而公益慈善的投向（主要是教会和学校等社区领域）则是管理的重点。值得我们关注的是，不仅是20世纪60年代之前，而且是现在和未来，企业家或企业基于纯粹的道德驱动去履行社会责任的行为始终广泛存在而且弥足珍贵。企业家或企业的爱心是需要进行优化配置的重要稀缺资源。

3.3.2 利益相关者理论

尽管伦理理论倡导企业追求高尚的道德标准，并在一定程度上抑制了企业非道德行为对社会的伤害，但该理论在核心责任内容、对企业本质的认识、履行社会责任的动力来源等方面依然存在着不足。20世纪60年代开始，一批学者反思并修订企业伦理理论的这些问题，提出了利益相关者理论，推动了企业社会责任理论的新发展。

从内容上来看，利益相关者理论主要阐述了企业与外部主体间的关系，把企业的利益相关者分为首要和次要两个层次（Parmar et al., 2010）。其中，企业与其首要层次的利益相关者之间的具体关系是企业需要实现的首要目的，是为社会提供优质的产品和服务。投资者和债权人为企业提供充足的资金供应，员工贡献其工作技能和知识，供应商为企业提供所需要的原材料、能源和其他物资；同时，批发商和零售商帮助企业把产品从工厂转移到销售机构，再转移到客户手中；所有的企业都需要有意愿购买其产品和服务的客户，并且大多数企业还要与其他向同一市场提供类似产品和服务的企业进行竞争。

从动力来源与价值判断标准方面来看，利益相关者理论将企业看作比较机械的"刺激—反应"系统，外部环境改变所带来的刺激必然要求企业做出反应，这使得企业社会回应本身只是一种被动的反应，而非前瞻性行动（Wartick and Cochran, 1985）。在此背景下，企业践行企业责任的动力来源于实现自身价值最大化，其判断标准为简单的工具理性，即将实施企业责任视为提升自我利益、促进利润最大化的一种战略性工具（Ditlev-Simonsen and Midttun, 2011）。资源依赖理论、制度理论和"责任铁律"都能够用以解释企业对社会压力进行回应管理的必要性，因为企业只有因应外部环境变化才能获得生存所需的资源，也只有回应社会需要和期望才能获得"合法性"地位。因此，企业践行社会责任的目标是获得企业生存的合法性和必要的社会资源。

3.3.3 企业公民理论

20世纪90年代以来，利益相关者理论进一步得到完善，步入企业公民理论阶段。企业公民理论是对利益相关者理论的修正、整合与提炼。企业公民理论以价值理性标准为主，在兼顾自身利益的基础上，以实现社会价值最大化为目标，系统性地阐述了企业在经济、法律、社会、环境等方面的责任。不同于利益相关者理论，企业公民理论在企业社会责任范围、履责方式、责任管理目标等方面得到了完善，能够更好地助力企业发展。

企业公民理论的提出与发展经历了一系列过程。20世纪70年代，英国首先提出了企业公民这一概念，他们将企业看作一个社会公民，认为企业在创造利润的同时，也要承担对环境、对社会的责任。其实，在此之前企业公民已经出现在企业实践中，例如1979年强生公司、1982年麦道公司、1983年美国第五大杂货零售商戴顿·休斯顿公司等，都在企业经营理念中提出了"做好一个企业公民"的表述。Epstein（1989）在《企业伦理学刊》上发表了《企业伦理、企业好公民和企业社会政策过程：美国的观点》一文，系统论述了企业公民理论。Epstein是较早研究企业公民的学者。

从内容上看，企业公民理论的主要理念是将企业当作社会公民来看待，企业除了追求经济利益之外，更应该向社会各方承担起相关责任（Moon et al., 2005）。美国波士顿学院企业公民研究中心对企业公民的定义是"企业公民是指一个公司将社会基本价值与日常实践、运作和政策相整合的行为方式。一个企业公民认为企业成功与社会的健康和福利密切相关，因此，他会全面考虑对所有利益相关者的影响，包括雇员、客户、社区、供应商和自然环境"。英国企业公民公司也提出了他们对企业公民的认识，该公司认为企业公民有以下四个特征：一是企业是社会的一个主要部分；二是企业是国家的公民之一；三是企业不仅有权利，更应该承担责任；四是企业有责任为社会的一般发展做出贡献。

在动力来源与价值判断标准方面，企业公民理论对利益相关者理论进行了一系列修订。企业公民理论对企业本质的认知上升到新的高度，即以实现社会价值最大化为目的、兼顾自身利益的经济组织。企业经营的愿景与使命不应局限于自身利益，而应有更长远的眼光、更广阔的视野，并追求社会价值。这一阶段，企业的履责动力不再局限于实现单一的经济利益，价值判断标准也进一步提升为以价值理性为主。

3.3.4 企业社会责任理论局限

从20世纪中期至今，企业社会责任研究在概念、内涵与模型等方面已经取得了长足发展，企业社会责任理论逐渐与其他学科融合、渗透。在对企业本质认识、核心责任内容、履责动力来源、责任管理目标、参与主体等关键问题的演变过程中，企业社会责任相关理论逐渐完善。纵观企业社会责任相关理论，仍然存在着以下不足：

第一，尽管企业社会责任研究提供了诸多理论视角，但是缺乏内在一致的理论，以及缺乏充分发展的、能够为实证研究和实践提供基础的理论（Aguinis and Glavas，2012）。作为一个广阔而多元的研究领域，企业社会责任难以在理论上剖析清楚企业为什么要承担社会责任以及如何承担社会责任等核心问题。企业社会责任既可以被看作企业不得不关注的一种行为（即底线思维），也可以被认为是一种与企业财务目标共同存在的自身目标。这些理论视角大多来自其他研究领域或为其目的而生。虽然企业社会责任研究将其作为论据来解释研究发现，但若不对其做出实质性改进或调整，它们可能无法很好地契合企业社会责任的情境。例如，经济学和金融学领域的传统理论大多是基于股东利益至上的模型而发展起来的，更适合"以追求股东价值最大化为唯一目标"的情形，不一定适合企业社会责任这种需要关注多个利益相关的情境。人们逐渐意识到经济、社会和环境利益高度交织，要同时满足这三方面的要求，就需要理解它们的交集（Hilliard，2019），因而只应用这些单一聚焦的理论具有一定的局限性。虽然利益相关者理论旨在解决这一问题，并经常被认为是企业社会责任研究的基石，但利益相关者理论本身也处在发展阶段。因此，基于其自身的局限，将利益相关者理论应用于企业社会责任研究是非常具有挑战性的，企业社会责任领域也因此被批评为理论发展基础薄弱。相比较而言，ESG的兴起与发展，有助于从全局视角总结并拓展已有研究，从环境、社会、治理三个视角，首次构建起统一的理论框架，建立起充分发展的、能够为实证研究和实践提供指导的理论基础。

第二，企业社会责任理论缺乏具体的方法论，难以真正指导企业的实践。虽然企业社会责任有其现象学起源，并且在发展之初强调实践导向。但实际上，诸多研究主要对企业社会责任的履行与企业各类绩效之间的关系开展实证检验（Margolis and Walsh，2001；Orlitzky et al.，2003；Rowley and Berman，2000），并没有提出可供企业参考、能够真正落地的措施，难以真正指导企业的生产和经营活动。此外，尽管研究已经开展了数十年，企业社会责任和绩效之间的关系在学者间依然存在着激烈的争论（Flammer，2021；Ferrell et al.，2016；Wang and Bansal，2012；Wang et al.，2008）。因此，尽管企业社会责任有着现象起源和实践导向，但它终究难以对管理实践提供有效的、系统的指导。相比较而言，ESG 理论则涵盖了 ESG 披露、ESG 评级评价等一系列具体的管理方法和流程，能够为企业实现可持续实践提供详细、规范、高效的方法论指导。

第三，企业社会责任理论在动力来源方面也存在明显不足。企业伦理理论要求个体与组织必须承担相应的道德责任和义务，尤其强调在企业的管理伦理中，组织行为的伦理指向和伦理影响具有更为突出的位置；利益相关者理论强调，企业需要对各种利益相关者负起责任，不仅要为股东提供资金回报，要为员工提供适宜的工作环境和福利待遇，还要对供应商、分销商、消费者、社区环境和当地政府负责，但没有为企业提供内生动力。企业不是存活在真空里，而是每时每刻都与社会各个部分打交道，企业的社会责任是全方位的。可以看出，这些理论实际上强调企业履行社会责任本质上受到制度、伦理等外部压力而为之，即企业社会责任的动力更多是来源于外部合法性压力。虽然企业公民理论强调的是主动践行社会责任，但其仍然强调自身利益的重要性，企业的目的仍然是通过积极的形象和声誉来获取竞争优势，本质上仍然是受到经营业绩压力和竞争者的"同侪压力"。相比较而言，ESG 理论则是基于价值理性标准，以实现企业社会价值最大化为目标，兼容了企业的经济性目标和社会性目标，强调了企业履行社会责任的积极性与主动性。

综上所述，企业社会责任理论强调将企业利益相关者纳入企业战略议题，为企业可持续提供了理论源头，经过漫长的探索发展，企业社会责任理论的内涵日益丰富。然而，企业社会责任理论在理论基础、方法论和动力机制等方面的内在局限性，使其难以揭示企业可持续的本质，更无法系统指导企业可持续实践。近年来，全球企业可持续运动蓬勃发展，迫切需要一套新的系统的理论指导框架。在此背景下，ESG 应运而生。ESG 基于人类命运共同体的核心理念以及可量化的方法论工具，弥补了 CSR 的理论局限，成为当前企业可持续理论的核心框架。我们将在第 5 章与第 6 章详细介绍 ESG 的理论内涵及其价值创造机制。

3.4　CSR 理论指导下的企业社会责任实践

在 CSR 理论指导下，企业社会责任实践经历了漫长的发展，其内容范畴、实践形式和参与主体不断丰富。通过回顾企业社会责任实践的历史发展，本部分将揭示企业在应对社会责任时所面临的挑战和问题，并帮助我们进一步理解企业社会责任实践如何从单纯的利润最大化转变为更加综合和可持续的社会贡献。

3.4.1　全球企业社会责任实践历程

自 20 世纪初 CSR 理念提出以来，企业社会责任实践经历了不同的发展阶段，从最初的企业伦理阶段、利益相关者阶段，到后来的全球公民阶段以及从 CSR 向 ESG 的演变。每个阶段的企业社会责任实践都有其独特的背景和特点，反映了不同时期社会经济环境的变化和企业管理理念的演进。

1. 企业伦理阶段

20 世纪初企业社会责任提出之后的数十年间，并未引起管理实践者的强烈关注，特别是在经济大萧条和第二次世界大战的冲击下，企业实践者普遍遵循利润至上的股东价值准则。其中，最为著名的应是道奇兄弟诉亨利·福特案。福特汽车公司成立于1903年，亨利·福特持有其58%的股权，担任公司总裁兼董事会成员。道奇兄弟持有10%的股权，道奇兄弟既没有在福特汽车公司董事会任职，也没有受雇于福特汽车公司。自1911年始，福特汽车公司平均每年向股东固定分红120万美元，1913—1915年，福特汽车公司还派发特别分红，每年1000万~1100万美元。但是1916年亨利·福特宣布福特汽车公司不再派发特别分红，该部分利润将投向新的里弗鲁日工厂，如此将使得福特汽车公司能够提升生产能力，支付给员工双倍工资，并降低汽车售价。因此，道奇兄弟向法院申请禁令，禁止福特汽车公司建造里弗鲁日工厂，要求分配公司75%的累积盈余，并于今后将公司所得利润全部用于股利分配，除非存在诸如紧急情况的合理理由。初审法院经审理判令股东红利应予分配，并禁止被告继续建造熔炼工厂。福特汽车公司不服，上诉到密歇根高等法院。高等法院支持了一审判决，并发表了如下意见：公司组建是为了股东的利益。而不是公司组织体本身或其员工的利益。公司管理者应基于公司建立的目的审慎行事，而不能为了公众利益减少股东的利润分配或者直接不予分配，使得股东利益成为附属。道奇兄弟诉亨利·福特案的发生表明，这一时期企业实践已经开始考虑社会责任因素，并冲击着传统的利润至上原则。

　　第二次世界大战后，西方国家在劳工权益保护方面加大了政府的干预力度，各国政府着力通过制度化、规范化的手段去平衡劳资双方实力，保护劳工权益。劳资立法和劳、资、政三方协商的则是政府大力运用制度化、规范化的手段。在"企业社会责任"和"利益相关者"理念的影响下，雇员作为企业重要的利益相关者，与资方一起参与企业收益的分配，并参与企业的管理。利润分享的推行开始于二十世纪六七十年代，主要是将工人的工资与企业的利润、劳动生产率挂钩。1961年美国汽车工业的雇主和联合汽车工人工会签订协议，规定每年拿出税前公司利润的15%来进行分享，主要通过增加工人收入和职工持股的方式来实现。1967年法国政府立法规定100人以上企业必须实行利润分享制。

1976年经济合作与发展组织（OECD）制定了《跨国公司行为准则》，这是迄今为止唯一由政府签署并承诺执行的多边、综合性跨国公司行为准则。这些准则虽然对任何国家或公司都没有约束力，但要求进一步保护利益相关人士和股东的权利，提高透明度，并加强问责制。2000年该准则重新修订，更加强调签署国政府在促进和执行准则方面的责任。这一阶段的企业社会责任实践历程，如图3-1所示。

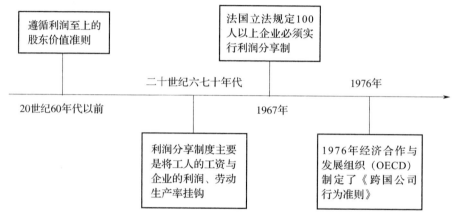

图 3-1　企业社会责任伦理阶段：20 世纪初至 70 年代发展历程

2. 利益相关者阶段

20世纪80年代，企业社会责任运动开始在欧美发达国家逐渐兴起，包括环保、劳工和人权等方面的内容，由此导致消费者的关注点由单一的关心产品质量，转向关心产品质量、环境、职业健康和劳动保障等多个方面。一些涉及绿色和平、环保、社会责任和人权等的非政府组织以及舆论也不断呼吁，要求社会责任与贸易挂钩。迫于日益增大的压力和自身的发展需要，很多欧美跨国公司纷纷制定对社会做出必要承诺的责任守则（包括社会责任），或通过环境、职业健康、社会责任认证应对不同利益团体的需求（徐立青和严大中，2007）。

美国经济发展委员会在1971年出版的《工商企业的社会责任》报告中提出："企业应该为美国人民生活质量的提高做出更多贡献，而不仅仅是提高产品和服务的数量。"这份报告详细阐述了"三个中心圈"的企业社会责任规定：内圈代表企业的基本责任，即为社会提供产品、工作机会并促进经济增长的经济职能；中间圈是指企业在实施经济职能时，对其行为可能影响的社会和环境变化要承担责任；外圈则包含企业更大范围地促进社会进步的其他无形责任，如消除社会贫困和防止城市衰败等。

西方国家在经历了工业民主运动之后，许多企业开始引入员工参与管理的方式，采用集体谈判、工人委员会制、工人董事和工人监事制度、工人自治小组、员工持股计划、共决制等激励手段，增加员工在工作中的成长机会和责任意识，激励雇员积极主动参与企业管理，促进管理模式改进，提高劳动效率。"利益分享"与"雇员参与管理"成为第二次世界大战后劳动关系发展的新趋势。无论是利益分享还是员工参与管理，其实质都反映了雇员作为企业重要的利益相关者应该受到的关注和权益方面的保护。

3. 全球公民阶段

20世纪90年代初期，在广泛的社会运动的推动下，企业社会责任实践进入全球公民阶段，如图3-2所示。其中，标志性的事件为美国劳工及人权组织针对成衣业和制鞋业所发动的"反血汗工厂运动"。因利用"血汗工厂"制度生产产品的美国服装制造商Levi-Strauss被新闻媒体曝光后，为挽救其公众形象，制定了公司第一份生产守则。在劳工和人权组织等非政府组织和消费者的压力下，许多知名品牌公司也都相继建立了自己的生产守则，后演变为"企业生产守则运动"，又称"企业行动规范运动"或"工厂守则运动"，企业生产守则运动的直接目的是促使企业履行自己的社会责任。

但这种跨国公司自己制定的生产守则有着明显的商业目的，而且其实施状况也无法得到社会的监督。在劳工组织、人权组织等非政府组织的推动下，生产守则运动由跨国公司"自我约束"（Self-regulation）的"内部生产守则"逐步转变为"社会约束"（Social Regulation）的"外部生产守则"。到2000年，全球共有246个生产守则，其中除118个是由跨国公司自己制定的外，其余皆是由商贸协会、多边组织或国际机构制定的所谓"社会约束"的生产守则。这些生产守则主要分布于美国、英国、澳大利亚、加拿大、德国等国。

2000年7月"全球契约"论坛第一次高级别会议召开，参加会议的50多家著名跨国公司的代表承诺，在建立全球化市场的同时，要以"全球契约"为框架，改善工人工作环境，提高环保水平。"全球契约"行动计划已经有包括中国在内的30多个国家的代表、200多家著名大公司参与。2001年2月，全球工人社会联盟公布了一份长达106页的由耐克公司资助完成的报告。报告的内容是关于印尼9家耐克公司合约工厂的劳工调查。这份报告的新意在于它是由耐克公司出钱完成并公布的，而耐克公司又不能拒绝公布。耐克公司对这些问题的反应将会为行业设立新的基准。2002年2月在纽约召开的世界经济峰会上，36位首席执行官呼吁公司履行其社会责任，其理论根据是，公司社会责任"并非多此一举"，而是核心业务运作至关重要的一部分。2002年，联合国正式推出《联合国全球契约》（UN Global Compact）。该契约共有九条原则。联合国恳请公司对待其员工和供货商时都要遵循其规定的九条原则。

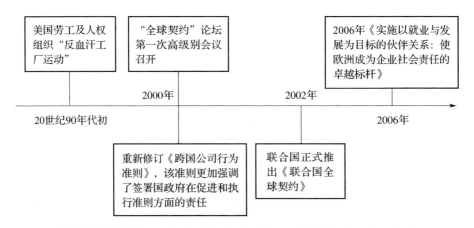

图3-2　ESG萌芽阶段：20世纪90年代初至21世纪初发展历程

在企业社会责任方面，欧洲国家一直走在前列，目前，一些国家制定了企业社会责任国家战略，另一些则是将企业社会责任融合于国家可持续发展战略中，得到国家层面的支持和履行。20世纪90年代中后期以来，欧盟将可持续发展和企业社会责任列入重要的公共政策议事日程。欧盟委员会下设的企业和工业总司、就业和福利总司，有专门的人员负责推动企业社会责任工作。

在欧盟开展企业社会责任的一个重要基础是 2000 年 3 月欧洲理事会所通过的"里斯本战略"。"里斯本战略"揭示了欧盟经济社会改革的战略目标，其任务是"以更多良好的就业和坚强的社会团结，构建能够实现可持续经济增长的、在世界上最具有竞争力及活力的经济体。"企业社会责任这一构想被看作实现"里斯本战略"目标的组成部分，人们认为搞好企业社会责任将会给劳资双方带来"共赢"。此外，企业社会责任实践越来越强调可持续理念，例如，2002 年 7 月，欧盟在《关于企业社会责任的报告：企业对可持续发展的贡献》中提出了欧洲企业社会责任行动框架；2006 年 3 月，欧盟发布了《实施以就业与发展为目标的伙伴关系：使欧洲成为企业社会责任的卓越标杆》报告。

4. 从 CSR 到 ESG：企业可持续阶段

2004 年，联合国全球契约组织（Global Compact）发布报告《关心者赢》（*Who Cares Wins*）正式提出 ESG 理念，该理念逐步受到各国政府和监管部门的重视。面对全球化背景下越发激烈的市场竞争，只有有效应对环境、社会和治理的相关议题，企业才有机会从竞争中脱颖而出。目前，ESG 对社会和企业发展的重要性已经超越 CSR，如图 3-3 所示。CSR 通过一系列公益行动来彰显其作为企业公民在社会责任方面的担当和自愿贡献，从而提升企业品牌形象；而 ESG 则聚焦于与企业业务目标及利益相关方有关的度量指标，并将改善行动贯穿于企业管理经营和发展的各个环节，力争为企业带来明确、切实和可衡量的积极影响。

2008 年 12 月，欧盟委员会欧洲竞争力报告指出，CSR 在增强公司竞争力上起到积极作用。该报告首次用一章的篇幅阐述 CSR 和竞争力的关系，从六个不同的方面分析了 CSR 对公司层面竞争力的影响：成本构成、人力资源、客户观点、创新、风险和声誉管理以及财务表现。报告指出："已经有充分的证据表明 CSR 在人力资源、风险和声誉管理以及创新上有积极影响。"欧盟委员会在报告中还表示将持续为各利益相关方参与 CSR 提供政治动力和实践支持。

进入 21 世纪，在全球治理背景下，企业运营环境更加复杂，不仅受到以往来自政府部门的监管,更受到来自非政府组织、媒体、社区及其他利益相关方的影响和监督。2015年联合国可持续发展目标的发布、2016年关于气候变化的《巴黎协定》生效等,为企业运营设立了宏观背景;同时各国致力于可持续发展的法律法规和标准的出台,以及民间层面为应对社会和环境问题而出台的各类可持续标准或私营标准对企业运营提出了具体的要求。从供应链的角度看,这些可持续标准或私营标准已经成为影响企业能否获取订单的关键所在。企业可持续已经不仅仅是社会对企业的期望,更是企业在全球治理背景下生存和发展的必然选择。

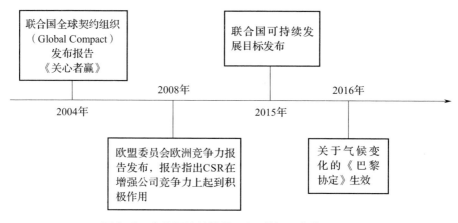

图3-3 企业可持续阶段：21世纪至今发展历程

3.4.2 企业社会责任实践发展中的问题

时至今日,企业社会责任实践已经成为企业最为主要的非财务投入和战略活动之一。然而,回顾近百年的发展历程,我们发现企业社会责任实践仍然存在一些局限性,在现有框架下难以解决。

第一,企业社会责任实践内在动力机制相对不足。从概念界定来看,企业社会责任要求企业必须突破"把利润作为唯一目标"的传统理念,强调企业经营过程中对环境、消费者、对社会的贡献,即利他性。这导致企业在履行社会责任时更多地受制于制度压力,更多履责行为本质上只是企业迫不得已对利益相关者进行的价值妥协。例如，在社会运动的压力下，企业开始对员工提供更多福利保障；在生态环境保护方面，传统企业社会责任实践范式下，企业同样是基于外部压力履行环境责任，强调向社会展现如何"拯救地球"。这种基于外部制度压力驱动的机制，难以与企业战略和商业模式有机融合。此外，由于缺乏内生机制，企业社会责任范式下，股东和其他利益相关者之间长期处于对立面（权小锋等，2015；刘柏和卢家锐，2018），难以真正和解。而近年来ESG的兴起和发展，强调从根本上建立人类命运共同体的价值理念，即共赢思想。这一可持续发展的价值逻辑，有效弥补了传统企业社会责任实践范式，推动企业思考如何改变自身、如何将自身的体系转型为在促进经济发展、社会进步、环境和谐三个方面创造出协同力量的新型组织，并在此过程中实现自身的可持续经营与发展。

第二，企业社会责任实践表现出明显的功利化特点，缺乏可持续性。在外生驱动机制下，企业社会责任往往被视为企业进行印象管理的重要工具，用以塑造、展示和营销企业积极形象，侧重于外部品牌形象，更注重短期效果。例如，功利主义下，企业期望通过捐款等一系列举措来吸引公众关注，而这些功利化行为容易导致互惠关系破裂。研究发现，企业出于利益交换目的所采取的社会责任活动容易引起利益相关者的负面情绪，如感知到企业的不真诚，进而导致利益相关者的负面反应，使企业反而无法得到支持（贾明等，2020）。此外，面对社会、环境、经济甚至是全球环境的多变和动荡，企业社会责任有了新的依托载体。然而，在功利主义主导思维下，伴随着平台企业等新型组织形态所产生的社会责任实践行为异化问题层出不穷，严重破坏了企业社会责任生态圈运行秩序的稳定与可持续发展，甚至引发了企业社会责任整体运动的倒退与停滞（阳镇和陈劲，2023）。

第三，企业社会责任实践缺乏统一指导框架及体系。企业社会责任实践历程的演变也是企业社会责任实践的顶层设计与制度建设历经一个从无到有的时序性历史过程，而由于不同阶段企业社会责任实践所关注的侧重点有所不同，因此始终没有一个系统全面的指导企业社会责任的行动框架和评价标准

（肖红军，2018）。由于企业承担社会责任的标准并不统一，不同地区对社会责任的规定不尽相同，这使得企业承担社会责任时很难把握尺度，从而导致企业的评估结果常常会出现偏差。同时，不同评估机构之间的结果也有很大差距，这让企业很难确定自己是否已经承担了足够的社会责任。此外，由于企业社会责任行为的受众多元且宽泛，为了迎合政府、员工、社区、合作伙伴等各方利益相关群体的需求，企业社会责任报告内容往往兼顾全面而牺牲内容，定性描述更多，难以对其准确评价。因此，在企业社会责任向 ESG 演化进程中，建立统一的指导框架及清晰、可比较的评价指标体系至关重要。

3.5 小结

企业社会责任问题从 20 世纪初进入研究者和实践者的视野，至今已有百年时间，企业社会责任理论和实践也发生了深刻变化。总体而言，企业社会责任概念演变、理论发展与企业社会责任实践呈现出高度一致性，大致上可以划分为三个阶段：二十世纪六七十年代之前，战后经济大萧条，企业实践者普遍遵循利润至上的股东价值准则，此时，以企业伦理理论主导的理论框架依赖于管理者道德水平，责任范围多局限于经济责任与法律责任，忽视了外部主体的协同作用。20 世纪 80 年代末，企业社会责任运动兴起，环保、劳工和人权等问题凸显；在理论界，社会契约、利益相关者、企业公民等企业社会责任理论兴起，理论视角呈现出多元化特点。进入 21 世纪，传统企业社会责任实践范式越来越难以应对人类可持续发展挑战；与此同时，企业社会责任理论的理论局限性也逐渐凸显，例如，缺乏具体的方法论，难以真正指导企业的实践，企业社会责任及其相关理论在动力来源方面也存在明显不足。伴随着人类可持续发展挑战的日益激化和企业社会责任实践的不断延伸丰富，ESG 概念应运而生，为企业可持续提供核心理论框架。

第 4 章
企业可持续理论演进:ESG

进入 21 世纪以来,人类面临的可持续发展危机越发严重,亟须经济社会的系统变革来应对,现有理论已经无法有效指导和促进这种巨大的变革,与企业可持续相关的理论也逐渐引起人们的重视,ESG 应运而生。从 ESG 的发展来看,它不仅继承了以往关于伦理、社会责任的内容,还特别强调公司治理议题,将企业商业模式与环境、社会因素融合,使得过去一直倡导的企业社会责任等可持续议题真正落实到企业战略和行动中。梳理 ESG 的发展脉络,揭示其理论内涵,并系统思考 ESG 与传统社会责任理论的联系和区别,对于我们深刻理解企业可持续理论的核心内涵,探索其未来发展方向至关重要。

4.1 ESG 缘起与发展

ESG 理念有悠久的历史,从早期的道德投资到责任投资、可持续理念兴起,再到实现企业可持续的 ESG 实践。但 ESG 真正的兴起源自 2004 年联合国全球契约组织发布的《关心者赢》报告,该报告基于投资理念变化、企业发展背景及行动计划等详细阐述了 ESG,希望为金融市场提供良好的投融资理念和工具指南。自 2004 年开始,ESG 理念"亮相"并逐渐演变为国际广泛认可的主流投资理念和企业可持续信息披露及评级框架。本节将详细梳理 ESG 的提出及其发展过程。

4.1.1 ESG 的提出

在正式提出之前，ESG 经历了孕育阶段，它的诞生得益于联合国组织㊀的推进。在 20 世纪 90 年代，联合国组织开始关注对商业部门的引导，特别是时任联合国秘书长安南（Kofi Annan）提出了系列理念和行动基础，为 ESG 框架的发布做了铺垫。安南指出："联合国的目标——促进和平与发展，事实上与商业创造财富与繁荣之间的目标是相互支持的，而且潜力很大。"联合国开始构建一系列整体的"公私（政府—企业）"伙伴关系，将商业作为整体解决方案的一部分以促进和平与共同发展。在 1999 年的世界经济论坛上，安南提出了更具体的 ESG 相关理念和行动建议，即建设联合国全球契约组织（The UN Global Compact，UNGC）。它是一项自愿性的企业公民倡议，督促商业领导者参与进来并推动可持续全球经济的发展。同时，他呼吁企业和商业协会"接受、支持并制定人权、劳工标准和环境实践领域的一套核心价值观"，并自发追求契约组织提出的标准，而联合国组织可以提供帮助。在 2000 年，UNGC 进入"运营"阶段，由联合国各机构和跨国非政府组织来支持运营，并提出了关于人权、劳工、环境和反腐的 9 条准则（现在是 10 条准则㊁），力图将准则纳入全球商业活动的主流准则，并塑造一种向善的商业力量。虽然在贸易结构等约束等方面还不够完善，但在接下来的几年中，有 1000 多家企

㊀ 联合国组织自成立伊始就发起支持了一系列与世界经济、发展、环境、人权以及影响商业和市场的相关问题有关的倡议，以维护社会正义和公平。

㊁ 这 10 条准则是——**人权维度**：1. 企业应该尊重和维护国际公认的各项人权；2. 企业决不参与任何漠视与践踏人权的行为。**劳工标准维度**：3. 企业应该维护结社自由，承认劳资集体谈判的权利；4. 企业应该消除各种形式的强迫性劳动；5. 企业应该支持消灭童工制；6. 企业应该杜绝任何在用工与职业方面的歧视行为；**环境维度**：7. 企业应对环境挑战未雨绸缪；8. 企业应该主动增加对环保所承担的责任；9. 企业应该鼓励开发和推广环境友好型技术；**反腐败维度**：10. 企业应反对各种形式的贪污，包括敲诈勒索和行贿受贿。这十项原则也是起源于《世界人权宣言》、国际劳工组织的《关于工作中的基本原则和权利宣言》、关于环境和发展的《里约环境与发展宣言》以及《联合国反腐败公约》。可参考：http://cn.unglobalcompact.org/aboutUs.html。

业和机构利益相关者开始参与其中。在 2003 年，联合国召开了第一届机构投资者峰会，加强了对环境问题的关注，并促成了气候风险投资者网络的成立（Pollman，2022）。

2004 年，安南写信给 55 家世界领先的金融机构的首席执行官，邀请他们加入一项倡议报告，即 UNGC 推出的《关心者赢》报告（以下简称"报告"）（Pollman，2022）。报告的副标题是"将金融市场与不断变化的世界联系起来"（Connecting Financial Markets to a Changing World）。不少金融行业头部企业包括银行（如荷兰银行、德意志银行、高盛等）和其他金融机构（如摩根士丹利、法国国家人寿保险等）参与及支持了报告的发布。"在被邀请的 55 家机构里，管理资产总额超过 6 万亿美元、来自 9 个国家的 18 家金融机构协同合作完成了报告，该报告希望企业能更好地在金融分析、资产管理和证券经纪中整合环境（Environmental）、社会（Social）和治理（Governance）因素。这个报告首次提出"ESG"概念，这些企业机构相信，在全球联系越发紧密、竞争越发激烈的当下，基于环境、社会和公司治理的管理方式是企业竞争成功所需的整体管理质量的一部分。通过对这三类因素的关注，企业可以在恰当管理有关风险、预判监管措施或者抢占新出现市场的同时，还为企业所在社会做出可持续发展贡献。这样企业既可以为股东创造更多的价值，又促进了社会可持续发展。

从报告发布目标来看，ESG 最初是作为一种金融市场的投融资理念和工具指南，期望唤醒企业对于可持续的认知和创新行动，并创造更健康的投资市场和可持续发展的社会。这个报告主要厘清了三个方面的问题。

第一，投资的基础理念发生了什么变化？高盛（Goldman Sachs）的一份关于石油和天然气行业的报告得出结论，在社会责任和低碳未来的长期愿景方面有着最好承诺或行动的公司，其业绩表现也最好，往往能占据相关战略项目的市场份额，因而"管理 ESG 问题"被视为企业成功的关键决定因素。很多公司的投资者、资产管理人和企业家都开始认同无形的 ESG 因素在股东价值创造中的重要性。2004 年 1 月世界经济论坛的企业公民倡议（World Economic

Forum's Corporate Citizenship Initiative）发布了针对成员公司首席执行官和首席财务官的调查结果，结果表明，70%的受访者"期望未来主流投资者对ESG问题的兴趣会增加"，而主动向投资者展示"企业公民"信息可以为企业带来积极信号。其后全球环境管理倡议（Global Environmental Management Initiative）研究也指出，公司市值的50%~90%可归因于无形资产因素；35%的机构投资者的投资组合配置决策是基于环境、健康与安全（EHS）绩效等无形资产。因而投资的基础理念也越发倾向于环境、社会及治理层面等无形因素。

第二，为什么要关注ESG问题？一方面是因为公司和金融分析师发现关注环境和社会问题可以给企业市场价值带来积极影响，另一方面是ESG相关问题的行动能切实帮助企业提升组织整体管理质量。报告具体指出ESG为利益相关者创造价值的10个驱动方向，包括：①早期识别新出现的风险、威胁和管理失败；②新的商机；③客户满意度和忠诚度；④作为有吸引力的雇主的声誉；⑤与商业伙伴和利益相关者建立联盟和伙伴关系；⑥提高声誉和品牌影响力；⑦减少监管干预；⑧成本节约；⑨更低成本的资本获取渠道；⑩更好的风险管理及更低的风险水平。因而，ESG作为一个整体概念开始受到关注，并在不同行动主体间引起广泛响应。

第三，不同的行动者未来应该做出什么样的行动以更清晰地整合ESG？这份报告提出的涉及相关主体的总体目标是：①营造更强、更具韧性的金融市场；②促进可持续发展；③促进利益相关者的意识和共识达成；④促进金融机构间的信任。但目前来看，ESG作为全新的整合概念，其发展存在几个关键的障碍：①ESG问题的定义；②如何制定和测量商业中的相关ESG（机遇和风险）；③信息质量和数量问题；④技能和能力问题；⑤不同时间范围的问题。这些障碍指出了ESG问题的长期性以及该领域未来监管的不确定性，因而，报告针对不同主体提出了如何解决这些障碍的建议，如表4-1所示。整体看，报告实践调研了很多金融市场主体（包括投资者、金融机构、分析师及咨询师和金融顾问等）。报告指出，在金融分析中将ESG因素整合进去符合投资者、

第4章 企业可持续理论演进：ESG

表4-1 《关心者赢》中对相关主体的ESG建议

相关主体	ESG具体行动建议	总体目标
分析师（Analysts）	a. 建议金融分析师在适当的时候，更好地将ESG因素引入研究当中，并采取一种创新和审慎的方式进一步开发投资专业知识、模型和工具 b. 在当前专业知识的基础上，分析师的视野还应扩展到其他部门和资产类型 c. 考虑到新兴市场（Emerging Markets）对可持续发展的重要性，分析师应对这些市场也格外重视，而且其环境、社会和公司治理标准应当与其市场环境相适应	1. 营造更强、更具韧性的金融市场； 2. 促进可持续发展； 3. 促进利益相关者的意识和共识； 4. 促进金融机构间的信任
金融机构（Financial Institutions）	a. 建议金融机构在其研究和投资过程中系统整合ESG因素 b. 董事会或高级管理层需做出有力承诺 c. 企业长远目标的确立，组织学习和变迁过程理论的介绍，对分析师的适当培训和激励机制等问题对金融机构实现ESG因素整合相当重要	
公司（Companies）	a. 要求公司能够在其研究和投资过程上承担领导者的角色，实施有利于ESG的原则和政策，并提供更一致、标准的公司信息报告 b. 应当指出并交流在ESG问题上公司面临的主要挑战和价值驱动因素，并据此将环境、社会和治理因素按重要性次序排列 c. 公司应当将ESG信息明确地在公司年报当中提及	
投资者（Investors）	a. 明确要求和奖励那些涵盖了ESG因素的研究，并鼓励那些很好地管理ESG问题的公司 b. 要求资产管理者将有关研究引入投资决策中，并鼓励券商和公司提供更好的研究和信息 c. 实施或推介与ESG问题相关的"代理投票"（Proxy Voting）战略，支持那些正在开展有关研究和提供服务的分析师和基金经理	
养老基金托管机构（Pension Fund Trustees）	a. 投资指令的形成和投资经理的遴选过程中要充分考虑ESG因素 b. 能够前瞻性地根据可持续发展原则考虑养老基金的投资	

（续）

相关主体	ESG具体行动建议	总体目标
咨询师和金融顾问（Consultants and financial advisers）	a. 应当将ESG因素与行业水平的研究结合起来，以协助营造在这一问题上的更大的、更稳定的研究需求 b. 应当将相关经验与金融市场参与者和公司共享，以提高他们在ESG问题上的报告水平	1. 营造更强、更具韧性的金融市场； 2. 促进可持续发展； 3. 促进利益相关者的意识和共识； 4. 促进金融机构间的信任
监管机构（Regulators）	a. 通过可预见的、透明度高的方式构建法律框架（Legal Frameworks），推动ESG因素在金融分析中的应用 b. 监管框架（Regulatory Frameworks）需至少指定公司有关ESG问题的披露和连带责任的最低标准，而关于详细标准的制定，则应该依靠市场驱动的自律行为 c. 鼓励金融分析师更多地参与现有的一些自律组织，例如全球报告倡议组织，并且根据相关需求协助制定有关报告框架	
证券交易所（Stock exchanges）	a. 先向上市公司指出环境、社会和治理问题的重要性 b. 将与企业相关的环境、社会和治理标准详细列出，这可以确立上市公司对有关信息进行披露的最低标准 c. 鼓励其他自律组织（如美国证券交易商协会、英国金融服务局）、专业投信组织（如投资管理与研究协会、欧洲金融分析师协会）、会计标准制定团体（如美国财务会计准则委员会、国际会计准则委员会）、公共会计实体、评级机构和指数制定者等都应建立与环境、社会和治理因素相一致的标准和框架	
非政府组织（Non-Governmental Organizations）	通过向公众和金融界提供与公司有关的、客观的信息，以促进公司实施更好的信息披露	

资料来源：Compact U N G. Who cares wins: Connecting financial markets to a changing world. New York, 2004.

资产管理公司和证券经纪公司的利益,能创造一个更好地促进全球可持续发展的投资市场。同时,报告建议投资者和市场主体应采用更长的时间范围来获取与 ESG 因素相关的价值创造机制。而对于监管机构,总体要求是与投资相关的 ESG 问题的新法规的性质和时间保持透明。

为什么要提出 ESG 这一新的整合概念?ESG 事实上起源于"社会责任投资"理念,被普遍接受的与责任投资相关的概念还有"企业社会责任""企业公民""可持续发展"等,它们都提出了企业应该承担社会和环境责任的责任框架,也要求企业重视非财务绩效,促进人类社会的可持续发展。但是如何实现和落实?光靠道义的说教和政府的有限执法无法实现可持续发展,所以总体而言在 ESG 提出之前并没有形成有效的解决方案,而在现实世界中人类面临的可持续发展问题仍然在恶化。如果现有的理论和解决方案无法达到目的,就需要全新的解决方案,这种方案需要借助市场机制的力量,激发企业的内生动力来实现可持续发展。

促使 ESG 产生和发展的因素,主要有以下四个方面:一是制度范式的转变,20 世纪 80 年代撒切尔政府私有化改革以及美国放松管制,将大部分社会责任目标让渡给市场,但是市场并未能很好地提供社会公共物品。二是社会的强烈可持续发展诉求,面对不断恶化的人类生存环境,在环保组织、人权组织等非政府组织(国际组织)、公民社会的积极推动下,形成了大量规则制度等"软法",这些理念、意识和文化等"软法"的发展促使政府不断完善其"硬法",促使企业履行其应该承担的社会责任和可持续发展义务。三是如何利用企业在全球经济社会中的重要地位和主导性来解决人类可持续发展问题。首先全球经济国际化使得很多大企业都富可敌国,在全球重要事务中具有发言权和解决能力。其次,面对全球化背景下日益激烈的市场竞争,只有有效应对环境、社会和治理的相关议题,企业才有机会从竞争中脱颖而出。在全球政策和制度演变的趋势下,企业作为参与国际竞争的市场主体,践行 ESG 的主导性大幅增加。四是可持续发展的压力,贫富差距和社会分化的加剧,阻碍了经济发展,加剧地缘政治紧张局势。全球气候问题等可持续发展挑战空前严峻，如何通过企业可持续行动改善人类生存环境成为人类可持续发展的重要议题。

实践的发展使得 ESG 作为整体框架和思维行动方案受到关注。由于实践界特别是金融领域开始关注环境、社会及治理领域的重要性，一些公司开始在其核心商业流程中进行管理变革以更好地提升相关表现。其他一些公司也在某一维度做出了贡献，但是由于相关问题的多元性和复杂性，在 2004 年《关心者赢》报告发布之前业界对于"如何在资产管理、证券经纪服务以及相关的买方和卖方研究功能中整合环境、社会和治理方面"缺乏共识。为了指导业界在投资决策中更好地考虑环境、社会和治理问题，报告发起者认为专门提出 ESG 概念和相关问题恰逢其时，且能更好地整合 ESG 思维和投资行动。而且，在目前的环境中合理的公司治理和风险管理系统是成功实施应对环境和社会挑战的关键先决条件，ESG 概念的提出让我们更紧密直接地应对这三个领域的挑战（Compact，2004），让公司能自我实施并完成在环境、社会及治理层面的整体发展。

4.1.2 ESG 的快速发展

在 ESG 理念提出后，各机构陆续推动 ESG 的具体化行动。如联合国环境规划署金融倡议（The United Nations Environment Programme Finance Initiative，UNEP FI）资产管理工作组委托国际律师事务所英国富而德（Freshfields Bruckhaus Deringer）进行了一项研究，主要分析将 ESG 问题纳入投资政策是自愿的、法律要求的还是会受到法律法规的阻碍，并探讨包括养老基金和保险公司等的机构投资者是否被法律允许将 ESG 问题纳入其投资决策和所有权实践。2005 年，富而德的分析报告发现："ESG 因素与财务绩效之间的联系越来越被认可，因此将 ESG 考虑因素纳入投资分析……显然是被允许的，并且可以说是所有司法管辖区所必需的"。针对澳大利亚、加拿大、法国、德国、意大利、日本、西班牙、英国和美国等国的机构，该报告还描述了涉及 ESG 相关的法律框架。这份报告也被视为将环境、社会、治理（ESG）问题纳入机构投资分析的最有效、最有影响力的文件（Pollman，2022）。

其他机构亦开展了有影响力的行动，特别是在2006年UNEP FI和UNGC成立了负责任投资原则组织（The United Nations-supported Principles for Responsible Investment，UN PRI），将ESG投资理念融入投资决策，帮助投资者认识环境、社会及治理因素对投资价值的影响，全面促进商界履行社会责任，致力于全球可持续发展。这一事件对ESG概念发展和领域设定起到了关键推动作用，它明确提出了与ESG相关的六项原则⊖。同时，由于近百家大型机构投资者参与了这个组织，它们成为ESG投资的领军机构，并利用资本来影响投资企业的行为，激励企业尽可能在环境、社会责任及公司治理方面进行改善。在2008年，全球契约组织为投资专家召开了持续的闭门会议并开展了特约邀请活动，为资产管理人和投资研究人员提供了平台，让机构资产所有者、公司以及其他私人和公共行为者就ESG问题进行沟通。它们深入研究了ESG的每一个维度，从投资者、企业视角探索ESG角色在新兴市场投资中的作用，而且更大范围的组织开始加入进来，包括花旗集团、雀巢、荷兰皇家壳牌及一系列的非营利组织等⊜（Knoepfel and Hagart，2009）。2009年UN PRI又联合发起可持续证券交易所倡议（UN Sustainable Stock Exchange Initiative，UNSSE），推动交易所编制ESG报告或指南，从而促进上市公司的ESG信息披露。2015年，联合国又提出17项可持续发展目标，涵盖了环境、社会和治理三个维度。在服务金融机构ESG投资信息披露和促进企业ESG实践方面，早在1997年全球报告倡议组织就已经成立，致力于编制一套可信并可靠的全球共享的ESG报告框架，供任何规模、行业及地区的组织使用；2011年可持

⊖ 六项原则是——原则一：将ESG议题纳入投资分析和决策过程。原则二：成为主动的所有者并将ESG议题纳入所有权政策和实践中。原则三：寻求被投实体对ESG议题的适当披露。原则四：促进投资行业对原则的接受和实施。原则五：共同努力，提高原则实施的有效性。原则六：对实施原则的活动和进展情况进行报告。

⊜ 事实上，相关报告指出，每个维度的进展不一样，治理和环境维度更快取得进展，而社会问题中的员工关系、人力资本、商业伦理等相对落后。

续会计准则委员会成立，通过与金融监管体系合作，制定与传播服务资本市场的 ESG 披露准则体系；2015 年 12 月，金融稳定委员会（Financial Stability Board，FSB）成立了气候相关财务信息披露工作组（Task Force on Climate-related Financial Disclosures，TCFD），致力于设定一套 ESG 披露标准框架；2021 年 11 月，在第 26 届联合国气候变化大会上，国际财务报告准则基金会（IFRS）发起组建国际可持续发展准则理事会（International Sustainability Standards Board，ISSB），旨在制定与国际财务报告准则相协同的 ESG 信息披露准则。截至 2023 年 11 月底，UN PRI 签署成员 5370 家，包括领先的资产所有者（738 家，13.7%）、资产管理机构（4111 家，76.6%）和服务提供商（521 家，9.7%），合计管理资产规模超 124 万亿美元（数据来源自 UN PRI 官网）①。

对于中国来讲，我们已进入高质量发展阶段。高质量发展是摆脱高度依赖物质资源投入和高碳排放的，是具有可持续性、竞争性和包容性的新生产范式，因此，追求长期价值增长、兼顾经济和社会效益的 ESG 理念，高度契合高质量发展的时代内涵。ESG 理念和工具框架有助于实现我国经济社会绿色低碳转型和可持续发展，这必定要求企业拥抱 ESG 理念和践行 ESG 实践去实现创新、绿色和共享的新发展。目前，中国已成为全球 ESG 发展最活跃的地区。据 UN PRI 官网的数据，从 2020 年开始，成为 UN PRI 签署方的中国机构数量增长迅猛，由 2019 年 11 月末的 8 家增长到如今的 139 家；其中，资产所有者（3 家，2%）、资产管理机构（101 家，73%）和服务提供商（35 家，25%）商道融绿的报告显示，截至 2023 年 6 月 2 日，A 股上市公司发布 ESG 报告数量增长明显，上市公司发布 2023 年 ESG 报告共 1755 份，约占 A 股公司的 34.5%。其中沪深 300 上市公司有 278 家发布 2022 年报告，占比达到 92.8%。越来越多的企业开始将 ESG 纳入战略规划，ESG 投资和披露已逐步与国际标准接轨。

---

① 数据来源：https://www.unpri.org/signatories/signatory-resources/signatory-directory.

与国外"自下而上"的ESG自发发展路径不同，我国发挥了有为政府和有效市场有机结合的制度优势，采取了"自下而上"市场自发发展加上"自上而下"政府设计发展相结合的发展路径，促进了ESG的快速发展。特别是2024年以来，促进ESG发展的政策文件密集出台。例如，2024年2月26日上海市发布《加快提升本市涉外企业环境、社会和治理（ESG）能力三年行动方案（2024—2026年）》；2024年3月15日北京市发布《北京市促进环境社会治理（ESG）体系高质量发展实施方案（征求意见稿）》；2024年3月19日苏州工业园发布《苏州工业园区ESG产业发展行动计划》《苏州工业园区关于推进ESG发展的若干措施》两份政策文件；2024年4月12日中国证监会统一部署，上海证券交易所、深圳证券交易所、北京证券交易所同步发布《上市公司可持续发展报告指引（试行）》；2024年4月18日国家标准化管理委员会秘书处批准环境社会治理（ESG）标准化项目研究组成立，首都经济贸易大学中国ESG研究院院长柳学信教授担任召集人，中国标准化研究院丁晴担任副召集人，成员由来自科研机构、高校和企业代表的17位专家组成；2024年5月27日财政部发布《企业可持续披露准则 —基本准则（征求意见稿）》，该准则预计将在2027年正式实施，随后将推出企业可持续披露基本准则和气候相关披露准则等，中国ESG发展已经进入快车道。

总结来看，ESG能够取得快速发展，主要有以下原因：第一是NGO组织的呼吁和压力。ESG重视环境保护和社会公平等议题，与环保等众多NGO组织的诉求一致，也是众多NGO组织多年呼吁和不断施加压力的结果，得到了全球广泛响应，并不断推动这些呼吁和压力传导到各个国家监管立法上，实现"软法"到"硬法"的转变；第二是资本市场的需求。投资者对可持续发展日益关注，ESG满足了资本市场的需求。ESG状况良好的企业更有可能实现可持续发展，投资者更愿意为这类公司投资；第三是政府监管要求。在可持续发展压力下，各个国家不断增强对环境保护和社会责任的重视，不断通过强化法律和政策要求企业积极践行可持续发展实践，披露ESG信息，ESG成为企业必须面对的合规要求；第四是大企业实践推广和示范。大企业开始积极践行ESG理念，并从中受益，更多企业开始关注并实践ESG，特别是具有全球影响力的大企业主动践行ESG，并利用供应链和采购等市场机制要求合作伙伴重视和达到ESG的特定要求，带动了行业对于ESG的重视和发展。第五是学术研究推动。从利益相关人理论到可持续发展理论，学术研究不断提出指导和解释企业可持续实践的新理论，推动企业发展范式变革。学术研究推动ESG概念从理论逐渐走向实践，用于指导实践和启发实践，并得到了实践的广泛关注。

4.2 ESG核心概念体系

ESG概念起源于2004年的《关心者赢》报告，相关理念和内涵一直在发展演化。2004报告针对ESG提出了关于环境、社会及治理三个层面的分类议题或框架：环境层面主要涉及气候变化和相关风险、生物多样性保护、减少污染物排放、资源和能源的消耗与节约、企业产品或服务的环境责任体系等；社会层面主要涉及企业员工福利、工作场所安全、员工健康和多样性、供应链合作关系、企业的产品和服务责任，也涉及公司与其影响的社区和政府等公共关系；治理层面主要涉及董事会结构、会计和披露实践、腐败和反竞争规范等企业商业行为准则、审计委员会结构和高管薪酬，要明晰公司股东、董事和管理层之间的关系。随着ESG相关理念研究和实践的发展，环境、社会和治理已发展成为全面清晰的分类框架体系（王大地和黄洁，2021）。其涉及的具体内容如表4-2所示。

表4-2 ESG各部分涉及的典型内容和观点

	环境（E）	社会（S）	治理（G）
相关内容	资源消耗、污染防治、生物多样性保护、气候变化	员工权益、产品责任、供应链管理、社会响应	治理结构、治理机制、治理效能

（续）

	环境（E）	社会（S）	治理（G）
主要观点	确保经济活动对气候和环境产生积极影响（EU Taxonomy）企业应采取更好的资源利用与循环经济方式，保护生物多样性和生态系统，减少温室气体排放和碳足迹等GRI与《欧洲可持续报告准则》（ESRS）	企业要实现的社会责任包括经济责任、法律责任、伦理责任和自发责任（Carroll，1979）尊重股东利益，保障消费者权益，营造良好工作环境，建立和谐社区，保护生态环境，参与慈善活动（王大地和黄洁，2021）	ESG治理策略需嵌入企业的战略核心（欧盟《股东权指令》及新加坡等多个国家的ESG政策法规）责任投资者要参与企业治理（1977年"苏利文原则"）治理考量企业最具话语权的股东利益（王大地和黄洁，2021）

注：相关内容参考GRI，《欧洲可持续报告准则》（ESRS），及首都经济贸易大学中国ESG研究院编制团体标准《企业ESG披露指南》㊀等。

事实上，有关ESG的定义和内容众说纷纭，根据相关实践和学术研究，总结ESG的概念体系有如下四个方面。

第一，关于环境方面。这方面涉及的主要内容包括水资源管理、土地资源管理、温室气体排放、生态多样性保护、环境污染、清洁制造、绿色建筑、可再生能源等。ESG首先需要关注的是环境问题。美国海洋生物学者蕾切

㊀ 根据2022年首都经济贸易大学中国ESG研究院编制的《企业ESG披露指南》，环境维度（E）的主要内容为资源消耗（水资源、物料、能源、其他自然资源等）、污染防治（废水、废气、固体污染物、其他污染物），生物多样性保护和气候变化（温室气体排放、减排管理）。社会维度（S）的主要内容为员工权益（员工招聘与就业、员工保障、员工健康与安全、员工发展），产品责任（生产规范、产品安全与质量、客户服务与权益），供应链管理（供应商管理、供应链环节管理）和社会响应（社区关系管理与公民责任）。治理维度（G）的主要内容为治理结构［股东（大）会、董事会、监事会、高级管理层、其他最高治理机构］，治理机制（合规管理、风险管理、监督管理、信息披露、高管激励和商业道德）和治理效能（战略与文化、创新发展、可持续发展）。在三级指标下还有四级指标，主要是对三级指标具体的测量和评估方式。评估方式包括定性与定量的计算。该ESG框架结合了国际主流的ESG标准和倡议，覆盖了环境、社会和治理的重要议题和主要内容。

尔·卡森（Rachel Carson）在 1962 年出版了《寂静的春天》，将大家的视野拉入环境保护领域 ⊖，各类环境保护组织相继成立，各个国家也开始关注环境保护问题。目前全球气候变暖已经成为人类面临的共同挑战，如何减少人类活动的温室气体排放也是近年来联合国政府间协商的重要议题。2005 年人类历史上首次以法规协议限制温室气体排放的《京都议定书》正式生效，引领各国完成温室气体减排目标，《京都议定书》强调通过市场逻辑完成减排任务，将二氧化碳排放权视为一种商品。2015 年全世界 178 个缔约方共同签署通过的《巴黎协定》则强调需要为应对气候变化的行动做出统一安排，并通过环境合作和政策颁布来实现环境与经济的可持续发展。值得一提的是，2020 年 7 月，欧盟正式实施 EU Taxonomy 分类框架，目的是识别能让环境得以可持续发展的经济活动。该分类框架是全球范围内较为先进的可持续金融标准，具有广泛的影响力。EU Taxonomy 从环境可持续发展的角度，构建了经济活动的分类体系，后续还制定了具体的技术筛选标准。它制定的六项环境目标是：减少气候变化、水和海洋资源的可持续利用及保护、污染防治、适应气候变化、向循环经济转变及生物多样性、生态系统的保护与恢复。分类框架的目的是确保经济活动对气候和环境产生积极影响。ESG 的首要维度就是要实现环境责任，确保经济活动对气候和环境产生有益影响。全球报告倡议组织与《欧洲可持续报告准则》则制定了更为细致的环境保护标准和框架。

　　第二，关于社会方面。这部分讨论较多的是社区关系、供应链劳工标准、人权、人力资本发展、员工福利与关系、工作环境、多元化与包容性、慈善活动、产品安全与质量及数据安全与隐私等。企业与社会的关系一直是企业管理理论和实践界都非常关注的话题。良好的企业行为方式有助于社区发展和社会和谐，而开设血汗工厂和掠夺资源等跨国公司的不当行为一直都是众多影响深远的民众抗议和消费者抵制运动的原因。ESG 理念的前身其实就是社会责任投资理念（Socially Responsible Investment，SRI）。尽管德鲁克认为企业的目的只有一个，即创造客户，但他也认为，"牟取利润是企业社会责任，这个责

⊖ 该书全方位分析了化学杀虫剂对人类和地球生态的影响。

任是绝对的、是不可放弃的""私益与公益是一致的"。王大地和黄洁（2021）在总结社会责任的相关文献上提出，企业社会责任的具体内容主要包括六点，即尊重股东利益、保障消费者权益、营造良好工作环境、建立和谐社区、保护生态环境及参与慈善活动。Carroll（1979）提出著名的金字塔社会责任模型，认为企业要实现经济责任、法律责任、伦理责任和自发责任（非强制性责任）四个层面的责任。但Carroll强调，在企业的发展过程中，首先应强调的是经济责任，其次是法律方面，最后才是对伦理和自发责任的关注。后面对社会责任的理解逐渐超越经济层面，开始从利益相关者理论来阐释（Frynas and Yamahaki, 2016）。社会责任国际组织（Social Accountability International）认为，企业不但要对股东负责，还要承担相应的社会责任，包括恪守商业道德、保护劳工权益、推进慈善、产品安全与质量及保护弱势群体等。2019年，在181家美国顶级公司CEO参与的商业圆桌会议上，这些领袖将公司宗旨进行了变更，"社会美好"已替代"股东利益"成为公司新的运营宗旨。事实上，由于各国社会历史背景不同，文化习俗和制度逻辑也存在较大差异，在社会维度，由于其涉及的要素非常广泛且难以界定，包括人权、雇员关系、性别平等、客户权益、社会保障等，人们很难达成共识。这也导致在实践中关于社会维度的发展存在困难，例如，目前ESG基金中针对社会领域的相对较少[一]，王凯和李婷婷（2022）的研究指出，在其确定的97只基金中，社会责任主题基金的数量为6只，其数量要少于其他类的基金，包括纯ESG基金（10只）、环境主题基金（38只）、公司治理主题基金（10只）以及泛ESG概念基金（33只）。

第三，关于治理方面。这方面的主要内容是贪污腐败、风险与危机管理、治理结构、贿赂与欺诈、股东权益保护、薪酬制度、税务、反竞争行为、商业道德等。完善的公司治理体系是企业发展的核心基础，是企业有效管理可持续

[一] 格隆汇. 全球ESG发展趋势及中国实践的思考（上）——全球ESG发展趋势及存在问题 [EB/OL].[2022-10-13]. http://complant-ltd.com.cn/zcgf/tzzgx/tzzbh/webinfo/2022/10/1661693557927838.htm.

议题的保障，也是建立资本市场信心和企业诚信的重要手段。最近半个世纪以来，层出不穷的大企业治理丑闻已经严重削弱了人们对大企业的信任，优化治理质量和提升治理透明度也成为各国政府加强监管和跨国公司提升治理效能的核心工作。为了完善全球公司治理体系，OECD自1999年以来不断推出和更新《OECD公司治理原则》，对各国建立本国的公司治理规范、制定相关法律法规和加强资本市场监管等方面都产生了一定的积极影响。为了适应资本市场和公司治理政策与实践的最新发展，2023年OECD修订推出《二十国集团/经合组织公司治理原则》，修订的一个总体目标是促进支持公司可持续性和复原力的公司治理政策，而公司的可持续性和复原力反过来又能促进更广泛经济的可持续性和复原力。修订后的《原则》新增了"可持续性和复原力"（Sustainability and resilience）一章，明确指出，公司治理框架应该为企业和投资者制定有利于可持续的决策以及管理可持续风险提供激励，并为支持企业管理气候转型和其他可持续性挑战带来的风险和机遇提供了建议。

具有全球影响力的金融资产服务业企业美国道富银行（State Street）在其2022年1月致董事会成员的信中提出"强大、能干、独立的董事会行使有效监督是创造长期股东价值的关键"，只有完善企业治理才能确保企业的可持续发展，通过有效的治理促进企业环境和社会绩效的提升，因而治理是企业可持续发展中不可或缺的元素，也是ESG中与环境、社会同等重要的要素。Lagasio and Cucari（2019）的一项元分析表明，董事会独立性、董事会规模和女性董事职位明显促进了ESG自愿披露；董事会所有权和CEO二元性（即CEO和董事长由一个人担任的现象）并不能提高ESG披露水平；在董事会会议次数以及机构和家庭所有权方面，仍存在需要深入探讨的地方。Liao et al.（2021）发现，全球公司治理制度改革对各个类型的利益相关者都产生了显著影响，并对企业社会责任绩效带来更积极的影响。企业的顶层设计架构决定了ESG治理水平和ESG绩效（柳学信等，2024）。目前，很多国家都要求将ESG治理策略嵌入企业的战略核心。

第四，关于环境、社会及治理的整合方面。既然很早以来我们就有环境、社会和治理的理论和实践，为什么要把三者放在一起？环境、社会与治理的整合能达到什么目的？2004年全球契约组织的报告及2006年制定的ESG投资相关标准提出，ESG是一个整合概念，它集中反映了可持续发展理念在金融和微观企业层面的具体表征。其中的核心观点是：经济绩效不应该是企业经营活动和金融行为的唯一追求目标，企业应同时考虑环境责任、社会责任和公司治理等多方面因素，进而实现企业可持续发展。2006年《联合国负责任投资原则》为ESG提供了实践方案，进一步明确了投资者需把ESG因素纳入投资分析和决策，相应主体要合理披露ESG相关问题。不难看出，虽然我们一直强调企业应该承担环境责任（E）和社会责任（S），对企业而言大多是处于道义制高点的说教，并没有太多考虑企业的内生需求。我们往往批评企业把履行环境责任（E）和社会责任（S）变成了一种品牌宣传和伪善的自利行为，甚至加上监管部门的严苛执法也不能真正解决我们面临的日益恶化的可持续发展困境。总体而言，这是一种"自上而下"的策略，因为没有充分遵循和利用市场机制的运行规律。对于处于激烈市场竞争的企业而言，遵循市场机制规律是第一要义，其次才能考虑其他目标（尽管利益相关者理论要求企业考虑股东之外的利益相关方，但是目前他们尚缺乏与企业一起创造价值并分享价值的有效机制），因此道义说教和监管处罚往往不能促使企业协助实现人类的可持续发展目标。我们需要全新的解决方案，这时候ESG就应时而生了。ESG整合的精妙之处是把治理（G）纳入其中，与环境责任（E）和社会责任（S）有机结合，通过E、S和G协调统一，特别是通过治理（G）促进环境责任（E）和社会责任（S），既可以实现企业的经济目标，也能兼顾可持续发展目标。这是一种兼容市场机制"自下而上"的策略，解决了企业践行可持续发展的内生动力问题，因此是一个全新的可持续性理念和企业发展范式。

ESG是解决当前人类可持续发展困境的市场创新和制度创新。

首先，从市场创新看，ESG是投资驱动，具有坚实的实践基础，是CSR的升级和迭代。而且ESG把治理因素纳入整个框架体系，使ESG可自我实施。ESG实践的快速发展也显示了ESG的强大生命力。第一，截至2023年10月，全球有超过5300家公司和机构签署了UN PRI，它们管理的资产规模达到123万亿美元。过去10年，ESG投资增长速度是传统投资的2倍多；第二，发布企业ESG报告的上市公司数量在不断增加，20世纪90年代初期，只有不到20家公司发布了企业ESG报告。2020年S&P的500家企业中，86%的企业发布了ESG报告；2022年KPMG统计，全球最大250家企业中，96%的企业发布了ESG报告；各国最大的100家企业中（5200家），71%的企业报告了实质性ESG议题；第三，设定可持续发展目标的公司比例在不断增加，2009年全球500强企业中仅有30%的企业制定了碳排放目标，而这一比例在2018年为89%。

其次，从制度创新看，越来越多的国家通过采纳指南、国际规则等"软法"实践，制定正式法律规则等"硬法"，提高企业ESG信息披露的质量和治理水平，促进ESG实践和可持续发展。ESG政策法规可以促进企业的可持续发展，形成企业与投资者的良性互动，有利于国家和全球经济的发展与稳定。目前全球各个国家都不断出台促进和规范ESG发展的法律制度，与ESG相关的报告法规和指南的数量在不断增加。

目前，ESG体系的三大主要环节包括企业ESG实践和披露、ESG评价和ESG投资。在学术研究和实践层面，如表4-3所示，ESG作为整合概念基本达成共识，在标准制定、评价体系及投资方法论等方面也取得了较好的发展。

表4-3 关于ESG整合定义的典型示例

相关文献或机构	涉及内容	视角或独特性
Unitied Nations, 2004	并没有单独定义，但持续提及ESG是"金融机构的共同努力"并"就如何更好地将环境、社会和治理问题纳入资产管理、证券经纪服务和相关研究职能制定指导方针和建议"	更宽泛的视角，将治理视为与环境、社会同样重要的变量；ESG是投资分析工具
贝莱德集团（Blackrock）○	描述的是环境、社会和治理方面的矩阵指标，这些指标可以超越传统的财务分析，帮助企业评估机会和风险，实现可持续发展	可持续；风险管理工具；投资分析工具

○ Sustainable Investing.[EB/OL]. https://www.blackrock.com/us/financial-professionals/tools/esg-360-methodology.

（续）

相关文献或机构	涉及内容	视角或独特性
道富银行[①]	ESG将影响世界发展的重要方面（如清洁的空气、淡水、健康和支持性的社会结构）与金融经济联系起来；ESG使我们能够在经济决策中明确纳入这些因素；ESG为我们的长期业务战略提供信息，并推动与所有利益相关者（投资者、客户、员工和社区）进行沟通协同；ESG是对投资者、公司和决策者关注内容的重新评估和扩展	可持续；风险管理工具；投资分析工具
先锋领航集团（Vanguard Group）[②]	在特定准则下，我们提供环境、社会和治理产品，帮助客户实现其投资目标，同时仍然让他们能根据自己的偏好进行投资；基于ESG为投资者提供长期价值	可持续；风险管理工具；投资分析工具
普华永道（Pricewaterhouse Coopers; PwC）[③]	ESG是企业考虑环境、社会影响以及公司治理质量的框架。它涵盖了传统财务报告通常无法涵盖的所有非财务主题	可持续；信息披露
德勤（Deloitte）[④]	ESG代表环境、社会和治理的框架，是公司需要报告的三个重要主题领域，其目标是捕捉公司日常活动的所有非财务风险和机会	可持续；信息披露；风险管理
毕马威（KPMG）[⑤]	ESG可以被用来改变业务，构建一个更可持续的未来	可持续
安永（Ernst & Young Global）	ESG是与可持续相关的术语，通过ESG可以找到对组织的短期和长期价值有重大财务影响的事项	可持续

[①] https://www.statestreet.com/us/en/individual/solutions/ESG 和 https://www.statestreet.com/us/en/asset-manager/insights/the-future-of-esg#:~:text=At%20its%20most%20fundamental%2C%20ESG%20connects%20those%20parts，things%20we%20value%20but%20formerly%20failed%20to%20measure。

[②] https://institutional.vanguard.com/investment/strategies/esg.html.

[③] https://www.pwc.com/im/en/issues/esg--environmental--social--governance-.html.

[④] https://www2.deloitte.com/ce/en/pages/global-business-services/articles/esg-explained-1-what-is-esg.html.

[⑤] https://kpmg.com/xx/en/home/insights/2021/12/kpmg-esg.html.

（续）

相关文献或机构	涉及内容	视角或独特性
Gadinis & Miazad（2020）；Pollman（2022）	ESG 进化成独立的公司职能，它的使命是"监测和管理公司因环境和社会影响而面临的风险"；公司正在实地使用 ESG 来帮助"识别和管理其业务的社会风险"	风险管理的工具
Hebb et al.（2015）	将 ESG 与可持续发展"对等"联系起来；ESG 代表着"迈向更美好世界的一步"，与有益的、长期的社会成果息息相关	ESG 被解读为"可持续发展"
Curtis et al.（2021）；Serafeim（2021）；Pollman（2022）	ESG 代表着"一些公司或投资者的偏好或品味"；它不被视为一个中立的概念或活动，而是一个充满价值观和意识形态或政治倾向的概念或行为	ESG 作为"意识／思想偏好"（Ideological Preference）
王翌秋和谢萌（2022）；黄珺等（2023）	ESG 是一种非财务绩效的理念和公司评估标准	信息披露角度

综合以上 ESG 内容、相关定义和观点，我们认为，ESG 是将环境、社会和治理战略融入商业模式和管理体系的理念和方法论，是一种评价企业环境、社会和治理的可持续绩效指标体系，鼓励企业从追求经济利益最大化到追求可持续价值最大化。针对不同的主体和层面，ESG 有不一样的内涵。如在投资层面，它是一种可持续投资，要求将 ESG 相关因素纳入投资研究实践中，帮助实现资本功能升级、风险控制和可持续等；在企业层面，它则是将环境、社会、治理等因素纳入战略管理和管理运营流程中的一种实践，构建 ESG 组织管理体系可以实现高质量可持续发展；从可持续披露看，全球大企业都会发布 ESG 报告。目前 ESG 信息披露对资本市场和企业实践都具有十分重要的影响力。ESG 不是凭空产生的概念，它继承了社会责任及利益相关者等方面的理论或理念，由于关注不同利益相关方的需求，ESG 框架也有足够的包容性。

4.3　ESG 理论内涵

环境、社会和治理理论的发展在学术研究和实践领域都有悠久的历史，某种意义上，它可以看作是对环境责任理论、社会责任理论和公司治理理论的整合性发展（王大地和黄洁，2021）。ESG 是一个涵盖环境、社会和治理三个方面的综合框架，属于一个中性词汇，不带诸如责任、义务、目的之类的价值要求，这种中立性使得 ESG 成为一种有用的工具，可以客观地衡量企业的综合表现，因此容易被企业、NGO、政府等不同利益相关人接受。ESG 又是一个包容性的词汇，包含了环境、社会和治理三方面的内在需求和目标。如图 4-1 所示，ESG 主要有四个方面的内涵。

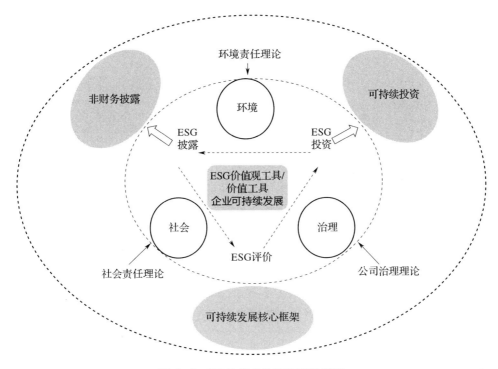

图 4-1　ESG 概念体系和理论基础

第一，ESG作为投资实践的新概念被创造出来，它首先代表国际上主流可持续投资实践。相比于道德投资和SRI，它更有可能获得成功，因为它有更具操作性的理念及方法体系。

第二，ESG是非财务披露的主流框架。ESG披露为投资者和政府等利益相关者提供了制定促进可持续发展决策的重要信息和激励。全球大企业都会发布ESG报告，包括亚马逊、苹果、星巴克、联合利华、丰田、阿里巴巴、京东、中石化、中国移动等。如，阿里巴巴发布的2023年ESG报告显示，其自身运营净碳排放（2023财年减碳量达141.9万吨）和价值链碳强度（2023财年为8.7吨/每百万元人民币）实现"双降"，同时带动平台生态减碳2290.7万吨。ESG成为阿里巴巴的治理及价值纽带，相关披露激励其通过ESG行动"创造商业之上的价值"。

第三，ESG是企业可持续的核心框架。未来企业竞争的范式将从过去的财务竞争力单一维度演变为财务和可持续双重标准，ESG绩效不佳的企业将逐步被市场竞争淘汰。很多企业把ESG纳入发展战略和风险管理体系。如三大投资公司贝莱德、先锋领航和道富银行开始使用ESG术语，并提供ESG基金来进行战略支持和风险管理。它们开始从ESG因素中寻找有益于管理有效性以及公司长期前景的重要方向，ESG成为其可持续发展的核心框架体系。

第四，ESG是一种兼具工具性和目的性的价值观标准，代表一种新的竞争规则体系和全球治理体系。在工具性价值方面，可以帮助企业实现风险管理提升、治理水平完善和绩效提升，挖掘个体企业的可持续能力与机遇，并帮助企业优化资源配置。ESG为企业提供了一种新的发展思路和评估标准，通过ESG评估，企业可以更好地了解自身的优势和不足，明确改进方向，制定更加全面、可持续的发展战略。同时，ESG为不同的企业提供了比较和交流的共同语言，促进了企业之间更好的竞争合作与共赢，为社会提供了更加全面、可持续的发展方向和治理体系，事实上重塑了企业未来发展和竞争的规则体系和秩序，也成为落实人类可持续发展价值观的战略工具。在目的性价值方面，ESG致力于为各利益相关方提供一个框架来塑造相应领域的绩效，帮助其实现可持续发展。ESG亦是一种承诺，不是短期行为就能达到的目标，而是一种长期主义的价值观。目前各个国家不断利用ESG实现自己在气候治理等领域的战略目标，积极争夺气候变化、生物多样性和人权等全球可持续发展的道义制高点，因此ESG正在重塑和形成全球新的竞争规则和治理体系。通过ESG实践，我们可以共同探索更加美好的未来。整体看，ESG理念使得企业能找到可持续发展的路径，能通过ESG投资、ESG信息披露和ESG战略目标、风险管理来促进企业可持续实践，同时也促进全人类的可持续发展。

4.3.1 可持续投资

从投资层面讲，ESG投资的目的就是要产生积极影响，实现可持续性发展。可持续投资是指将社会、环境和公司治理的考量纳入投资决策，追求长期可持续的经济和社会效益。在金融业不断推动可持续发展的背景下，越来越多的投资者开始认识到ESG投资与可持续发展目标的契合。通过将资金注入那些在ESG领域表现优秀的企业，投资者可以促进环境保护、社会公正和经济稳定的可持续发展。ESG投资虽是一种相对较新的可持续投资形式，但它目前已是非常流行的投资方式。全球可持续投资联盟（Global Sustainable Investment Alliance，GSIA）估计，2020年在全球有35.3万亿美元的可持续投资，而联合国负责任投资原则组织估计全球资产中有将近三分之一都是与ESG相关的可持续资产。

相比起社会影响力投资，ESG考量的范围相对更精确、更具可量化性，ESG评价指标相对完善，已成为衡量上市公司业绩的重要参考之一。Grim and Berkowitz（2020）厘清了社会责任、ESG及影响力投资之间的内涵，他们认为，为了更好地实现影响力投资，投资者必须首先确定自己的目标，并权衡各种方法的潜在收益与任何相关风险和成本，以便实现预期结果的ESG投资最佳机会。ESG研究中的"可持续投资"理论内涵，如表4-4所示。

表 4-4　ESG 研究中的"可持续投资"理论内涵

文章或报告	研究主题	研究观点或发现
Grim and Berkowitz（2020）	ESG、社会责任投资和影响力投资	为 ESG 投资提供了一个客观、实用的决策框架和流程参考；通过四步流程帮助投资者建立具体目标，评估潜在选项，并根据个性化标准和权衡考虑决定 ESG 投资方法
de Jong and Rocco（2022）	ESG 和影响力投资	影响力和 ESG 的区别在于前者主动性更强，需要绝对的回报（Absolute Return）而不是仅要市场化指数（Market Indexing）
拉里和塞缪尔（2023）	可持续投资	ESG 投资是可持续投资的三种重要方式之一。ESG 将解决投资者运作的市场中不可持续的问题，以建立负责任的投资者和受益人所需要的经济上高效、可持续的全球金融体系

从概念上来说，影响力投资和 ESG 投资作为前瞻性金融的代表，两者都提倡更多关注投资的长远时期的社会影响，强调投资的社会效益。从影响力投资帮助实现财务目标方面看，许多社会公益项目认真遵循环境、社会和治理准则，并有可能带来优异的财务表现。德勤中国可持续发展与气候变化主管合伙人谢安认为，ESG 作为具备成熟衡量体系的理念，能够帮助市场化产业基金在投资时选择更精准，在投资运作后也更高效，更有利于实现新兴产业成长。ESG 理念和框架体系更容易促进影响力投资绩效实现。国投创益报告（2022）构建了"ESG+"影响力投资体系，并取得了一定的成效，将 ESG 投资和实现影响力合二为一能优化战略，并有利于利用更大的资金池实现财务回报。投资者可以用基于市场的方法来解决他们所关心的社会问题，同时避免进行与其价值观相违背的投资。

4.3.2　非财务披露

这里主要涉及 ESG 披露环节。ESG 披露是 ESG 相关信息的披露，是指基于环境、社会和公司治理三个角度，以报告的形式来提供面向企业内部或外部的非财务信息，客观报告其实施可持续发展的主张、制度、行为和相应的

ESG行为。1928年成立的"基督教先锋基金"（Christian Pioneer Fund）禁止投资"罪恶公司"的股票（Sin Stocks），它是最早将非财务标准纳入投资原则的共同基金之一。ESG披露衍生于企业社会责任等非财务信息披露，企业在披露中所发布的ESG报告是非财务信息披露中新的表现形式。

ESG充分反映了投资者与监管者对非财务绩效的关注，以及股东、合作伙伴、社区、消费者等不同利益相关方对企业提出的关于环境保护、履行社会责任、反腐败等最新要求。在非财务信息披露方面，ESG目前已经成为国际主流的信息披露体系，发达国家在鼓励自愿披露ESG信息的基础上，不断制定强制性的ESG报告标准。全球已有60多个国家和地区出台了ESG信息披露要求（拉里和塞缪尔，2023）。如英国在2010年颁布《尽职管理守则》后，ESG在非财务因素中的重要性明显提升；欧盟2014年修订的《非财务报告指令》（Non-Financial Reporting Directive，NFRD）对上市公司非财务信息及业绩的披露提出了极大关注，指令以"不遵守就解释"的强制披露要求，规定上市公司披露以ESG事项为核心的非财务信息。我国对于ESG信息披露没有综合性的强制要求，但对于某些特定的ESG因素已有强制性披露要求，对于自愿披露行为、公开承诺的信息披露等也有规范性要求。如2020年9月深交所发布《深圳证券交易所上市公司信息披露工作考核办法（2020年修订）》增加了第十六条"履行社会责任的披露情况"，首次提及了ESG披露，并将其加入考核。同月上交所也制定并发布了《上海证券交易所科创板上市公司自律监管规则适用指引第2号——自愿信息披露》明确指出企业在自愿披露环境保护、社会责任履行情况和公司治理一般信息的基础上，应根据企业所在行业、业务特点、治理结构，进一步披露环境、社会责任和公司治理方面的个性化信息。2021和2022年，我国生态环境部陆续发布实施《企业环境信息依法披露管理办法》及《企业环境信息依法披露格式准则》。2024年4月12日中国证监会统一部署，上海、深圳、北京三大证券交易所同步发布可持续发展报告指引；2024年4月18日国家标准化管理委员会批准环境社会治理（ESG）标准化项目研究组成立；2024年5月27日财政部发布《企业可持续披露准则——基本准则

（征求意见稿）》，该准则预计将在 2027 年正式实施，随后将推出企业可持续披露基本准则和气候相关披露准则等，使得我国 ESG 信息披露进入快速发展期。

在全球企业 ESG 披露实践方面，KPMG[一] 2022 年发布的《可持续发展报告调查》显示，G250（即《财富》全球 500 强中排名前 250 的公司）2022 年的 ESG 披露率为 96%，N100（即从 52 个国家或地区中分别选出营收排名前 100 的公司）2022 年的 ESG 披露率为 79%。而在中国，2022 年有超过 1450 家 A 股上市公司独立发布了 ESG 报告，A 股上市公司 ESG 报告披露率突破 30%；而港股披露比例为 86.01%。相对来看，中国企业的 ESG 披露数量提升空间较大；值得关注的是，在 G250 企业中，尚未发布 ESG 报告的企业均在中国。ESG 研究中的"非财务披露"理论内涵，如表 4-5 所示。

表 4-5　ESG 研究中的"非财务披露"理论内涵

文章或报告	研究主题	研究观点或发现
Raimo et al.（2021）	ESG 信息披露	ESG 信息披露作为非财务信息披露的重要形式，能够有效降低信息不对称
黄珺等（2023）	ESG 信息披露	ESG 信息作为非财务信息的重要方面，是财务信息的必要补充，其充分披露有助于展现企业的良好 ESG 实践和对财务、企业价值带来积极影响
Bollen（2007）	机构投资与社会责任	投资者既希望从其投资决策中获得财务效用，更希望通过持有符合个人和社会价值观的投资组合而获得非财务效用
钱龙海（2020）	ESG 生态系统与经济高质量发展	ESG 是企业非财务信息披露的主流体系；大量非财务信息会对企业最终的财务回报产生实质性影响
董江春等（2022）	财务信息与非财务信息互连	财务信息与非财务信息应实现互联；提出 ESG 标准应与会计标准相协调以及应制定遵循互连理念的 ESG 报告概念框架

[一] 自 1993 年开始，KPMG 对全球主要企业发起"企业责任报告调查"（Survey of Corporate Responsibility Reporting），后来这个调查更名为"可持续发展报告调查"（Survey of Sustainability Reporting），旨在揭示全球 CSR 报告的最新趋势。

关于企业行为的大量非财务信息会对企业最终的财务回报产生实质性影响。黄珺等（2023）的综述研究发现，不少实证研究证实，ESG信息披露对财务绩效、企业资本和企业价值成本产生有益影响。ESG责任投资意味着投资者不仅希望从其投资决策中获得财务效用，更希望通过持有符合个人和社会价值观的投资组合而获得非财务效用（Bollen，2007）。国际评估准则理事会（International Valuation Standards Council，IVSC）在2021年的《展望报告：ESG与商业估值》（*Perspectives Paper: ESG and Business Valuation*）中[一]提出ESG数据的意义在于它不仅是"非财务信息"（Non-Financial Information），而且更应被解读为"财务预示信息"（Pre-financialInformation）。ESG的影响可能不一定在近期的财务报告中有所体现，但依然是未来财务状况的"领先"预测指标。因而，ESG披露要能实现财务信息与非财务信息互连。但是我国目前对披露内容暂无统一规定，ESG信息披露存在差异、数据口径不一致等问题。国际可持续发展准则理事会2021年成立2023年发布制定了一套综合性的高质量可持续信息披露基准性标准，为全球ESG信息的系统性披露要求提供了可能性。随着各国监管机构不断强化披露要求，全球进入ESG信息强制披露的时代在不远的将来会成为现实。

4.3.3 企业可持续核心框架

ESG是企业追求可持续的核心框架。ESG脱胎于社会责任但又不等同于社会责任，是企业社会责任与可持续发展需求碰撞和融合的产物。目前ESG机制考虑了企业的营利性质和可持续发展义务，实际上使得企业必须在兼顾经济目标和可持续发展目标的基础上进行市场竞争和发展壮大，实质性地界定和提出了一种全新的未来企业发展范式：企业"财务+可持续"发展模式。未来衡量企业是否成功的尺子由过去单一的财务维度尺子变成了"财务+可持续"两把尺子，因此未来任何无法有效践行ESG的企业必将会被市场竞争淘汰。可持续理念首次出现在1987年联合国的《我们共同的未来》报告中，其

[一] https://www.ivsc.org/perspectives-paper-esg-and-business-valuation/.

基本要义是各国政府和人民必须同时对经济发展和环境保护这两个重大问题负责任，人类要通过共同的努力解决可持续发展的问题。1992年出台的《21世纪议程》《里约环境与发展宣言》《气候变化框架公约》《生物多样性公约》和《关于森林问题的原则声明》等一系列重要纲领性文件，使得可持续发展和环境保护成为经济发展的核心战略。根据全球可持续投资联盟发布的2021年报告，全球管理的资产中，超过35%是可持续投资。现有很多学术研究探讨了ESG与可持续发展问题，相应ESG研究中体现可持续发展理论内涵的内容，如表4-6所示。

表4-6 ESG研究中的"企业可持续"理论内涵

文章或报告	研究主题	研究观点或发现
Burke（2022）	ESG与董事会	ESG是当前国际上用于衡量企业可持续的关键指标，也能有效预测董事会关于CEO职业管理的决策
Lokuwaduge et al.（2017）	ESG理念	企业ESG理念践行情况是评估其可持续表现的重要依据
钱龙海（2020）	构建ESG生态系统推动经济高质量发展	ESG是企业追求可持续的核心框架，也是企业实现可持续发展的内在要求
段濛（2022）	ESG体系构建	企业需要维持可持续发展，要关注经营活动对环境和社会的影响、建立健全治理机制。ESG体系的三要素——环境、社会与治理，逐渐成为企业可持续能力的评价标准和框架体系
郝颖（2023）	ESG理念与企业价值创造	以重构企业合法性与可持续性为逻辑基础，力图将环境、社会、治理三大可持续要素同资本运转与商业运行紧密结合
李小荣（2022）	ESG理念和实践	ESG反映了企业的可持续能力，不但体现了企业可持续目标，而且有助于资本市场的良性发展
张小溪等（2022）	ESG与高质量发展	通过ESG的影响机制，构建了ESG"101"理论分析框架，阐明了ESG与上市公司高质量发展之间的关系
席龙胜等（2022）	ESG表现与盈余持续性	良好的ESG表现能够通过缓解融资约束、降低企业风险、促进绿色创新等路径助力企业盈余持续性的实现

首都经济贸易大学中国 ESG 研究院理事长钱龙海（2020）认为 ESG 是企业追求可持续的核心框架，也是企业实现可持续发展的内在要求。ESG 理念和框架充分纳入了可持续目标的内容，将 ESG 融入经营管理和投资决策，已经成为企业践行可持续发展的系统方法论。ESG 还能作为一种可持续能力的评价框架，可以为监管者和投资者提供一个可以"扫描"可持续发展机遇及风险的"雷达"。可持续投资者把 ESG 投资作为风险管理的工具，将 ESG 的各分项内容或指标作为风险因子纳入投资分析与决策过程中，并从中发掘和识别潜在的投资机遇，以取得稳健、可持续的财务回报。可以说，ESG 提供了企业实现可持续目标的方法和路径。郝颖（2022）认为 ESG 是可持续发展在微观经济运行中的表征要素，ESG 理念在生成之初就以重构企业合法性与可持续性为逻辑基础，力图将环境、社会、治理三大可持续要素同资本运转与商业运行紧密结合。

有一类研究期望通过 ESG 来判断和构建企业可持续能力体系。如 Lokuwaduge et al.（2017）研究了澳大利亚金属和采矿行业公司的 ESG 报告，得出利益相关者的参与是公司进一步重视企业可持续表现的关键因素，而各方利益相关者将企业 ESG 理念践行情况作为评估其可持续表现的重要依据。李小荣（2022）认为 ESG 反映了企业的可持续能力，为企业履行社会责任提供了持续的推动力。还有学者直接探讨指标体系构建，将 ESG 作为一种评估企业环境可持续性、社会价值与治理能力的综合矩阵指标体系，认为其是评估上市公司高质量发展水平的可行性标准之一（张小溪等，2022）。席龙胜和赵辉（2022）研究发现 ESG 理念与国家"双碳"战略和绿色低碳转型目标等可持续发展战略和框架高度契合。从研究层面看，ESG 理念鼓励企业关注长期价值，改善市场中"唯快钱是图"的运行思维，倒逼企业转型升级。这不仅体现了企业可持续目标，而且有助于资本市场的良性发展。ESG 作为一个以推动可持续为目标的投资框架，能较前瞻地判断企业的可持续能力，为企业和投资者挖掘出与可持续目标相契合的高质量发展和投资机遇。

在 ESG 逐渐被广泛认可为用于评价企业可持续发展的分析框架趋势下，

有许多区域性和国际性组织制定了 ESG 或可持续发展报告的代表性框架，但由于报告框架所针对的受众群体不同，现行的 ESG 或可持续发展报告或无法客观、全面地反映企业经营的社会外部效益。在 ESG 的报告框架中，全球报告倡议组织的可持续发展报告标准被应用得最为广泛。与 ESG 相关的非财务信息备受投资人重视，而目前很多企业缺乏行之有效的 ESG 管理体系，国企可以结合全球统一的专业评估管理工具，设置内部认可的可持续实践 KPI，通过评估结果及时调整现有执行项目的项目设计、内部协调与具体实施方案，进而形成内生的可持续评估框架。作为评估组织可持续表现的主流指标，ESG 评分也未能充分衡量可持续性。为此，需要将更多的可持续实践纳入 ESG 评分，如时间性、组织的流程及其对环境和社会的影响、组织如何管理资源（尤其是自然资源）等，来充分衡量可持续性（Clément et al.，2022）。

整体看，ESG 在未来有可能演变为企业可持续的核心内容和关键实现路径。ESG 的根本原则就是实现人类可持续发展目标，它为企业的可持续发展提供了一套方法论，为企业管理不确定性、实现长期主义提供了可能；它帮助企业将 ESG 理念融入企业文化和发展战略中，并建立起相应完整的治理体系，确保 ESG 理念和战略发展落地。从某种程度上看，ESG 不仅是环境、社会、治理三种要素的"集合"，而且代表了一系列理论思想、制度安排、行为模式融合而成的可持续体系。它能激励企业发挥多元价值属性，探索更有利于企业、环境、社会和人类共生发展的可持续路径。

4.3.4 价值观工具

ESG 最核心的一个基础价值是道德工具/价值观工具。ESG 投资发端于道德投资，ESG 理念体系中必然包含道德和价值管理元素。良好的 ESG 表现能帮助企业积累道德和声誉资本，发挥一定的"保险效应"（王琳璐等，2022）。ESG 的"保险效应"可以帮助企业更好地应对外部不利冲击，并且可以减少企业负面事件带来的损失。对于企业来讲，ESG 不仅是一种道德工具，还是能影响企业声誉和价值创造的价值观工具。准确的 ESG 披露可以推动公司实现更好的 ESG 表现和透明度，健全内部控制和治理，限制公司控制股东和/或管理层等内部人的内幕交易及欺诈和操纵市场的自利行为，监督控制股东和/或管理层，降低控制股东与非控制股东之间或股东与管理层之间的代理成本。

ESG 涵盖与环境（如气候变化、能源和用水）、社会责任（如人权、两性平等）和公司治理（如腐败和贿赂、股东保护）相关的信息，有利于供应商等利益相关者判断企业的社会地位和道德资本，进而提高供应商对企业的信任（Broadstock et al., 2021）。同时，ESG 凸显了其正确的价值观（邱牧远和殷红，2019），满足供应商社会责任的偏好，从而缩短了其与供应商的信任距离，使供应商更愿意为其提供商业信用便利。

ESG 将企业环境责任理论、社会责任理论及公司治理理论等进行充分整合，构建了区别于以往单维价值评估模式（即以财务回报为核心）的多维价值评估框架，该价值评估工具以环境、社会和治理三大核心要素为支撑。ESG 体系不是对既有价值的掠夺，而是一种价值配置与创造工具（郝颖，2023）。麦肯锡在 2020 年发布的报告《ESG 溢价：关于价值和绩效的新视角》中披露了对专业投资者在 2009 年与 2019 年就 ESG 是否创造价值进行调查的对比结果①。此项调查将环境、社会与治理因素区分开来，并且将股东价值进一步划分为短期价值和长期价值。从反馈结果来看，专业投资者整体对于 ESG 能够创造短期和长期价值的认可程度越来越高，受访者更为认可环境方向为公司带来长期的价值，以及公司治理层面为公司带来的短期收益。此处整理了 ESG 研究中关于"道德工具/价值观工具"理论内涵的代表性观点，如表 4-7 所示。

---

① https://www.ivsc.org/perspectives-paper-esg-and-business-valuation/.

表 4-7　ESG 研究中的"道德工具／价值观工具"理论内涵

文章或报告	研究主题	研究观点或发现
Broadstock et al.（2021）	ESG 表现和财务危机	ESG 有利于供应商等利益相关者判断企业的社会地位和道德资本
Dathe et al.（2022）	CSR，可持续性与 ESG：道德工具的方法	CSR 描述了一家公司应如何遵守道德规范，ESG 则构建了衡量道德绩效的适当指标
麦肯锡 2020 报告	ESG 溢价：关于价值和绩效的新视角	对于 ESG 能够创造短期和长期价值的认可程度越来越高，受访者更为认可环境方向为公司带来长期的价值，以及公司治理层面为公司带来的短期收益
王琳璘等（2022）	ESG 表现与企业价值	良好的 ESG 表现能帮助企业积累道德和声誉资本
伊凌雪等（2022）	ESG 实践与价值创造	ESG 实践的价值创造效应可能是企业进行 ESG 实践的内在驱动力
黄世忠（2022）	ESG 与"漂绿"	ESG 报告是否"漂绿"与商业伦理道德氛围密切相关
屠光绍（2019）	ESG 责任投资	ESG 投资是价值取向投资，核心是整合环境、社会和治理因素，充分考虑社会责任因素，改善投资结构和风险收益，最终获得长期发展
胡滨（2023）	中国式现代化与 ESG	ESG 理念是实现中国式现代化"全局最优"最重要的调节机制；ESG 理念有助于平衡经济激励与共同富裕目标；要与中华优秀传统文化相结合；人与自然的和谐共生关系；贡献中国智慧和体现大国担当

对于中国来讲，ESG 体现了一种价值追求，与国家政策倡导的"创新、协调、绿色、开放、共享"的新发展理念相符合，是帮助实现国家战略的有效价值工具。党的二十大报告指出，中国式现代化的本质要求是：坚持中国共产党领导，坚持中国特色社会主义，实现高质量发展，发展全过程人民民主，丰富人民精神世界，实现全体人民共同富裕，促进人与自然和谐共生，推动构建人类命运共同体，创造人类文明新形态。ESG 是实现中国式现代化的重要市场创新和政策工具，ESG 理念是实现中国式现代化"全局最优"最重要的调节

机制。它强调人与自然的和谐共生关系，需要与中华优秀传统文化相结合，贡献中国智慧和体现大国担当。国家发展改革委在2022年《国家发展改革委关于进一步完善政策环境加大力度支持民间投资发展的意见》中提出，要探索开展投资项目环境、社会和治理（ESG）评价，并引导民间投资更加注重环境影响优化、社会责任担当、治理机制完善。在实际行动上，政府成立了社会责任局和发布了《提高央企控股上市公司质量工作方案》以全面践行ESG发展理念。

ESG表现是衡量公司道德和价值的指标。如果一个公司在环境、社会和治理层面表现优秀，那么它在资本市场也有很好的价值呈现。屠光绍（2019）认为，ESG投资的本质其实就是价值取向投资，核心是整合环境、社会和治理因素，充分考虑社会责任因素，改善投资结构和风险收益，最终获得长期发展。但若企业以虚假不实的方式向公众展示"良好"的ESG表现，虽然短期会提升企业声誉，企业不会真正建立道德形象和挖掘到价值创造新方式。黄世忠（2022）提出伴随着ESG报告的演进，要警惕"漂绿"问题。漂绿（Greenwashing）指企业和金融机构夸大在环保议题方面的付出与成效的行为，在ESG报告或可持续发展报告中对环境保护和资源利用做出言过其实的承诺和披露。ESG报告是否"漂绿"与商业伦理道德氛围密切相关。当面临巨大的经济利益诱惑时，缺乏浓厚商业伦理道德氛围的企业和金融机构就可能弃守诚信底线，诉诸"漂绿"，不受伦理道德约束的"漂绿者"往往问心无愧，对"漂绿"行为心安理得，影响企业自身声誉的提高。真正"落地"和长期坚持的ESG必然是一种有效的道德工具/价值工具，而不是一种"伪善"行为。

4.4 ESG与CSR比较分析：继承与超越

从前文的分析可以看出，ESG与CSR一脉相承，其核心理念基本一致，都强调企业的社会属性与社会价值，是企业展示其对可持续商业实践的承诺的不同方式。但其在具体的内容范畴、驱动机制和方法论等方面存在明显不同，从根本上讲，ESG的提出超越了原有CSR内涵。自《巴黎协定》签署以来，全球经济社会向低碳转型与绿色发展已经成为共识。在这一发展背景下，资本市场率先形成了对企业可持续尤其是 ESG 信息的强烈需求，而在国际组织的进一步参与和推动下，自愿披露性质的 CSR 难以满足市场需要，最终促使 ESG 取代 CSR 成为企业可持续理论的核心框架。本部分在前文分析的基础上，提炼总结了 ESG 与 CSR 的联系与区别，从而帮助我们进一步理解 CSR、ESG 与企业可持续之间的演化关系。

4.4.1 ESG 与 CSR 的内在联系

ESG 与 CSR 的核心内涵是一致的，即企业在为股东创造价值、赚取利润的同时，承担起对员工、消费者、环境、社区等利益相关方的责任，都不同程度地以利益相关者理论为基础，引导企业在经济利益之外关注环境绩效和社会绩效。ESG 是 CSR 的继承式发展，从早期的道德投资到责任投资的提出，可持续理念的兴起，再到现在全面可持续发展的 ESG 实践。本质上看，ESG 理念还是为了实现企业可持续目标，这与之前"责任投资"及"社会责任""企业公民"等理念一脉相承。同时，ESG 是一种"影响力投资"，旨在产生积极的、可衡量财务回报的投资及对环境、社会的有益影响，它体现了企业和相关主体在高质量发展阶段下新的价值追求。

在企业可持续理论演进历程中，CSR 可以看作 ESG 的前身。从企业发展可持续性来看，CSR 和 ESG 是企业用来评估可持续性的不同框架，换言之，ESG 和 CSR 都是企业展示其对可持续商业实践的承诺的方式。企业社会责任可以被看作理想主义的、宏观的可持续观点，而 ESG 则是实际的、市场为基础的具有可操作性的观点，但二者的核心在企业可持续实践中并不冲突。企业自我规范，致力于可持续的做法，目的是对社会产生积极的影响，然后，在企业社会责任战略中所做的努力可以被细化并适合于 ESG 指标，ESG 数据随后可以通过 ESG 报告公开披露和共享，利益相关方特别是资本市场和监管机构可以据此做出资源配置决策，以此促进可持续发展。ESG 给企业社会责任这一广泛的管理理念打上了可量化的可信度印记，从而实现真正的可持续发展。

4.4.2 ESG 与 CSR 的本质区别

尽管 ESG 是在 CSR 的基础上发展起来的，但二者在价值理念、内容范畴、实现机制和评价方法等方面仍存在本质区别，如表 4-8 所示。

表 4-8 ESG 与 CSR 差异比较

比较维度		CSR	ESG
价值理念	核心理念	尽责行善	义利并举
	商业模式	价值捕获	价值共创
内容范畴	内容维度	经济、社会、环境	环境、社会、治理
	内容关联性	相互割裂	相互关联
实现机制	驱动机制	外生	内生
	战略关联性	战略脱耦	战略融合
评价方法	评价标准	定性	定量
	指标透明度	低	高

第一，在价值理念上，CSR 概念虽然不断演进，但本质上依然带有明显的伦理和慈善烙印，尽责行善（Doing Good）堪称 CSR 的核心要义。而 ESG 更加注重义利并举（Doing Well by Doing Good），既关注把企业做好，为股东或利益相关者创造价值，确保企业的可持续发展，也关注企业对环境和社会的影响以及环境和社会对企业的影响（李诗和黄世忠，2022）。因此，ESG 要实现企业经济责任、环保责任和社会责任的高度统一，将企业商业模式与环境、社会因素融合起来，而不是仅仅关注慈善抑或只是强调商业，"商业"与"环境社会"合一才是最重要的。在可持续报告准则中，企业对环境和社会的影响称为影响重要性（Impact Materiality），环境和社会对企业的影响称为财务重要性（Financial Materiality）。目前，国际可持续准则理事会在 2023 年 6 月 26 日正式发布的《国际财务报告可持续披露准则第 1 号—可持续相关财务信息披露一般要求》《国际财务报告可持续披露准则第 2 号—气候相关披露》秉持的是单一重要性原则，聚焦于环境和社会对企业的财务影响，而 2023 年 7 月 31 日

欧盟委员会审批通过的首批《欧洲可持续报告准则》秉承的则是双重重要性原则，同时关注影响重要性和财务重要性，企业既要披露其对环境和社会的影响，也要披露环境和社会对企业的影响。

第二，在内容范畴上，ESG 直接将治理因素纳入可持续管理框架，使得企业可持续实践更行动化，企业更有自我实施的方案。ESG 指引企业更关注环境、社会责任和公司治理议题，这体现了企业可持续理论的精髓。ESG 指的是公司和投资者如何将环境、社会和治理问题融入其商业模式，CSR 传统上指的是企业在更具社会责任感和成为更好的企业公民方面的活动。ESG 明确包括治理，而 CSR 间接包括治理问题。21 世纪初发达国家企业的财务造假问题如安然事件使得公司治理成为投资者进行决策的新方向。欧洲企业社会责任协会、德勤、欧洲证券交易所 2003 年对欧洲基金经理、金融分析师和投资者关系从业者的调查表明，当回答"在进行投资建议时，应考虑哪个主题？"时，超过一半的被调研者认为大部分行业或部门首先需要进行系统的公司治理和风险管理。2004 年《关心者赢》报告也指出，健全的公司治理和风险管理系统是成功实施应对环境和社会挑战的关键先决条件。这也是为什么参与报告的主体们呼吁必须加入治理构成 ESG 框架。大部分主体基本认同，公司治理成为推进企业可持续的关键因素。此外，与松散的企业社会责任内容主题不同，环境、社会和治理问题不是单独的范畴，而是相互关联的。例如，在气候变化方面，环境、社会和治理不仅关注一个组织的环境影响，还关注气候变化对低收入人群不成比例的影响所带来的社会正义问题，这种以系统为基础的价值理念要求对管理采取综合办法。

第三，在实现机制上，传统企业社会责任让利益相关者参与企业社会责任计划的动机是降低业务成本，如降低能源消耗。但在 ESG 理念下，环境、社会和治理要素作为一个战略杠杆，推动新的增长机会，从而提高业绩。根据 ESG 理念，企业存在与发展的根本理由是通过正向的商业行为满足不断变化的社会需求，经营利润是满足社会需求过程中的结果，而不是目的。与传统的外向型企业社会责任不同，ESG 要求企业通过致力于内部的系统性改变和完善，来展现其在社会、环境、治理三方面的表现，并受到利益相关者的监督与评估。根据贝莱德统计数据（2020），尽管市场处于低迷状态，但在全球具有代表性的目标驱动型公司中，81%的公司表现优于同行。ESG在价值实现机制方面的内生驱动特征正是当前研究者和商业领导者积极呼吁ESG管理实践以企业宗旨为基础，并嵌入业务运营中的重要原因。

第四，在评价方法上，CSR是一种自我调节的战略工具或信号工具，这是一个较为宽松的、一般性的公司行为框架，在实施方面可能会发生脱耦现象。并且，企业社会责任的价值判断依据通常是定性的，缺乏量化和可比的数据来验证其结果，当企业的社会责任计划被批评为"漂绿"时，将使消费者对企业的可持续性举措更加怀疑。尽管ISO 26000自愿性标准确实帮助公司定义社会责任，并为实现社会责任提供实际指导，但从企业社会责任实践的发展来看，基于传统的定性评价标准，难以从根本上改善现状。与此不同，ESG则通过衡量公司整体绩效的特定的量化指标对企业发展的可持续性进行验证。环境、社会和治理指标的透明度和具体性，以及纳入可持续发展目标等更广泛的框架，都带来了新的意义。

4.5 小结

ESG是将环境、社会和治理战略融入商业模式和管理体系的理念和方法论。它能有效指导企业在追求经济绩效的同时平衡社会、环境的价值诉求。经过十多年发展，ESG逐渐成为实现企业可持续的重要框架。ESG具有丰富的理论内涵，根据ESG三大环节的区分，在ESG投资层面，它是一种可持续投资，致力于产生积极、可衡量的社会影响并实现可持续性发展；在企业实践层面，它是企业的一种非财务信息披露（ESG披露层面），更是企业的道德价值工具（ESG实践行动层面），支撑企业建立良好道德形象，获取制度"合法性"地位，并真正实现企业自身的价值创造重塑。最后，基于ESG的行动和评价构建出可持续发展核心框架（ESG评价层面）。这四个方面的内涵最终帮助实现企业战略目标和可持续发展。

ESG 对实现企业可持续来说意义重大，它不仅是环境、社会、治理三种概念的集合，而且代表了一系列理论思想、制度安排、行为模式融合而成的可持续体系。从理念和内涵上讲，它与我国寻求生态环境保护、社会和谐发展以及优化公司治理、强调企业正外部性的理念与中国新发展理念在底层逻辑上具有高度一致性。同时，由于 ESG 能为不同主体（包括企业、投资者、监管部门）提供较清晰的理念框架和可操作性的标准和工具，它能识别、内化经济行为的外部性，并将其应用于企业治理、投资、监管当中。最后，ESG 为企业的价值评估和社会交互产生了新影响。很多国内外研究都表明，重视 ESG 绩效的企业通常更受市场青睐、有更低的融资成本，其经营和价值回报也更稳健。企业可以通过良好的 ESG 表现传递信号，提高企业声誉，赢得各方的信任，积累道德和声誉资本；各利益相关者可以通过 ESG 对企业社会地位和道德资本做出更积极的判断。

2022 年 8 月《哈佛商业评论》中文版与贝恩公司联合发布的《放眼长远，激发价值——中国企业 ESG 战略与实践白皮书》指出，100% 的企业都将 ESG 作为公司未来 5 年的战略议题之一，其比重甚至超过了数字化转型（95%）。ESG 可以为企业带来多重价值，能在防范风险的同时，实现提质增效，增加财务绩效。其具体的影响机制是通过合规止损、间接促进业务增长、直接促进业务增长以及保障企业穿越长周期这四个方面来实现价值呈现。

第 5 章
利益相关者与 ESG 价值创造

企业本质上是各利益相关者缔结的"一组契约",其生存发展依赖于各利益相关者的资源投入和支持。例如,股东与债权人提供的财务资本、员工投入的智力资本、供应商与客户带来的市场资本以及政府、社区等共同构成的经营环境等,这些利益相关群体在一定程度上共同承担了企业的生产经营风险。因此,企业在发展过程中,必须关注和满足各方利益相关者的需求,建立和维持企业与利益相关者之间的共生系统,这也决定了企业能否长期可持续发展。

ESG 理念是企业可持续思想的核心框架,源于全球对人类命运共同体和利益共同体的思考。根据 ESG 理念,企业存在与发展的根本理由是通过正向的商业行为满足不断变化的社会需求。ESG 要求企业通过致力于内部的系统性改变和完善,展现其在社会、环境、治理三方面的表现,并受到利益相关者的监督与评估。可见,利益相关者是 ESG 实现价值创造的关键因素。本章将利益相关者纳入 ESG 价值创造的讨论中,深刻揭示 ESG 如何帮助企业在与利益相关者的充分互动中实现经营合规(风险管理)、自身赋能,并创造正外部性,从而建立价值共创机制。

5.1 ESG 理念下的企业利益相关者

企业作为一个能力集合体,其成长依赖于股东、员工、消费者等各类利益相关者的资源和参与。这些利益相关者不仅贡献资源，也寻求满足自身需求。企业需在经营中平衡各方利益，确保责权利一致，实现社会可持续发展。企业与利益相关者之间存在共生关系，积极满足其期望可降低社会风险，提升企业合法性，并识别市场机会，实现经济效益与社会责任的双赢。ESG作为企业风险管理和价值创造的工具，通过增强透明度，促进企业与利益相关者间的紧密合作，共同推动可持续发展，创造更大的商业和社会价值。本节重点介绍企业利益相关者及其与ESG价值创造的关系机理。

5.1.1 企业利益相关者

任何一家企业的成长都需要各利益相关者的投入或参与。正如Prahalad and Hamel（2009）提出的，企业本质上是一个能力体系或能力的集合，是不同利益相关者提供的资源或能力的集合体，包括股东、员工、政府以及供应商和分销商等，如图5-1所示。具体而言，设置运营环境的外部利益相关者在包括政府、社区、自然环境等；与公司直接互动的外部利益相关者包括客户、

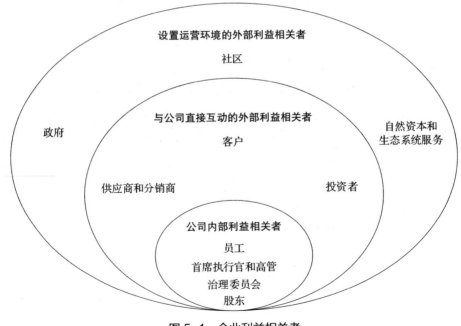

图 5-1　企业利益相关者

投资者、供应商和分销商；公司内部利益相关者包括股东、首席执行官和高管治理委员会以及员工。这些利益相关者在为企业提供资源、做出贡献的同时，也依赖企业满足自身需求。企业的经营决策必须考虑他们的利益，并给予相应的报酬和补偿，即做到企业利益相关者层面上的责、权、利相一致（Blair，1999）。企业与利益相关者为彼此创造价值的过程中共同"做大蛋糕"，实现社会可持续发展。

企业与利益相关者之间存在共生依赖的关系，企业可以通过积极回应和满足利益相关者的期望，取得经济效益和社会、环境方面的可持续成就。

第一，满足利益相关者期望有助于降低社会风险，帮助企业更好地融入社会，进而提升企业的合法性，获得利益相关者更多的认可与支持。负面的社会反应可能对企业产生不良影响，企业需要通过理解并满足利益相关者的期望，有效地预防潜在的社会负面反应，进而建立更加稳固的社会网络，以更好地获取业务所需的资源和支持，减少社会风险，提升合法性。

第二，通过积极响应利益相关者的期望，企业能够识别出一系列潜在的资源和机会。利益相关者的关注往往反映了市场上的需求和趋势，反映了社会对产品和服务的新需求。企业可以通过积极回应这些需求，抓住可持续产品和服务的市场机会。这种市场导向策略使得企业能够精准地满足消费者对可持续产品和服务的日益增长的需求，抢占市场的制高点，建立起与潜在客户和合作伙伴的紧密联系，在激烈的市场竞争中脱颖而出，实现经济效益与社会责任的双赢。

第三，当企业与利益相关方以可持续发展为导向、共同关注长期绩效以增进社会价值时，往往可以扩充社会资源，实现价值共创。在企业可持续发展的过程中，企业与利益相关者之间的紧密合作和伙伴关系能够促使价值流动和增值。通过建立长期稳定的合作关系，企业能够与关键利益相关者共同识别市场机会、分享资源和知识，从而发挥各自的优势，实现共同的目标。这种合作不仅有助于促进企业实现整体可持续发展，还能够为利益相关者带来实际的利益。

5.1.2 ESG 的价值创造功能

ESG 在调动利益相关者与企业共同"做大蛋糕",进而实现社会可持续发展过程中发挥了关键作用。具体而言,ESG 的价值创造功能表现为企业风险管理、企业赋能和价值共创。第一,ESG 为企业提供了一个全面、系统的框架,用于评估和管理其对环境、社会和治理方面的影响。这有助于企业识别并应对潜在的风险和机遇,同时提升其在各方面的绩效表现。而利益相关者往往对这些议题非常关注,因此,企业在 ESG 方面的表现会直接影响利益相关者的参与度和合作意愿。第二,ESG 有助于增强企业与利益相关者之间的信任和透明度。通过积极披露 ESG 绩效,企业可以展示其对可持续发展和社会责任的承诺,从而赢得利益相关者的信任和尊重。这种信任关系的建立为价值共创提供了坚实的基础,使得企业与利益相关者能够更加紧密地合作,共同实现更大的价值。第三,ESG 为企业与利益相关者提供了一个共同价值观和行动框架。通过关注环境、社会和治理议题,企业和消费者、投资者、政府、压力组织等利益相关者可以共同推动可持续发展,从而实现应对气候变化的目标。这种共同价值观和行动框架有助于双方形成合力,进而"做大蛋糕",共同创造更大的商业价值和社会价值。

5.2 利益相关者与 ESG 风险管理

对企业而言,虽然 ESG 行动带来成本,但从长远视角来看,ESG 帮助企业在与利益相关者的充分互动中清晰认识到自身的情况、面对的风险与机遇,并及时调整风险管理策略,规避相关风险、抓住发展机遇。本部分将从风险管理视角剖析 ESG 的价值创造功能。

5.2.1 企业风险与风险管理

国资委 2006 年发布的《中央企业全面风险管理指引》将企业风险定义为"未来的不确定性对企业实现其经营目标的影响",并以能否为企业带来盈利等机会为标志，将风险分为纯粹风险（只有损失）和机会风险（"带来损失"和"盈利"的可能性并存）。具体而言，企业风险既包括外部的政治风险、法律风险与合规风险、社会文化风险、技术风险、自然环境风险、市场风险、产业风险，又包括内部的战略风险、操作风险、运营风险、财务风险。

企业风险管理（Enterprise Risk Management，ERM）是一个由企业的董事会、管理层和其他员工共同参与的，应用于企业战略制定，用于识别可能对企业造成潜在影响的事项并在其风险偏好范围内管理风险，为企业目标的实现提供合理保证的过程（Treadway，2004）。因为所有的风险都是潜在的损失来源，企业损失预防战略能够帮助公司减少损失（降低风险）并实现卓越运营。同时，提高安全性、设备可靠性、环境合规性、ESG努力程度和盈利能力的唯一方法是通过一个风险知情的视角来考虑它们的集体影响。

通过整合所有风险类别，管理人员可以更好地理解各种业务活动中固有的总风险。改善有关公司风险概况的信息能够进一步增加公司的价值，从而鼓励信息不透明的公司更好地向外界通报其风险概况，同时体现其对风险管理的承诺。此外，企业风险管理可能会通过增加公司披露的内容来降低外部资本和监管审查的成本。最后，评级机构通过其财务评估，增加了对风险管理和企业风险管理活动的关注。2005年10月，标准普尔宣布："随着企业风险管理的出现，风险管理将成为其分析的一个独立的主要类别"，进一步证明了保险公司使用企业风险管理计划的未来激励和价值含义。对企业风险管理计划的审查意味着拥有企业风险管理计划的公司将被认为更有信誉，同时影响公司的股权和债务。

5.2.2 ESG的风险管理功能

ESG的内涵既包括企业追求可持续所应遵循的核心纲领，也包括可助力企业践行可持续行动的指南与工具。企业在追求经济利益的同时，也要不断关注经营活动中对环境、社会和治理的影响，以确保自身的长期稳健发展。ESG战略管理的重要性在于，它有助于企业建立可持续商业模式，提高企业竞争力，打造企业声誉和品牌形象，增强投资者信心，吸引更多的消费者，通过满足广泛利益相关者的需求，提升自身合法性，规避外部环境变化导致的风险。

ESG注重可持续发展，倡导企业在运营过程中更加注重环境友好、社会责任以及公司治理。基于ESG评价，投资者可以通过观测企业ESG绩效，评估其投资行为和企业在促进经济可持续发展、履行社会责任等方面的贡献，找到既创造经济效益又创造社会价值、具有可持续成长能力的投资标的。与传统财务指标不同，ESG从环境、社会以及公司治理的角度去审视公司应对风险、长期发展的能力，是一种新兴的企业评价方式。对企业而言，ESG理念也是一种更加先进、更加合理、更加具有大局观和全面性的公司治理思路。

ESG的第一项因素是环境，它可以评价企业是否关注各类环保议题，并在各运作环节中付诸实行，降低对自然环境的影响，体现了企业的资源利用效率及污染排放水平。环境保护工作覆盖方方面面，如气候变化、温室气体排放、废物及污染、生物多样性等，许多企业并未意识到其自身与环境的紧密联系。从商业角度来看，节省能源与降低经营成本息息相关。因此，企业如果主动制定节能减废目标，并监测环境相关数据，长远而言就能有效避免污染诉讼风险，并能提高资源使用效能。

ESG的第二项因素是社会，该指标与人和社会的权力、福利和利益有关，对公司绩效具有一定的促进和激励作用。在职场中，企业应关心员工安全与健康，确保平等权利及多样性。而更广义来说，企业还应为所在社区带来正面影响。社会因素评分与员工的工作环境挂钩，它更为重要的作用是推动企业主动改善员工待遇，甚或是为社区变得更为友善、安全及可持续发展出一份力。如果一家企业能充考虑到这些社会因素，不仅能建立更具吸引力的公司文化，还有助于降低人才流动率和避免相关的成本浪费，降低企业的运营风险。

ESG的第三项因素是治理，简单来说就是判断企业是否合规、合法、恪守道德地管理业务及进行决策。公司治理有关的因素包括：薪酬体系、董事会组成及政策、商业操守、反贪腐、风险控制、企业信息披露实践等相关问题。这些因素关系着企业的信誉。因此，企业通过建立严谨的风险管理体系，维持良好信誉，则更能获得投资者、客户和供应商的青睐，降低可能的财务风险，助力公司发展。

提倡 ESG 事实上是希望通过市场的手段来解决对经济社会可持续发展带来巨大挑战的外部性问题，引导企业采取相应的可持续战略和规划，在微观层面企业实现利益最大化的同时，在行业和宏观层面上实现国家设定的产业和经济目标。随着全球各地的人们越来越关注社会及环境议题，公众对企业社会责任的期望普遍扩大，加上影响力投资主义逐渐抬头，企业陆续将 ESG 因素纳入风险管理决策。

5.2.3　企业 ESG 风险管理过程

以 ESG 风险为中心，逐渐延伸出企业对气候变化的认知、承诺、行动和披露，这些内容共同组成了 ESG 风险管理流程，如图 5-2 所示。结合 ESG 风险相关研究，我们构建出企业 ESG 风险管理的知识框架，并将其定义为一个组织为应对外部环境变化对其生存和发展产生的负面影响，从而采取包括改变认知、做出承诺、实施行动、进行披露在内的一系列措施。

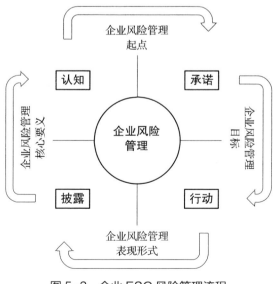

图 5-2　企业 ESG 风险管理流程

企业内部管理者对 ESG 风险的认知是企业 ESG 风险管理的起点（Todaro et al., 2021）。ESG 风险认知是指企业对相关事件的潜在威胁及其对业务运营的相关影响的认识和理解。随着极端天气事件的频繁发生，人们对风险的认知水平有所提高（Goldberg et al., 2020）。企业家们对 ESG 风险的认知在很大程度上反映了他们的个人价值观，往往包含了商业和生态两种动机（Kaesehage et al., 2019; York et al., 2016）。其中，商业动机在于企业家们认为外部环境变化影响到企业的生存和发展，生态动机在于企业家们认为气候变化对生态造成重大威胁，而企业有责任承担起相应的义务。除企业内部对 ESG 风险的认知外，企业所处社会环境也有一套针对气候变化的群体认知，即气候变化社会规范，指一个群体应对外部环境变化的主要行为、态度、信仰和行为准则（Zhang et al., 2023）。

风险承诺彰显了企业在应对 ESG 风险方面的责任和信心，能够促使企业优化 ESG 风险管理。国际知名企业普遍设定气候变化目标，如亚马逊承诺将在 2040 年实现所有业务的碳中和，联合利华承诺到 2039 年实现净零排放。虽然很难准确跟踪全球范围内做出的此类承诺有多少，但截至 2020 年，至少 60 个国家的 1000 多家企业已经做出了某种形式的承诺，以避免外部环境变化的严重影响（Chrobak, 2021）。负责任承诺主要有两种动机，象征性的承诺试图通过修饰性语言来管理外部利益相关者的看法，实质性的承诺则能够切实减少企业对外部环境的影响（Dahlmann et al., 2019）。企业负责任承诺的存在和属性是对企业潜在意图的诊断，绝对目标、更长的时间和更高水平的气候雄心能够降低企业碳足迹，改善环境绩效（Dahlmann et al., 2019）。

负责任行动是一种将 ESG 因素纳入企业决策的做法，是企业 ESG 风险管理的主要表现形式。以气候行动为例，缓解和适应是企业采取的两种关键气候变化应对措施（Pinkse and Kolk, 2012）。缓解行动旨在减少生产活动产生的温室气体排放，以防止进一步的气候变化。被定义为"在自然或人类系统中发生的任何调整，以应对气候变化的实际或预期影响，旨在缓和危害或利用有利机会"（Klein et al., 2005）。企业对气候变化的反应主要集中在缓解举措上，因为大多数努力都是针对减少温室气体，特别是二氧化碳。同时，建立气候变化适应能力也同样重要，适应能力能够使企业有效地面对极端天气事件和气候变化的其他影响。

ESG 风险披露是企业进行 ESG 风险管理的核心要义，有助于帮助利益相关者评估企业应对气候变化的准备情况（Bingler et al.，2021）。收集和披露相关的风险、暴露和机会的全面信息可以引导企业分析内部业务，确定减少温室气体排放的机会，并制定政策（Reid and Toffel，2009）。2017 年，气候相关财务信息披露工作组发布了企业在治理、战略、风险管理以及度量和目标四个方面的披露标准，旨在指导企业在其财务信息披露中填补与气候变化风险和机遇相关的信息。由于其与现有的气候变化披露框架保持了高度一致，获得了全球企业广泛支持。已有文献将企业披露 ESG 风险信息与 TCFD 框架的一致性作为衡量企业披露水平的标准。此外，碳披露项目（CDP）为跨国公司提供了披露气候信息的平台。

5.3 利益相关者与 ESG 赋能

ESG 已经成为许多企业实现长期成功的战略工具，能够帮助企业获得利益相关者的支持，提升资源整合效率，进而实现财务绩效的提高、竞争力塑造以及可持续发展的推进（Alnafrah，2024）。首先，不同于传统的股东价值理念，ESG 可以激活更广泛的社会资源网络，如表 5-1 所示，赢得股东、客户、员工和政府等各方利益相关者的认同和支持（Harjoto and Wang，2020）。这种支持不仅为企业带来更广泛的资源和市场机会，还能够建立稳固的利益相关者关系，为企业长期发展提供支撑（肖小虹等，2024）。其次，通过环保措施和资源节约举措，企业可以降低成本，提高运营效率，从而改善财务绩效（杨睿博等，2023）。此外，良好的治理结构有助于降低公司的风险和资本成本，吸引更多的投资者，提高市场价值（柳学信等，2022）。在塑造竞争力方面，良好的 ESG 记录可以提升企业的品牌认知度和市场竞争力，吸引更多的消费者选择企业的产品和服务（李立卓等，2023）。最后，ESG 为企业未来的可持续发展奠定了基础，减少了资源消耗和污染排放，促进社会的整体可持续发展（赵沁娜等，2024）。同时，社会责任意识的提升有助于企业更好地融入社区，建立积极的企业社会形象，实现与社会各界的良好合作关系（Arendt and Brettel，2012）。综上所述，ESG 实践不仅能够带来财务绩效的提升和竞争力的塑造，还有助于企业的可持续发展，为企业长期成功打下坚实基础。接下来，我们将从企业赋能的视角详细讨论 ESG 的价值创造功能。

表 5-1 企业各利益相关者对企业的影响

企业利益相关者	具体表现
股东	资金投入，参与战略制定与决策
员工	知识、技术流入，发挥人力资本作用
客户	抵制与激励企业行为
政府	法律和政策环境的制定者和监管者
竞争对手	引导行业发展方向，对企业市场份额产生威胁
社区居民	传播良好品牌形象，提高企业知名度
媒体	宣传良好形象，传播负面信息
压力组织	游说、集体行动、向企业施加压力
标准化组织	提供准入门槛

5.3.1 ESG 赋能企业经济效能

ESG 实践不仅仅是社会责任的体现，更是提升企业经济效能的关键。其通过提高企业资源利用效率、降低交易成本、增强市场信心等赋能企业财务绩效提升，如图 5-3 所示。

ESG 实践通过提高资源利用效率推动企业绩效提升（唐凯桃等，2023）。第一，践行 ESG 的企业更加注重环境效益和资源管理，采用清洁生产技术降低企业的能源成本，提高整体资源利用效率（赵沁娜等，2024）。注重 ESG 的

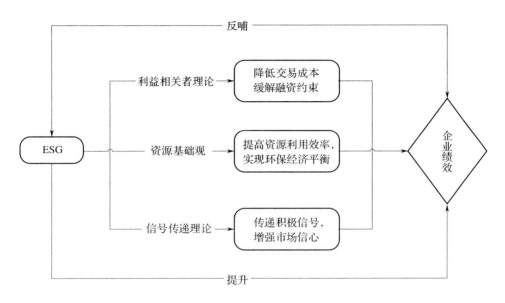

图 5-3　ESG 赋能企业绩效提升的机制过程

企业在生产过程中鼓励循环经济的实践，通过回收和再利用资源，减少对原材料的依赖，实现资源的最大化利用。第二，ESG 实践优化企业资源配置效率，提高企业的全要素生产率（李甜甜等，2023）。通过在战略规划中综合考虑 ESG 因素，企业可以更好地利用人力资源、资本和环境资源，实现全要素生产率的提升。第三，ESG 实践帮助企业实现效益与成本、环保与经济的平衡。ESG 实践通过有效地利用劳动力（阳立高等，2017）、优化供应链管理（何玲等，2023）、降低能源成本（舒邵明，2023）等，实现更多产出与更少资源投入之间的平衡。

例如，宝钢股份因其生产及产品的特性，早期便将绿色发展理念融入产品的研发设计。宝钢股份优良及尖端型绿色产品销量在 2016—2020 年稳步增加，不仅履行了环境责任，而且打造了良好的企业品牌，促进了企业绩效提升，使宝钢股份成为钢铁行业绿色生产的典范企业。宝钢股份十分重视环境保护，2016—2020 年环保投入金额逐年增加，在 2017 年环保金额上涨幅度明显。其中，在环保方面的资本化项目投入由 15.90 亿元增加至 35.30 亿元，展现了宝钢股份的环保理念。在绿色环保产出方面，2016—2020 年宝钢股份废气排放的主要指标二氧化硫排放量持续下降，这得益于其不断进行技术优化。从整体来看，宝钢股份积极履行企业环境责任，加大环保资金投入，不断进行产业结构调整优化，积极研发应用先进技术，推动绿色生态工厂的建立。随着新技术的研发和运用，宝钢股份提高了废气、废水及固废处置能力，减少了企业相关税费支出，对企业财务绩效具有明显的促进作用。

ESG实践通过降低企业的交易成本，赋能企业财务绩效提升（杨睿博等，2023）。一方面，ESG实践可以提高企业的透明度和信任度（Fisk，2021），降低企业与投资者、客户、供应商等交易方之间的谈判成本，并加速交易的达成，从而降低企业的交易成本。另一方面，ESG实践有助于企业与利益相关方建立更加稳固和长期的关系（肖小虹等，2024）。建立稳固的关系可以减少交易的频率和重新谈判的次数，从而降低交易成本，并为未来的合作提供了更加稳定和可靠的基础。交易成本的降低意味着企业可以更有效地开展业务活动，降低了业务运作的成本和风险，从而提高了财务绩效（Cruz et al.，2014）。

ESG实践通过向市场传递积极信号，帮助企业获得投资者信任，赋能其财务绩效提升（Kramer and Pfitzer，2022）。企业可以通过定期发布详细的ESG报告，向投资者传达其可持续经营的承诺（熊芸，2023）。ESG报告的透明度增进了投资者对企业决策和运营的了解（卢小兰等，2023）。此外，ESG评级已成为投资者评估企业可持续性的重要指标。高水平的ESG评级不仅证明企业在ESG方面的表现卓越，还有望吸引更多的ESG投资者，为企业获得更多的资本支持（汤旭东等，2024）。

综合而言，ESG实践在提高资源利用效率、降低交易成本、增强市场信心等方面，为企业绩效的全面提升提供了全方位的支持和指导。通过注重ESG表现，企业不仅在道义上取得了认可，更在经济效益上获得了可持续的发展。这种全面的ESG实践不仅符合企业可持续理念，也使企业更具竞争力，为未来的长期绩效提升奠定了坚实的基础。

5.3.2 ESG 赋能企业竞争力塑造

ESG 通过鼓励技术创新和塑造供应链可持续性，为企业在不断竞争的市场中赋予竞争优势（Hughes et al.，2021）。

ESG 实践赋能企业技术创新能力提升。ESG 实践鼓励企业在绿色技术上进行大量投资，因为采用清洁技术和环保工艺，企业能够实现多重益处，包括降低对有害资源的依赖，减少污染和废弃物的产生，这也符合 ESG 的环境标准（王馨等，2021）。此外，具有良好 ESG 表现的企业通过缓解融资约束而促进企业绿色技术创新（李井林等，2024）。具有良好 ESG 表现的企业有利于获得政府、银行、投资者等利益相关者方的关键性战略资源支持，缓解企业融资约束问题，从而将更多的资金投入面向企业绿色产品与绿色工艺的研发创新过程中，最终促进企业绿色技术研发或者绿色技术采纳，实现企业绿色创新（Wang and Chang，2024）。

例如，南钢股份积极履行环境保护责任，不断投入资金建设，时刻关注重点项目与指标，进行产品绿色升级，积极建立绿色原材料工厂。南钢股份成为行业内首家实施清洁发展机制项目的公司，获得了世界银行（代表意大利碳基金）总计 1135 万美元的碳减排量转让款。公司持续创造绿色低碳产品，将可持续发展理念融入产品研发设计中，不仅很好地履行了环境保护责任，还树立了良好的企业形象。此外，南钢股份注重科学创新，搭建了"2+3+5+N"研发平台，并且拥有有效授权专利 1219 件；不断提高产品质量，进行产品升级，提供智慧优质服务，致力于给客户提供规范化的产品服务，在很大程度上促进了产品销售，对企业竞争力的提升产生了积极作用。

ESG 赋能企业在供应链可持续方面形成竞争优势。ESG 鼓励企业推动供应链的可追溯性，即追踪产品或原材料的来源和生产过程（李国栋等，2024）。这有助于企业确保供应链的透明度，降低潜在的合规和质量风险。同时，可追溯性也为企业在市场上提供有力的卖点，满足消费者对产品质量和可持续的需求。企业通过在供应链中强调社会责任，不仅能够获得合作伙伴的认可，还能在市场上赢得消费者的好感（李立卓等，2023），在竞争激烈的市场中取得竞争优势。

例如，拼多多并不运营自己的物流，而是依靠第三方物流供应商将在平台上购买的货物交付给用户，并推出了电子运单系统，将其与中国所有主要物流服务供应商的管理系统整合在一起。电子运单系统取代了传统的纸质运单，大大降低了人为错误导致错误配送的可能性。拼多多正在将电子运单系统发展成为一个物流技术平台，目的在于提高交付效率，减少碳排放和降低成本。同时，拼多多与物流合作伙伴合作，以采用更加绿色和更加高效的送货路线规划，并致力于绿色包装设计和材料的研发。通过为商户提供绿色包装，消除过度包装而造成的浪费，向商家提供更合适和更环保的包装解决方案。这些ESG表现获得了客户的一致好评，帮助企业提升竞争优势。

总之，ESG实践通过推动技术创新和供应链可持续性，为企业在市场中提升竞争力提供了全面支持。这种综合的ESG战略不仅满足了现代消费者和投资者对社会责任的不断增长的需求，同时也使企业更具创新性和适应性，在市场中取得可持续竞争地位。

5.3.3 ESG赋能企业高质量发展

ESG鼓励企业提高能源效率、采用可再生能源、推动产业链的绿色化，推动企业绿色低碳转型，实现可持续发展（赵沁娜等，2024）。第一，ESG框架鼓励企业采取积极的能源管理策略。企业通过投资于先进技术、智能控制系统以及高效设备，实现在生产过程中能源的更有效利用。第二，ESG倡导企业采用可再生能源，如太阳能和风能，以减少对传统高碳能源的依赖（马从文等，2024）。企业可以通过在自身设施中建设太阳能发电站、购买绿色电力或参与可再生能源项目等方式，实现对清洁能源的过渡。第三，ESG不仅关注企业内部的环保举措，还鼓励企业推动整个产业链的绿色化（朱爱萍等，2024）。这涉及选择环保供应商、优化物流和采购，以确保整个价值链的环保性。

例如，在ESG理念下，广汽集团积极实施绿色低碳转型，形成"领导小组—工作组—专责小组"三级管理机制，主要聚焦于绿色发展、低碳发展、可持续发展三个方向，并从绿色生产、绿色产品、绿色供应链、绿色出行、绿色金融、绿色社区六个重点发展领域综合发力，以实际行动推进节能减排工作，以期实现企业低碳转型。在此目标下投产建设零碳工厂，提高清洁能源使用比例，智能微电网系统的应用，使得2021年光伏系统发电累计节约标准煤5986.31吨，减排二氧化碳15178.48吨；汽车生产配置过程中改善项目的推进，内部环节减少燃油使用量达13.4吨，燃气使用量约31035立方米。在供应方面使用电动车辆，优化取货路线及配载，设立远端区域物流中心，实施货物集拼方式运输以此减少柴油消耗，从而减少二氧化碳排放，达到低碳节能的目的。

对企业而言，虽然ESG行动会带来一定的成本，但从长远视角来看，可以助力实现企业长期可持续发展。整体而言，良好的ESG行动能够使企业清晰认识到自身的情况、面对的气候相关风险与机遇，有利于企业及时调整ESG战略，规避相关风险并抓住发展机遇。具体而言，良好的ESG信息披露能够为企业带来更高的声誉，增加企业的无形价值（徐汉等，2024）。如使企业员工更有归属感，提高其对企业的忠诚度和工作积极性，进而提升整体生产效率；吸引负责任投资者的关注，从而以更低的成本获得融资；受到业界的认可，在维系和开拓客户关系、供应链关系上占据主动地位并获得更多的话语权等。ESG为企业带来的这些无形价值主要来自于利益相关方对ESG信息披露行为的认可，因为企业的ESG信息披露也为利益相关方带来了价值（柳学信等，2021）。

总之，ESG实践对企业的财务绩效、竞争优势和高质量发展产生了深远的影响。首先，通过提高资源利用效率和降低交易成本，ESG实践赋能企业在经营活动中更加高效地利用资源，降低生产和运营成本，提高利润率。同时，通过改善企业的治理结构和信息披露，降低交易中的不确定性和风险，增强市场信心，进而提高企业的市场竞争力。这种经营模式的转变不仅有助于企业在短期内获得更好的财务绩效，也为其长期发展奠定了坚实的基础。其次，

ESG 实践通过鼓励技术创新和塑造供应链可持续性，为企业赋予竞争优势。企业在实践中积极推动绿色创新和采用环保技术，不仅满足市场对可持续产品和解决方案的需求，还提高了产品的附加值和市场竞争力。此外，通过塑造供应链可持续性，企业能够确保原材料的来源和生产环节的环保，从而提高产品的质量和可靠性，赋予企业在市场竞争中的优势地位。最后，ESG 实践通过鼓励企业绿色低碳转型和绿色创新，为企业实现可持续发展目标提供了有力的支持。企业在实践中注重环境保护、社会责任和良好治理，努力向环保、可持续发展方向转型，实现生态环境和经济效益的双赢。

5.4 利益相关者与 ESG 价值共创

与"瓜分蛋糕"的零和博弈思维不同，ESG 为企业提供了一种从根本上改变其运营和价值创造方式的工具，帮助其突破传统的短期利益局限，实现与各类利益相关者的价值共创。ESG 通过强调企业在环境保护、社会责任和治理结构方面的全面透明表现，推动企业与利益相关者如消费者、投资者、政府、供应链伙伴和压力组织等建立更加紧密的合作关系，实现长期可持续发展和价值创造。因此，本部分将从价值共创的视角系统讨论 ESG 的价值创造功能。

5.4.1 ESG 价值共创机制

现实世界中，企业往往专注于短期利益，受"瓜分蛋糕"思维的负面影响甚大，企业、个人和社会陷入零和博弈的陷阱之中。爱德蒙斯（2022）认为"分蛋糕不如做大蛋糕"，价值共创就是做大蛋糕的过程。当企业与利益相关方以绿色发展为导向、共同关注长期绩效以增进社会价值时，往往可以"做大蛋糕"，共同创造更大的社会价值，从而扩充社会资源，实现应对气候变化的目标。本书将共同"做大蛋糕"的过程称为价值共创，即企业与消费者、投资者、政府、压力组织等利益相关方共同创造价值、分享价值的过程和结果。在企业可持续发展的过程中，这些利益相关方通过协作与互动促使价值流动和增值。Freudenreich et al.（2020）提出利益相关者既是共同价值创造过程的接受者，也是价值的共同创造者，任何利益相关者的支持撤回都可能威胁到企业的生存能力。

ESG是企业与利益相关者实现价值共创的核心工具。首先，ESG为企业提供了一个全面、系统的框架，使得企业能够更全面、更透明地展示其在环境、社会和治理方面的绩效和承诺。通过积极履行ESG责任，企业可以吸引更多的投资者、消费者和合作伙伴，形成良性的互动和合作关系。这些利益相关者可以为企业提供资金、市场、技术等方面的支持，共同推动企业的可持续发展。其次，ESG的引入也促进了企业与利益相关者之间的信任建立。通过公开透明地披露ESG信息，企业能够向利益相关者展示其在可持续方面的努力和成果，从而增强利益相关者的信任感。这种信任的建立为企业与利益相关者之间的合作提供了坚实的基础，使得双方能够更加紧密地合作，共同创造价值。最后，ESG还为企业与利益相关者之间的沟通和合作提供了有效的平台。通过定期发布ESG报告、举办ESG主题活动等方式，企业可以与利益相关者分享其在可持续方面的进展和成果，听取利益相关者的意见和建议，共同推动可持续目标的实现。这种互动和合作有助于加强企业与利益相关者之间的联系和合作，共同"做大蛋糕"，实现价值的共同创造和分享。

在ESG理念的驱动下，企业在与利益相关者的互动过程中实现价值共创与共享。鉴于此，我们构建了ESG价值共创机制，如图5-4所示。ESG价值共创机制明确考虑企业和利益相关者之间的双向价值流动，其中，外环解释企业与谁一起创造价值以及为谁创造价值，箭头和内环则解释在每个利益相关者关系中，什么构成价值以及价值是如何创造的。首先，所有利益相关者关系都由共同创造价值驱动，企业与利益相关者合作并构成了企业实现可持续发展的基础。其次，每一种关系及其相关的相互价值交换都有助于促进企业实现整体可持续发展，企业反过来为所有利益相关者创造价值。最后，企业与利益相关者的价值共创和分享解释了企业如何实现可持续发展，从而为企业在商业价值和社会价值之间的平衡与融合提供理论解释。

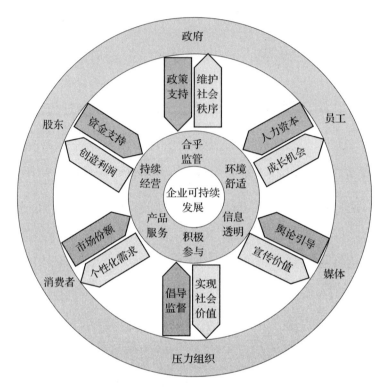

图 5-4　企业与主要利益相关者价值共创机制

ESG 共创价值机制体现在环保、社会责任和良好治理等方面的实践。首先，通过减少环境污染和提高节能效率，企业 ESG 改善可以降低资源浪费和环境成本，从而降低生产成本，提高利润空间，为股东和投资者创造经济价值。其次，ESG 优势企业积极采取环保措施和减少污染排放，有助于降低企业面临的环境风险和法律诉讼风险，进而减少潜在的财务损失，提高企业长期稳定性和可持续性，从而为股东和社会创造价值。再次，通过引入循环经济理念，企业可以将废弃物转化为资源，降低原材料成本，减少废物处置成本，同时为社会和环境创造价值，增强企业的可持续发展能力。最后，ESG 理念的落实可以帮助企业建立良好的企业形象和品牌认知度，提高员工工作积极性和效率，吸引优秀人才，同时获得消费者和投资者的认可，从而为企业创造更多的社会和经济价值。综上，企业可以在经济、社会和环境层面获得长期的可持续发展，并为利益相关方共同创造价值。

考虑到 ESG 的外部性时，我们必须认识到过去由政府监管解决的传统模式已经不再适用。ESG 因素在企业经营中的重要性日益凸显，企业已不再能够将其责任局限于经济利益的最大化，而是需要考虑利益相关者的需求和社会环境对其经营活动所产生的影响。这种转变将企业的边界拉得更宽，思考范围也扩大至社会和环境领域。企业不再是孤立的决策主体，而是需要整合所有利益相关者的意见和利益，以达成更全面、更可持续的决策。这意味着企业需要更加积极地倾听利益相关者的声音，包括员工、消费者、投资者、供应商、社区和政府等，确保他们的利益得到充分考虑。更重要的是，企业现在需要承担更多的内部风险，无论是来自社会舆论的压力，还是来自市场竞争的挑战，都需要企业做出积极的回应并负起责任。让企业承担内部风险，可以促使企业更加注重 ESG 因素，并采取相应的措施来管理和减少这些风险，从而实现企业的可持续发展目标。最后，通过与政府等其他利益相关者的合作，企业可以更好地分担外部性带来的风险，共同推动 ESG 价值观念的传播和实践。政府在制定政策和法规方面发挥着关键作用，而企业应积极响应并配合政府的政策措施，以实现践行 ESG 价值观念。总之，ESG 外部性的转变意味着企业需要更广泛地考虑利益相关者的需求，承担更多的内部风险。并与政府等其他利益相关者合作，共同推动 ESG 价值观念的实践，从而实现可持续发展目标。这一转变将为企业带来更多的机遇，同时也需要企业更加积极地承担责任和风险。这是一个全新的、挑战和机遇并存的时代。

5.4.2　企业与利益相关者价值共创过程

在 ESG 价值理念下，企业与众多利益相关者实现价值共创，这些利益相关者包括但不限于供应链伙伴、消费者、投资者、政府以及压力组织等。通过践行 ESG 责任，企业不仅提升了自身品牌形象和市场竞争力，更与这些利益相关者共享资源、信息，共担风险与机遇，从而实现经济、环境和社会价值的共创共享。

对供应链伙伴而言，企业 ESG 表现有助于维护供应链关系的稳定，从而推动企业价值共创。供应链关系的稳定性表明供应链上的众多供应商以及下游客户在较长时间的往来和沟通过程中，已经成为具备竞争力的合作伙伴，并进一步形成了一种稳定的交易关系。根据资源依赖理论，稀缺资源则是供应商与客户维系合作关系的关键。ESG 表现良好的企业所具备的丰裕信息流、资金流和产品流等资源会吸引其上下游合作者，从而开展更广泛和深入的合作。此外，供应链上企业之间的利益密切相关，某一企业的社会责任丑闻不仅会影响企业自身的社会声誉以及生产经营活动，还会对其上下游企业乃至整个供应链的正常运行造成不利影响，这在很大程度上降低了供应链上各企业间的信任程度，容易造成信任危机，从而影响彼此之间的合作。而 ESG 表现良好的企业会详细披露企业信息，增加企业在环境、社会以及公司治理三个维度的信息透明度，从而为供应链合作者创建信息反馈系统，增加合作伙伴对于彼此的信任程度，以维系长期稳定的合作伙伴关系。

对消费者而言，他们能够为披露 ESG 信息的企业提供市场支持，如提升自身的绿色消费偏好从而扩大绿色消费市场。绿色消费是一种具有生态意识的、高层次的理性消费行为。具有绿色偏好的消费者购买商品或服务时的价值不仅体现在获得感上，还体现在"给予"上，他们希望自己的消费选择能够为社会带来价值。绿色消费者往往具有更强烈的道德伦理观和社会责任感，同时也具有更高水平的消费能力，是企业的优质目标顾客。优质目标顾客对企业的长期选择是保障企业经营和获利的基础。尽管企业的 ESG 信息披露情况并不会被消费者轻易了解，但是在"做大蛋糕"上表现更好的企业往往会脱颖而出走到台前，让消费者看到其可持续发展努力，从而选择他们。在此情况下，利润不再是企业的最终目标，而是创造可持续发展价值的副产品，消费者也拥有了更好的消费体验和产品，从而实现企业与消费者之间的价值共创和分享。

对投资者而言，他们能够为披露 ESG 信息的企业提供财务支持，如进行负责任投资，将 ESG 理念纳入投资决策。负责任的投资者不但关心财务回报，也关心社会回报。Freudenreich et al.（2020）指出公司与其财务利益相关者之间的价值交换体现在公司使用一部分财务利润换取融资解决方案上，这种交换也会涉及非货币方面，如改善投资者投资组合的可持续性和促进企业的可持续发展。一方面，根据信号传递理论，企业ESG信息披露向资本市场投资者传递出价值信息，表明企业在ESG战略方面有所作为，以此区别于其他不作为企业，获得负责任投资者的青睐与资本倾斜。另一方面，进行ESG信息披露的企业更着眼于未来的发展，有能力承担由披露产生的额外成本，有勇气面对评判和质疑，更容易获得长期成功，不仅为投资者创造经济利润，也创造了社会价值。

对产业链发展而言，ESG不仅是企业高质量发展的重要推动力，而且在ESG标准的指引下，积极推动产业链应对绿色化转型的挑战，实现具有正外部效应的产业绿色转型升级。第一，打造绿色创新品牌。从品牌营销的角度而言，中国企业要在全球树立一种人和自然协调发展的整体品牌形象。绿色创新可能是一个非常重要的发展方向，也是国家政策所倡导的。从中国传统的文化价值取向来看，中国人非常重视人与自然和谐共生，而这也是中国式现代化的重要内容之一，因此企业可以从绿色发展方面进行创新，树立全新的品牌形象，不仅为顾客创造价值，还能为社会创造价值。第二，带动产业链的发展优势。以汽车行业的发展为例，新能源汽车的产业链发展优势已经显现，如绿色电池、汽车配件等的生产企业都迅速地成长起来，它们的产品不仅供应中国，而且也供应全球。因此，通过产业链的发展而产生的链主效应，对于经济的带动、对于整个行业的发展优势的创造都是有帮助的。对于一些中小企业而言，在价值链方面的优势虽然有限，但是同样也可以立足于一个小的价值链单位，做到不可替代，发挥"蚂蚁雄兵"的优势实现价值创造。所以，在整个价值链层面，ESG助力各方参与者通过链主效应和"蚂蚁雄兵"优势的发挥，也能够影响到整个绿色价值链或者产业链的发展，从而实现价值的共创共享。

对政府而言，能够为披露ESG信息的企业提供政策支持，如颁布鼓励减排和ESG信息披露的法规，从而为企业提供良好的外部政治环境。随着国际社会尤其是政府间组织对气候问题的关注以及国家和地区气候目标的设定，政府面临着碳减排的多重压力，在政治上表现得更加绿化，即政府政策倾向于打造更优质的生态环境和更可持续发展的商业模式。往往以环境规制为代表，追求有效绿色政策的可用工具，通过直接管制或经济激励纠正企业环境负外部性，为企业的碳减排和绿色发展施加压力。企业 ESG 信息披露作为企业 ESG 战略的重要内容，能够极大地减轻政府气候工作方面的压力，助力其绿色政治目标的实现。根据制度理论，企业披露 ESG 信息得到了政策支持，能够规避来自政府的一些监管危机，从而实现政府政治目标、企业政治支持的双向价值创造。

对压力组织而言，能够为披露 ESG 信息的企业提供合法性支持，向没有行动的企业施加压力。这些压力组织认为企业是投资者、领导者以及其他利益相关方的集合体，能够在气候表现上有所作为，所以他们向企业施加压力，为自然环境发声，以自身努力带动商业环境和实践变革，在商业活动的生态和社会影响方面为价值创造活动做出了贡献（Stubbs and Cocklin，2008）。在压力组织的督促下，企业为获取环境合法性而积极进行自检自查，提升 ESG 信息披露水平，在此过程中往往能够同时优化治理结构、提升绿色发展能力。因此，企业的 ESG 价值共创能够同时获得环保组织、信息披露组织、可持续发展投资组织、绿色金融组织、公司治理优化组织等各类压力组织的认可，从而为企业创造更好的发展环境，获得良好声誉和实现长期目标。同时，企业也能为压力组织创造价值，使其在此过程中实现其追求和使命。

5.5 小结

ESG 不仅为企业自身也为利益相关者创造了价值，反过来，消费者、政府、投资者以及压力组织的行为与决策也为企业的价值创造赋能，企业与利益相关者为彼此创造价值的过程中自然实现气候目标和社会的可持续发展。ESG 实现了企业与利益相关者互动的价值共创与共享机制。在这一价值共创共享机制下，所有利益相关者都参与解决可持续性问题，作为可持续性价值创造过程的一部分，社会各界形成以商业活动为中心的广泛利益共同体，实现企业与利益相关方的利益趋同，以共同"做大蛋糕"，满足人类解决可持续发展问题的需要。这种价值的创造在一定程度上为内化ESG的负外部性提供了新的解决方法，将企业的成本逻辑转化为价值共创逻辑，是一种基于长期主义的、以目标为导向的、使全社会共同受益的价值增值行为。由此，ESG驱动的价值创造过程和结果为企业可持续实践提供了强有力的理论解释。

第 3 篇　实践篇

　　ESG 实践是一项系统性工程，其参与主体包括企业、监管机构、金融机构等各方利益相关群体，其实践范畴涉及监管、企业战略管理、信息披露、评级、投资等多个环节。在各方参与主体的互动过程中，逐渐形成了开放包容、上下联动的 ESG 生态系统。监管机构和标准制定机构为全球 ESG 实践的发展奠定了制度基础，投资者、企业以及评级机构等 ESG 产品或服务提供者的多元互动实现了 ESG 的微观管理实践。其中，企业是 ESG 生态系统中关键的微观主体，ESG 的价值实现最终通过企业来实现。

　　从全球发展角度来看，ESG 作为涵盖环境、社会和治理的价值工具，已成为各国推动可持续发展的重要抓手，各国 ESG 监管和管理实践蓬勃发展。宏观层面，ESG 监管实践经历了从"软法"约束逐渐向"硬法"规定的过渡；微观层面，企业 ESG 战略管理与信息披露、ESG 评级与 ESG 投资等各个环节协同发展。

　　从中国发展角度来看，ESG 核心价值理念与中国传统哲学思想和新发展理念的核心价值观高度契合，成为实现中国式现代化的重要战略工具。但 ESG 在中国兴起的时间较短，特别是当前有影响力的 ESG 标准体系都源于国外，具有中国特色的 ESG 标准体系亟待建立和完善，中国企业 ESG 实践与国际同行标杆企业相比也还有较大的提升空间。建立中国本土的 ESG 生态体系，是使其在中国高质量发展中发挥作用的客观基础。

　　鉴于此，本部分基于 ESG 生态系统视角构建企业可持续实践框架，在此基础上梳理 ESG 实践现状，总结国际实践经验，并基于中国式现代化建设的基本国情构建本土 ESG 生态体系。

第6章
企业可持续实践框架：ESG 生态系统

企业可持续问题源于企业与利益相关者的关系，这就决定了企业可持续发展离不开制度环境、资本市场及其他利益相关群体的支持。因此，要实现企业可持续发展，必须将广泛的利益相关者纳入其价值创造的过程中。经过20年的发展，ESG 逐渐发展成为一个包含企业、投资者、监管机构、第三方服务机构等多元主体的成熟完善、自主运行的生态系统，形成了一套通过市场化方法推动企业践行可持续发展理念的系统方法论。从企业可持续实践现状来看，ESG 生态系统能有效提升企业在投资和经营中的社会责任履行水平，持续改善环境质量，建立健全环境治理体系，从而在更大的范围内实现人与自然和谐共生的目标。鉴于此，我们将从 ESG 生态系统视角认识和理解企业可持续实践框架，并详细揭示各参与主体的功能作用及其实践行为。

6.1 ESG 生态系统界定

ESG 领域正在迅速发展，其生态系统中的主要角色也变得更加清晰，包括企业、投资者、金融机构、监管机构、基础设施（如第三方服务机构和研究机构）及其他利益相关方等主体。在 ESG 生态系统的发展构建中，金融机构和企业是最活跃的主体，也是推动 ESG 发展的核心力量。2004 年《关心者赢》报告的出现就是这些主体共同发起和推动的。后面 ESG 的持续发展则离不开框架或标准制定者、政府或监管机构的发力，他们主要发挥规范和引导作用。ESG 基础设施则是企业积极践行 ESG 的基础，是 ESG 生态系统高效运转的核心。蒂姆·鲍利（Tim Bowley）和詹尼弗·希尔（Jennifer G. Hill）在 2022 年的一篇文章中提出"全球 ESG 管理生态系统"（The Global ESG Stewardship Ecosystem）的概念，并认为 ESG 管理生态系统是由一个全球性的非国家型的活动者网络组成，包括全球活跃的机构投资者、国际机构、非政府组织、投资者网络和代表机构，以及支持机构投资者治理活动的各种服务提供商。尽管 ESG 生态系统由很多参与者组成，但机构投资者是其核心。它们与国际机构进行沟通协调，并遵循相关规范和制定目标；它们组建并运营协调 ESG 管理的国际和地区投资者网络；它们在将 ESG 管理引入它们投资的各个市场方面发挥着关键作用。接下来将按照 ESG 投资涉及的信息流动的核心逻辑来分析 ESG 生态系统的相关主体及功能（Bowley and Hill，2022）。

6.2 生态主体及功能

根据 ERM 在 2020 年 11 月发布的报告，按照 ESG 涉及的可持续信息披露的流程来看，生态参与者主要是企业、投资者（包括资产所有者、资产管理公司、企业/投资银行、投资顾问、投资研究者等），ESG 信息产品或服务提供者（包括指数基准提供机构、数据提供机构、ESG 评级机构），ESG 标准制定或影响者以及监管者（ERM，2020）。如图 6-1 所示，ESG 信息的流动主要涉及三个方面：第一，信息从公司流向 ESG 信息产品或服务提供者；第二，ESG 信息产品或服务提供者如何评价、组装和销售信息；第三，投资者、标准制定机构、监管者等客户如何使用信息。

ESG 信息获取的流程主要如下：①信息的采集，并确认哪些与可持续性相关的风险或绩效信息对相关行业最重要。②收集和评估数据。ESG 信息产品或服务提供者获得的信息主要源自三个方面，包括公司直接公布的数据（或是自愿的，或是强制的）、来自其他来源的非结构化公司数据及第三方提供的

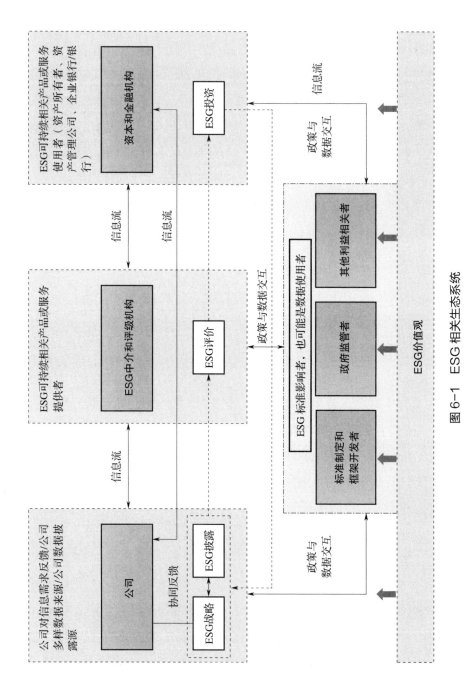

图 6-1 ESG 相关生态系统

公司相关数据。③根据框架或相关标准对数据点进行评分和加权,并计算评分。ESG评级机构依据标准框架进行ESG评分和评级。其中,ESG框架或标准来自于国际组织或政府部门的规范,它们明确ESG披露的基本标准和核心框架。此外,它们根据自己的评级方法论、框架等对目标企业进行ESG评分。接下来,我们将详细介绍ESG生态系统中各主体的功能作用及其具体行为。

6.2.1 企业

企业会公布ESG相关数据,并与ESG产品或服务提供者交流。根据ERM开展的调研,企业平均每年花316天完成自己公司的可持续发展报告和其他信息披露,平均每年花155天回应和管理可持续相关评级,并与ESG评级相关机构进行交流。但是企业大多只关注ESG评级结果本身,通常并不能有效报告ESG实质性议题。目前在ESG评级中,披露较有效的是环境议题,而且一些可测量的数据点还能与ESG评级机构产生较好的互动。但是,在ESG相关治理政策、流程、投资特别是在社会议题(包括利益相关者嵌入、人权、劳工、社区及培训发展等)披露上存在较大的问题。

企业是经济活动的基本单元,是ESG实践的行为主体。企业的态度和行为是推动ESG发展和生态完善的决定性力量。它可以有效弥补国家和政府作用的缺失,推进特定的可持续和ESG议题。如在气候变化中,企业的参与和行动才是气候变化问题解决措施的核心和决定性因素,弥补了政府微观执行力量的缺失。企业的ESG行为主要受到两类因素的影响:其一是市场。企业的行为是市场行为,当市场出现对ESG有利的因素时,企业会自发地拥抱ESG理念、开展ESG行为。在数字经济时代,消费者也更拥抱绿色、低碳观念,因而对ESG表现差的企业的产品或服务也会较为拒绝。为了满足市场需求,企业也会主动开展ESG行为,而且ESG体系为企业兼顾长期发展与利益相关方的需求提供了参考。相关的系列研究也表明,ESG与企业估值、品牌声誉、财务表现和价值管理等都存在积极关系。这些因素都激励企业去拥抱ESG;其二是政策法规。无论是自愿性政策还是强制性政策,都激励企业进行

ESG 行为。如香港的《在 ESG 方面的领导角色和问责性——董事会及董事指南》等都激励企业投入大量精力进行 ESG 管理。

6.2.2 资本、金融机构与投资者

资本、金融机构及投资者在 ESG 生态圈中具有多重角色定位，它们在 ESG 融合、ESG 投资和 ESG 推动中都发挥重要作用。很多时候，它们发挥的作用甚至要强于法规。它们主要通过资本作用来带动和推动其他主体（包括企业、消费者等）开展 ESG 相关实践，让 ESG 真正融入生产和消费环节，进而推进 ESG 生态和整个社会系统的转型。一方面，这些金融机构自身作为企业主体，可以强化自身 ESG 管理；另一方面，因为银行、保险、证券及基金等机构具备资产管理职能和自己独特的职能或业务，它们在这些职能履行中会有不同的 ESG 表现，并带动其他主体进行 ESG 投入。例如，银行在信贷业务中有广泛的 ESG 整合，保险公司主要在产品设计上融入 ESG，证券研究部门则在研究层面推动 ESG 发展。

投资者是 ESG 评级信息的最主要使用者。这一类的市场参与者主要包括资产所有者、资产经理、企业/投资银行、投资顾问、投资研究者等，它们都是 ESG 信息的购买者和使用者。根据 *Rate the Raters 2023* 报告，57% 的公司认为这是它们与 ESG 评级机构接触的首要动机，是 ESG 投资需求，而且绝大多数公司开始要求其投资团队将 ESG 整合进投资决策中。截至 2023 年 11 月底，与 UN PRI 签约的资产所有者有 738 家（中国有 3 家），占比为 14%；资产管理者为 4111 家（中国有 101 家），占比为 77%。根据 Opimas 于 2020 年 3 月发布的报告，"ESG 数据"的最大买家是资产管理公司，占比为 59%，其次是卖方机构，占比为 19%，资产所有者占比为 12%，其他机构包括咨询公司和投资顾问，占比为 6%，公司占比为 4%。资产管理公司在投资决策过程中使用这些数据，包括从投资组合选择、指数构建和风险管理到投票及与公司的互动等过程。卖方机构则可以将 ESG 数据整合进自己的研究，发布 ESG 对财务影响的报告或进行投资建议。而可持续发展或 ESG 咨询公司可用 ESG 数据

来帮助企业衡量同行业绩，了解行业风险和机遇，或更深地与投资者接触。

根据"中金团队"的相关系列研究[一]，银行、保险和证券等机构在ESG实践上都有充分的发展，相关的典型案例包括汇丰银行、安联集团及摩根士丹利等。而根据新兴投资组合基金研究（Emerging Portfolio Fund Research，EPFR）的数据统计，截至2022年8月31日，全球市场ESG投资规模达2.20万亿美元，其中股票资产、债券资产的ESG投资规模分别为1.34万亿美元（占比61.07%）和4709亿美元（占比21.43%）。而全球可持续投资联盟也预测，全球ESG相关资管产品规模至2025年将超50万亿美元，达到全球资产管理规模总量的36%。这些资金通过各环节带动ESG生态系统的发展。这充分说明金融机构在ESG发展中具有重要作用。

6.2.3 ESG标准制定或框架开发者

ESG生态系统是一项系统工程，而ESG标准与框架是其得以正常运转的核心。ESG信息获取的核心体系包括数据获取、指标体系建立、权重设置、评估过程、评级结果五个流程。这个流程的有效运转需要依赖ESG标准制定或框架开发。ESG披露标准是ESG生态系统中最重要的基础设施，它决定了数据类型和获取的方式。标准制定机构是其中的重要参与方。如标准制定机构通过设计披露标准，让企业以规范化、系统化的方式披露ESG信息。ESG信息披露的标准能否规范是ESG评级可比性、参考性和实用性的基础。同时，ESG标准既是评级企业、投资机构ESG表现的基础，也是政府监管的依据。ESG标准制定机构（Standard Setters）或框架开发者（Framework Developer）包括联合国、经合组织、欧盟［通过其欧洲财务报告咨询小组（EFRAG）］和国际标准化组织（International Organization for Standardization，ISO）等政府或官方机构，还包括一些国际的非政府组织，例如ISSB、GRI、可持续会计准则委员会（Sustainability Accounting Standards Board，SASB，已与ISSB合并）、国际综合报告委员会（International Integrated Reporting Council，IIRC，

[一] 2022年中金ESG手册。

已与ISSB合并）、碳披露项目（Carbon Disclosure Project，CDP）、气候变化相关财务信息披露工作组（Task Force on Climate-related Financial Disclosures，TCFD，已与ISSB合并）及气候披露标准委员会（Climate Disclosures Standards Board，CDSB，已与ISSB合并）等。

从目前国际ESG披露标准发展的现状看，经过一系列的整合和合并，目前主要的国际ESG标准只剩下两大有影响力的阵营，即ISSB准则和GRI标准。其中，ISSB准则目前已经合并了包括可持续发展会计准则委员会标准、气候变化相关财务信息披露工作组指南、国际综合报告委员会标准等。GRI标准是全球使用较为广泛的披露框架，在欧洲企业中尤为普遍，而联合国全球契约组织（United Nations Global Compact，UNGC）也是公司披露常依据的框架。SASB标准则在美国企业中较为流行。由金融稳定委员会（FSB）所设立的TCFD指南则在气候相关问题披露上得到世界各国的广泛使用。此外，对ESG标准和框架制定有较大影响力的利益相关者还包括UN PRI、CERES（对环境负责的经济联盟）、WBCSD等。同时，包括ISSB、GRI、SASB、ISO、CDP及TCFD等这些国际影响力较大的标准制定机构也在不断整合和完善（孙忠娟等，2021）。

6.2.4 ESG中介

ESG中介或评价机构，即ESG信息产品或服务提供者，它们旨在帮助企业、投资者和其他利益相关方更好地了解公司的可持续表现，并为它们提供有关公司在ESG领域的风险和机会的信息。按照ERM的观点，ESG中介主要包括三类，即指数基准提供机构、数据提供机构、ESG评级机构。指数基准提供机构负责提供标杆和基准，包括彭博社（Bloomberg）、摩根士丹利资本国际公司（MSCI）、标准普尔（S&P）、富时罗素（FTSE Russell）等。数据提供机构负责提供企业汇报的数据和从公共资源中提取的大量结构化数据，包括彭博社、晨星（Morningstar）、真实成本（Trucost）、碳披露项目、RepRisk等。ESG评级机构负责ESG数据收集和评分，ESG评级机构有多种，可以是商业机构，也可以是非政府机构如环保组织。ESG评级机构也是ESG生态系统中非常重要的参与者。

从全球范围看，从1983年第一家ESG评级机构Vigeo Eiris成立至今，全球的ESG评级机构已超600家（中国仅20家左右），其中，摩根士丹利资本国际公司（即明晟，MSCI）、KLD、彭博社、汤森路透、富时罗素、道琼斯、Sustainalytics、恒生、晨星、碳披露项目等发布的评级指数有较大的国际市场影响力。据世界可持续发展商业理事会（World Business Council for Sustainable Development，WBCSD）报告，这600个评级机构要求提供2000多个单独的ESG指标。欧美在评级体系建设上较早开始而且目前处于引领地位。如MSCI早在1972年开始研究ESG，在1990年开始ESG相关指数的开发；S&P Global的公司可持续评估（CSA）开始于1999年。

近年来，国内机构也在积极发展ESG评级业务，现已有ESG评级机构约20家，大众较为熟知的主要有商道融绿、上海华证、中国证券投资基金协会（即中证）、中国ESG研究院、中央财经大学绿色金融国际研究院、万得（Wind）、嘉实基金、社会价值投资联盟（社投盟）、润灵环球等。社投盟的A股上市公司社会价值评估报告开始于2017年，润灵环球的首版ESG评级框架发布于2019年11月，中债估值中心于2020年10月开始试行中债ESG评级系列产品，中诚信绿金ESG评级发布于2020年11月，中证指数有限公司于2020年4月发布沪深300 ESG指数系列，同年12月发布ESG评级方法。总体上看，我国ESG评级体系的发展比国际知名评级机构晚了至少20年。虽然我国起步较晚，但随着ESG投资理念被广泛接受，ESG评级及相关研究在中国也爆发生命力。如李瑾（2021）利用ESG评级得分发现市场存在ESG风险溢价，高ESG评级公司可以获得ESG额外收益；王思遥和沈沛龙（2023）发现ESG评级能通过提升公司治理水平而显著削弱我国商业银行的系统性风险水平，而且地方性银行的评级带来的削弱性作用更强。这些研究推广了ESG投资理念和实践，进而帮助评级机构针对实践需求完善评价指标体系。目前基于ESG评级研究的金融产品也有很多种，包括ESG指数及衍生投资产品、基金理财类产品等。

评级机构可以提供基础信息和数据服务，相对完整、科学地反映企业ESG情况，及时提供相应参考数据，增加ESG市场有效性。尽管600项评价体系在维度构成上大体相同，但不同国家及不同机构对于个别指标的确认、权重设置、评价方式、报告呈现等方面均有较大的差异。ESG评级是实现可持续的关键维度。我们发现，世界各个地区不同机构的ESG评级和评级体系是"存异"但难"求同"。然而，我们也发现，ESG评级的生态参与者正在形成协同合力，不断推进ESG评级的进化和发展，共同提高ESG评级的客观性和有效性。例如，相关主体对ESG评级的标准框架、内容及数据丰富度等都有极大的完善和提高。

6.2.5 监管机构

考虑到ESG相关议题以及绿色金融体系本身的强外部性与潜在的市场失灵，ESG生态还需要高度重视监管的作用。一方面需要政府部门或国际组织牵头进行引导和监管，明确相关的标准和制度规范，以指导和规范企业ESG实践及信息披露和资本市场ESG投资活动。另一方面，ESG评级体系还需要接受来自政府主导的正式规制和包括社会公众等其他主体主导的非正式规制。除政府对评级活动进行正式的规制和监督外，评级体系还需要调动各类社会组织和公众的积极广泛参与，利用非正式规制填补政府规制难以触及的空白领域（吴晨钰和陈诗一，2022）。

政府等监管者的主要任务是通过政策法规和监督体系来促进ESG发展[1]。它们在生态系统中的地位是举足轻重的，从全球来看，各国政府采用的ESG政策包括以激励为主的软性政策法规和强制性的硬性政策法规。这些政策鼓励企业、金融机构及各ESG基础设施参与者等更积极地参与可持续金融与ESG实践，完善ESG生态系统。根据领先地区ESG的发展实践，各国政府或监管

---

[1] 在中金的研究中，将ESG监管者分为政府、立法机构、货币当局、金融监管部门和行业团体五类。

机构往往较先开展行动（孙忠娟等，2021）。当前各国政府已逐步将 ESG 问题纳入立法和监管范围。政府等机构的监管功能主要有两类，即"约束"和"激励"。相应的工具包括搭建平台、制定行动指南、构建激励机制。平台能提升 ESG 沟通效率，指南和激励机制则能提升企业主动有效的 ESG 行为。这些监管工具对 ESG 被监管者（主要是企业、金融机构和评级机构）产生影响。但是，全球范围内的监管和政策工具并不一致，如欧盟主要通过强制性的 ESG 信息披露法律来促进 ESG 发展，在世界上也处于引领地位；而美国则强调市场行为要求企业遵循诚信原则进行 ESG 活动。因而，政府与监管者在实施强制 ESG 信息披露政策后，需要对政策实施效果进行评估以便后续政策的修改和完善。一些强制性政策还直接涉及对交易市场的约束和规范，如碳排放领域的监测、报告和核查系统（Monitoring, Reporting and Verification System，MRV）的设计。欧盟的碳交易体系（EU ETS）是国际领先的关于监测、报告和核查的碳市场法规体系和相关实施指南，研究发现 EU ETS 激励了其他国家和地区排放交易的发展，且发现大型企业披露碳排放的倾向更明显。

6.2.6 其他主体

ESG 生态的完善还需要其他主体包括非政府组织、研究机构或智库等的共同参与。这些主体通过深入研究，推广和普及 ESG 理论和最佳实践，形成 ESG 的共同话语体系进而完善 ESG 生态。非政府组织起着比较重要的作用，如 2009 年美国洛克菲勒基金会发起成立的全球影响力投资网络（Global Impact Investing Network，GIIN）[一]，对影响力投资者和被投企业施加了更大的压力，让其能"主动"创造"可衡量的"社会和环境影响力，这对 ESG 的推动也极为有利。另外，ESG 主题研究逐渐成为学术科研的热点。一些国际组织、研

[一] 影响力投资被 GIIN 定义为"主动创造积极的、可测量的社会和环境影响力以及财务回报的投资"。ESG 投资与影响力投资的区别在于 ESG 投资仅考虑投资哪些行业会对社会产生正面影响，而影响力投资还会进一步对影响力的大小进行测定。

究机构和智库也在推进 ESG 的研究，包括世界资源研究所（World Resources Institute）、中金公司研究院及首都经济贸易大学 ESG 研究院等，都发布了有影响力的研究成果。例如，2021 年，国际证监会组织（IOSCO）发布的一份针对 ESG 数据和评级机构的调研报告表明，ESG 数据和评级机构在确保服务可靠性和评估方法的透明度，解决利益冲突以及与公司进行沟通等方面还存在可以完善的空间。ESG 评级机构和数据提供商往往倾向于推行针对本行业的行为准则，且监管范围应仅限于评级产品，不应纳入数据产品。目前为止，还没有真正落地实施的监管政策。因而，ESG 数据和评级市场的监管等是未来需要重点关注的方向。相关学术研究还扩展到 ESG 政策影响、政策体系建设、公司治理、国家气候战略、生物多样性、ESG 投资收益及减碳技术创新等领域。这些研究在一定层面上可以帮助各方达成 ESG 共识，并帮助继续完善 ESG 生态体系。

为了更好地构建可持续的 ESG 生态系统，ESG 的生态系统各主体间的合作应该加强。各方要积极践行 ESG 理念，转变价值理念，遵循"协同共生"原则，追求利益相关者价值。以企业为主体，以标准制定和评价机构作为核心助推力量，监管部门出台相关政策，形成制度约束和激励机制，鼓励企业和各利益方去做好 ESG 治理和生态构建。

6.3 小结

ESG 生态系统建设是一项复杂的工程，涉及的环节和主体非常丰富。ESG 系统的生态参与者包括企业、金融机构、ESG 基础设施、监管者及其他利益相关者等。在 ESG 的发展中，金融机构、投资者和企业是最活跃的主体，也是推动 ESG 发展的核心力量。如 2004 年的报告就是以金融机构和企业为主共同发起和推动的。另外，ESG 披露标准和框架制定主体共同努力，积极推动 ESG 披露标准和指导原则的建立与统一，成为支撑 ESG 生态系统建设的关键因素。政府监管者也在 ESG 的发展中起到举足轻重的作用。ESG 的政策发展逐渐从"软法"约束演变为"硬法"规定。这些国际经验为中国ESG生态系统的建设提供了重要借鉴，我们要发挥市场各方合力，构建中国特色ESG生态体系，既与国际接轨，又能兼具中国特色，实现企业可持续发展，将ESG生态系统建设落实为贯彻新发展理念的重要举措。正如2021年3月世界经济论坛与普华永道发布《ESG报告：助力中国腾飞聚势共赢（2021）》，报告指出，商业领袖应超越当前利益相关者的期望或监管要求，带领企业进一步发展和完善中国的ESG生态系统。我们将在本书第9章系统探讨中国ESG生态体系建设问题。

第 7 章
ESG 监管实践

ESG 监管实践的发展历程，经历了从"软法"约束逐渐向"硬法"规定的过渡。ESG 发展早期基本是倡议、协议和框架等有国际影响力和约束力的"软法"，随着压力组织的推动，将 ESG 因素纳入企业战略和运营以及资本市场投资考量已成为全球的共识，产生了许多基于可持续理念的 ESG 披露、评级和投资标准体系。近年来，强制信息披露的相关政策和标准在全球范围内快速发展，各国逐渐对 ESG 相关问题做出了"硬法"规定，以求提高 ESG 信息披露质量，为资本市场提供决策依据，推动 ESG 微观管理实践。ESG 监管制度趋于完善，为 ESG 生态系统的建设和稳定提供了环境保障，同时也为 ESG 管理实践奠定了制度基础，准确把握 ESG 监管实践的发展趋势是我们进行 ESG 管理决策的前提。

7.1 ESG 倡议

目前，全球范围已存在诸多重要的 ESG 倡议。ESG 倡议是指组织为促进可持续发展和社会责任而采取的一系列行动和承诺，旨在引领社会朝着更加可持续和负责任的方向发展。具体而言，环境责任倡议鼓励加强环境污染监测，保护生态系统平衡，包括世界自然基金会（WWF）、联合国环境规划署（UNEP）、联合国气候变化框架公约（UNFCCC）、联合国可持续交易所倡议

（UNSSE）、可持续发展目标（SDGs）等。社会责任倡议鼓励劳工权利保护，包括国际劳工组织（ILO）、全球契约（Global Compact）、《美墨加三国协议》（USMCA）、二十国集团领导人峰会等。治理责任倡议强调企业透明度和社会责任，包括OECD、反商业腐败、UN PRI等（见表7-1）。

表7-1 ESG倡议内容

倡议类别	组织/倡议
环境责任	WWF；UNEP；UNFCCC；UNSSE；SDGs
社会责任	ILO；Global Compact；USMCA；二十国集团领导人峰会
治理责任	OECD；反商业腐败；UN PRI

7.1.1 环境责任倡议

1961年，WWF在瑞士成立，旨在通过组织、宣传和教育等工作，促使有关方面重视自然环境面临的威胁，尽可能取得世界性的精神和物质的支持。WWF成立60余年来，投资超过13000个项目，涉及资金约有100亿美元。项目领域延伸到物种、淡水、森林和海洋生态系统保护，可再生资源持续利用，气候变化与能源等领域。2021年，WWF发起倡议，成立森林先锋项目，旨在通过企业合作推动全球森林的可持续管理和保护。

1972年，UNEP正式成立，作为联合国下属的一个参与全球环境管理的专门机构，与各国政府、民间社会、私营部门和联合国实体合作，应对人类最紧迫的环境挑战——从恢复臭氧层到保护世界海洋，再到促进绿色、包容性经济发展。为保护地球环境和区域性环境，UNEP协调签署了多个有关环境保护的国际公约、宣言、议定书，并积极敦促各国政府对这些宣言和公约的兑现，促进了全球环境保护。2023年11月22日，UNEP发布了一份名为《环境法治：追踪进展和规划未来方向》的报告，向各国政府提出了一系列建议，旨在履行2013年理事会第27/9号决定、2019年联合国环境大会第4/20号决议。

1987年，联合国世界环境与发展委员会发布《布伦特兰报告》，首次提出可持续发展理念，即人类发展需"既能满足我们现今的需求，又不损及后代子孙满足他们需求的能力"。可持续发展自提出以来，迅速成为人类发展的重要指导原则，贯穿于之后联合国发布的《地球宪章》《联合国千年宣言》等纲领性指导文件中。同年，控制消耗臭氧层物质全球排放总量的《蒙特利尔议定书》通过，这是全球国家间第一个具有法律效力的环保条约。

1992年，UNFCCC于里约地球峰会上通过，并于1994年正式生效，旨在稳定全球温室气体浓度，以防止人为干扰对气候系统造成危险。UNFCCC包括年度缔约方大会、执行委员会以及科学和技术咨询机构等机构，负责监督并推进缔约方履行其义务。UNFCCC的工作重点包括促进气候变化科学研究、制定减排目标和措施、推动技术和资金支持、促进适应气候变化等方面。同时，UNFCCC还积极推动各国间的合作与沟通，鼓励全球各方共同努力应对气候变化挑战。此外，UNFCCC还出台了《京都议定书》《巴黎协定》等相关文件。

2009年，UN SSE发起，由联合国贸易和发展会议（UN CTAD）、UNGC、联合国环境署金融倡议组织（UNEPFI）及UN PRI共同负责，旨在增进交易所同业间的交流和相互学习，推广交易所在支持可持续发展方面的最佳实践。该倡议拥有伦敦证券交易所、纳斯达克交易所、德国交易所等多家伙伴交易所，分布在全球六个大洲，具有极高的影响力。

2015年，联合国193个成员国在可持续发展峰会上提出了17个可持续发展目标，旨在以综合方式彻底解决环境、社会和经济三个维度的发展问题，坚定可持续发展道路。其中包括确保健康的生活方式，增进福祉；确保可持续管理和可获得的水资源和卫生设施；确保所有人都能获得可负担的、可靠的、可持续的能源；建设强大、抗灾、可持续的基础设施，促进包容和可持续工业化；使城市和人类居住的社区包容、安全、有弹性和可持续；确保可持续的消费和生产模式；采取紧急行动应对气候变化及其影响；保护和可持续利用海洋和海洋资源以促进可持续发展；保护、恢复和促进可持续利用陆地生态系统，经营森林，应对沙漠化，停止和逆转土地退化，停止生物多样性损失等十项环境责任议题。

7.1.2 社会责任倡议

ILO 于 1919 年创立，1946 年 12 月成为联合国的专门机构，致力于促进国际合作，确保工人得到充分的保护和正当的待遇。作为联合国的第三方机构，ILO 最高权力机构是国际劳工大会，主要任务包括制定劳工标准、政策和提供援助和技术合作。1944 年第 26 届国际劳工大会在美国费城通过了《关于国际劳工组织的目标和宗旨的宣言》，重申了国际劳工组织的基本原则，包括劳动者不是商品等。

1999 年，时任联合国秘书长科菲·安南在达沃斯世界经济论坛年会中首次提出了"全球契约"（Global Compact）的构想，于 2000 年正式启动。该倡议是一项针对人权、劳工、环境和反腐败问题的联合倡议，它呼吁企业将十项基本原则纳入企业战略和业务流程，建立诚信的企业文化，承担应尽的社会责任。UNGC 的十项基本原则中关于社会责任的倡议包括支持和尊重国际人权标准、不参与侵犯人权的行为、支持和保护劳工权利、消除强迫劳动和童工、支持消除歧视的原则等。

2005 年，新西兰、新加坡、智利和文莱发起《跨太平洋伙伴关系协定》（TPP），旨在建立一个更加开放和自由的贸易体系，促进太平洋地区各国之间的经济合作和发展。该协定主要包含贸易自由化、投资保护、知识产权保护、劳工标准和环境保护以及争端解决机制。其中，投资保护包含关于投资保护和投资者对等待遇的规定，以吸引更多的外国直接投资；知识产权保护包涵盖专利、版权、商标等方面；劳工标准和环境保护包含劳工标准和环境保护的规定，要求各成员国遵守国际劳工组织的核心劳工标准，保护环境并采取可持续发展措施。2017 年由于美国宣布退出，导致协定实际上无法生效，剩余成员于 2018 年签署《全面与进步跨太平洋伙伴关系协定》（CPTPP）。

2018 年，美国、加拿大和墨西哥达成 USMCA，于 2020 年 7 月 1 日正式生效，旨在促进美国、加拿大和墨西哥之间更加公平和均衡的贸易关系，同时提高劳工条件、保护知识产权、加强环境保护等方面的合作和规范。该协定推动了更加严格的原产地标准、劳工标准、环境保护标准，并修订了药品的知识产权标准，限制了药品的某些专利保护，进一步丰富和完善了知识产权、劳动等章节的程序性规则。同时，在环境保护方面做出了一些重要规定，包括减少空气和水污染、禁止非法采伐和保护野生动植物等，提高整个北美地区的社会和治理标准。

2019 年，二十国集团领导人第十四次峰会在日本大阪举行，该峰会包含 8 大主题，分别是全球经济、贸易与投资、创新、环境与能源、就业、女性赋权、可持续发展以及全民健康。该峰会强调维护国际贸易体系、推动经济增长和应对全球性挑战的决心，同时也充分说明金融机构在 ESG 发展中具有重要作用。

7.1.3 治理责任倡议

1961 年，OECD 正式成立，旨在共同应对全球化带来的经济、社会和政府治理等方面的挑战，并把握全球化带来的机遇。OECD 目前聚焦于经济政策、教育与技能、环境与可持续发展、税收、贸易与投资、社会发展、数字经济与创新、就业与劳动等 8 个主要领域，积极呼吁和推动企业践行治理责任。此外，1999 年，"全球契约"倡议也明确反对所有形式的腐败，包括敲诈和贿赂，强调通过合作来促进反腐败的目标。

20 世纪 70 年代，为遏制美国企业在海外商业活动中猖獗的贿赂行为，美国颁布了全球第一部惩治境外商业贿赂行为的法律，即《反海外腐败法》，明确规定在商业活动中贿赂外国公职人员的行为属于违法行为。随着经济全球化融合的加深，经合组织于 1997 年通过了《关于反对在国际商务活动中贿赂外国公务人员行为的公约》。2003 年，联合国大会审议通过《联合国反腐败公约》，旨在预防和打击腐败、加强反腐败国际合作。2007 年，世界银行集团对制裁规则进行了改革，形成了以打击腐败和欺诈行为为核心的两级制裁体系。2010 年，英国颁布了《2010 年反贿赂法》，增加了"商业机构未能预防贿赂罪"，并规定企业可以通过采取建立有效的合规管理体系等措施进行抗辩，以减免责任。2011 年，中国通过刑法修正案（八）在《刑法》第一百六十四条中增加了对贿赂外国公职人员或国际公共组织官员的刑责规定。2016年，法国颁布的《萨宾第二法案》明确要求企业建立合规体系，没有建立合规管理体系的企业可能面临刑事责任。同年，ISO发布ISO37001国际标准《反贿赂管理体系要求及使用指南》，为企业建设反贿赂合规体系提供了标准和依据。

2006年，安南牵头发起的UN PRI发布了六项负责任投资原则，旨在促进投资机构在投资决策中考虑非财务性因素。UN PRI的成员包括来自全球各地的投资者、资产所有者和资产管理公司等，共同致力于将可持续投资原则融入其投资实践中，积极推动可持续投资和长期价值创造。此外，UN PRI鼓励成员之间分享最佳实践和经验，以促进ESG在投资行业中发展。UN PRI的六项核心原则包括：在投资组合管理中考虑ESG因素；在股东权益投资中行使股东权利；促进ESG在投资行业中发展；在不同机构之间分享ESG信息和经验；促进ESG在投资决策中的透明度；支持发展ESG相关的报告和信息披露标准。

7.2 ESG标准

ESG国际标准的重要性日渐凸显，国外许多发达经济体的ESG发展已经较为成熟，ESG标准制定相关组织主要包括ISO、GRI、ISSB、ESRS、TCFD等。目前，众多ESG标准逐渐走向统一，投资者、公司和评价机构都将受益于统一的披露标准和框架。接下来，我们将详细介绍主流的ESG标准，并探讨其发展趋势。

7.2.1 主流披露标准

ESG披露标准和框架各有侧重，涵盖的范围和深度也有所不同，但都致力于帮助企业更全面、透明地报告其环境、社会和治理实践。随着ESG的发展和监管要求的加强，这些标准的影响力也在不断扩大，预计未来将继续演进和发展。标准的选择取决于企业的行业特性、战略重点以及投资者和利益相关者的需求，本书接下来则重点介绍 ISO 标准、GRI 标准、ISSB 标准和 ESRS。

1. ISO 标准

ISO 成立于 1947 年，由多个国家标准组织组成。其主要任务是制定国际标准，协调世界范围内的标准化工作，与其他国际性组织合作研究有关标准化问题。ISO 标准由来自工业、技术和商业部门的各国专家制定，他们提出标准的要求并将这些标准付诸使用。ISO 标准代表了国际社会对相关技术现状的共识。ISO 旨在在全世界促进标准化工作的开展，扩大知识、科学、技术和经济方面的合作，为全球挑战提供解决方案。

与 ESG 相关的标准 251 项散落在环境（120 项）、社会（75 项）和治理（56 项）领域，例如 ISO 26000 企业社会责任标准、ISO 14000 环境管理系列标准和 ISO 37000 组织治理指南等。近年来，ISO 加快 ESG 标准制定步伐。ISO 技术管理局于 2021 年 9 月批准成立 ESG 生态系统战略咨询，旨在协调 ISO 各 ESG 相关技术委员会，研究提出 ISO ESG 战略报告和工作建议。此后，2022 年 9 月 ISO 技术管理局批准成立环境、社会和治理协调委员会。该协调委员会由加拿大、英国和巴西共同领导，旨在从整体上推进 ISO ESG 战略实施，以避免当前国际零散混乱的 ESG 格局失序加剧，以及出现"漂绿"等现象。2023 年 3 月，ISO PWI 37010《ESG 披露通用原则》获得立项批准。同年 8 月，深圳技术大学质量和标准学院黄曼雪院长通过表决正式被任命为"ISO TC309 AHG6 ESG 与气候变化"协调工作组的召集人。

ISO 26000 标准是从 2001 年的筹备阶段起历时近 10 年的转化成果，作为社会责任领域的第一个国际标准，于 2010 年 11 月 1 日向世界展现。ISO 26000 标准旨在帮助组织在全球范围推动其社会责任实践，使之对社会和环境产生积极影响，同时提升其整体绩效和效率。ISO 26000 提供了关于社会责任的原则、核心主题和实施指南，适用于不同类型、规模和地理位置的组织，包括公共和私营部门、非政府组织和国际机构。ISO 26000 标准参照和引用了 68 个国际公约、声明和方针，重点描述了人权、劳工实践等核心主题，如图 7–1 所示。ISO 26000 作为国际上关于社会责任的参考标准，有助于在全球范围内

组织治理

人权	劳工实践	环境	公平运行实践	消费者问题	社区参与与发展
承认和尊重人权对于法治以及社会公正和公平的概念是必不可少的	创造就业并支付工资和其他劳动补偿	环境、教育和能力建设促进可持续的社会和可持续发展的生活方式	组织在整个影响范围内发挥领导力并推动更广泛地接受积极实现社会责任的结果	组织向消费者及其他顾客提供产品和服务，就对他们负有责任	组织以令人尊敬的方式进行社区参与并与其机构往来，显示并增强了自身的民主价值观和公民价值观

核心议题

人权：
- a) 尽责审查
- b) 人权风险状况
- c) 避免同谋
- d) 处理申诉
- e) 不可歧视和弱势群体
- f) 公民权利和政治权利
- g) 经济、社会和文化权利
- h) 工作中的基本原则和权力

劳工实践：
- a) 就业和雇佣关系
- b) 工作条件和社会保护
- c) 社会对话
- d) 工作中的健康和安全
- e) 工作场所中人的发展与培训

环境：
- a) 防止污染
- b) 资源可持续利用
- c) 减缓并适应气候变化
- d) 环境保护，生物多样性和自然栖息地恢复

公平运行实践：
- a) 反腐败
- b) 负责任的政治参与
- c) 公平竞争
- d) 在价值链中促进社会责任
- e) 尊重产权

消费者问题：
- a) 公平营销、真实公正的信息和公平的合同实践
- b) 保护消费者健康与安全
- c) 可持续消费
- d) 消费者服务、支持和投诉及争议处理
- e) 消费者信息保护与隐私
- f) 保障享有服务的机会
- g) 教育与意识

社区参与与发展：
- a) 社区参与
- b) 教育和文化
- c) 就业创造和技能开发
- d) 技术开发和获取
- e) 财富与收入创造
- f) 健康
- g) 社会投资

图7-1 ISO 26000 核心主题与议题

推动对社会责任的共识和实践的一致性。值得注意的是，ISO 26000 是一项指导性标准，而不是用于认证的管理体系标准。它并不用于认证过程或监管合规性，而是作为提高组织社会责任绩效的一种指南和工具。

ISO 14000 系列标准是由国际标准化组织第 207 技术委员会（ISO/TC207）组织制定的环境管理体系标准，其标准号从 14001 至 14100，共 100 个标准号，统称为 ISO 14000 系列标准，如表 7-2 所示。ISO/TC207 是国际标准化组织于 1993 年 6 月成立的一个技术委员会，专门负责制定环境管理方面的国际标准。ISO 14000 系列标准旨在帮助组织最小化其运营对环境的负面影响，统一协调世界各国环境管理标准，以及实现持续的环境改进。ISO 14000 已经成为目前世界上最全面和最系统的环境管理国际化标准，并引起世界各国政府、企业界的普遍重视和积极响应。其下涉及许多标准，这些标准针对目前技术上较成熟、应用较广的环境管理技术，在原则、要求、程序、方法等方面作了规定。这些环境管理技术既可以独立应用，也可以在环境管理体系条件下作为辅助工具发挥作用。例如，ISO 14001 环境管理体系要求及使用指南、ISO 14004 环境管理体系通用实施指南、ISO 14031 环境管理环境绩效评价指南、ISO 14020 环境标志和声明通用原则、ISO 14040 生命周期评估原则。

表 7-2　ISO 14000 系列标准号分配

委员会/工作组	名称	标准号
SC1	环境管理体系	14001—14009
SC2	环境审核	14010—14019
SC3	环境标志	14020—14029
SC4	环境行为评价	14030—14039
SC5	生命周期评估	14040—14049
SC6	术语和定义	14050—14059
WG1	产品标准中的环境指标	14060
	备用	14061—14100

国际标准化组织于 2016 年批准成立了国际标准化组织——组织治理技术委员会（ISO/TC 309）。ISO/TC309 成立后，国际标准化组织已批准立项第一个国际标准新项目，即 ISO 37000，该项标准将成为国际标准化组织今后发布组织治理相关系列国际标准的基础性和纲领性的标准。ISO 37000 由来自世界 70 多个国家的专家和广泛组织共同制定，为各种规模、类型的组织提供了一个全球公认的参考。该标准提供了原则和实践的关键方面，旨在指导管理机构和管理小组如何履行其职责，以便于他们所管理的组织能够实现其目的。目前，ISO/TC 309 机构治理委员会已发布的标准包括：ISO 37000 组织治理指南、ISO 37001 反贿赂管理体系要求及使用指南、ISO 37002 举报管理体系指南、ISO 37301 合规管理体系要求及使用指南、ISO 37008 组织内部调查指南。其中，ISO 37000 为组织及其治理机构提供良好治理所需的工具，使组织能够有效地履行职责，同时以合乎道德和负责任的方式行事。ISO 37001 反映国际反贿赂方面的良好实践，其可用于所有司法管辖区，并适用于所有行业的中小型和大型组织，包括公共、私营和非营利部门。ISO 37002 基于信任、公正和保护的原则，在尽早查明和处理不当行为、吸引并留住忠于组织价值观和文化的员工、向利益相关方展示合乎道德的治理实践等方面帮助任何规模或类型的组织，不论是在公营、私营还是非营利机构。ISO 37301 为在组织内建立、开发、实施、评估、维护和改进一个有效且响应迅速的合规管理体系，详细列举要求并提供指导。ISO 37008 秉承独立、机密、专业、客观和合法的原则，制定组织内部调查过程工作手册，反映了组织内部调查的国际最佳实践。

从特点来看，一方面，ISO 标准全面系统，适用于各种类型国家的各类组织。无论是发达国家还是发展中国家，无论是公共的还是私人部门的各种类型的组织，ISO 标准均可以适用，但是不包含履行国家职能、行使立法、执行和司法权力，为实现公共利益而制定公共政策，或代表国家履行国际义务的政府组织。另一方面，ISO 标准拥有众多的标准制定参与者，和多个组织建立合作关系。例如，在工作组的成员分配上，发展中国家和发达国家具有同等地位，工作组的核心成员由发展中国家和发达国家的专家共同组成。

从应用来看，自成立以来，ISO 迅速成长，现有成员覆盖了全球 160 多个国家。中国国家标准化管理委员会（由国家市场监督管理总局管理）于 1978 年加入 ISO，在 2008 年 10 月的第 31 届国际标准化组织大会上，中国正式成为 ISO 的常任理事国。到目前为止，ISO 负责当今世界上多数领域（包括军工、石油、船舶等垄断行业）的标准化活动，通过 2856 个技术结构开展技术活动。

2. GRI 标准

1997 年，GRI 成立，这一非营利性组织由 UNEP 和 CERES 共同发起，秘书处设在荷兰的阿姆斯特丹，其目的是建立一个负责任机制，以确保公司遵守负责任的环境行为原则，并将范围扩大到包括社会、经济和治理问题等领域。GRI 一直致力于为企业、政府和其他机构提供一套可持续发展的全球通用语言——GRI 指南，该指南包括报告原则、关键议题、具体标准以及实施手册等，为编制 ESG 可持续发展报告提供了参照标准。GRI 指南旨在服务并助力于全球范围内商业活动的可持续发展。

自 GRI 在 2000 年发布首份，为企业提供可持续发展报告的第一个全球框架以来，GRI 已经发布了多代报告指南。2021 年 10 月，GRI 发布 GRI 标准 2021，并明确该版本标准于 2023 年 1 月 1 日正式生效。该版本为 GRI 标准自 2016 以来所经历的最大修订，其简体中文版也已于 2022 年 9 月正式发布。GRI 标准 2021 对于披露信息的质量与呈现方式的要求更为严格，确立包括准确性、平衡性、清晰性、可比性、完整性、可持续发展性、时效性、可验证性在内的 8 项基本原则。

GRI 标准分为通用标准、行业标准和议题标准，如图 7-2 所示，所有企业在符合 GRI 标准编制报告时均采用通用标准，依其实质性议题清单使用议题标准。其中，通用标准包括对企业可持续发展管理基本情况的披露，包括治理结构、管理体系、披露实践、利益相关者参与等基本内容。行业标准为企业提供信息以确定所在行业可能的实质性议题。企业应采用适于所在行业的行业标准确定实质性议题，并确定相关信息披露事项。目前已发布的行业标准包括石油和天然气行业、煤炭行业、农业、水产养殖业和渔业行业，其他行业标准正在陆续开发中。议题标准包含一系列披露项，用于报告与特定议题有关影响的信息。企业应使用通用标准的 GRI 3 确定实质性议题清单，并据此采用相关的议题标准。议题专项标准分为 200 系列（经济议题）、300 系列（环境议题）和 400 系列（社会议题），如表 7-3 所示。GRI 根据市场需要和利益相关者反馈，持续在三个系列下研究新议题专项标准。

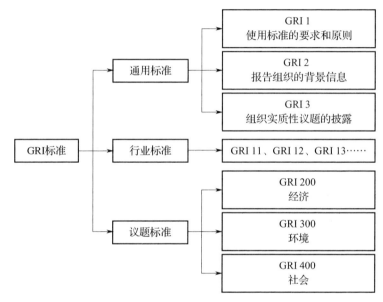

图 7-2 GRI 标准框架结构

表 7-3 GRI 议题标准

经济议题	经济绩效（GRI 201）、市场表现（GRI 202）、间接经济影响（GRI 203）、采购实践（GRI 204）、反腐败（GRI 205）、反竞争行为（GRI 206）、税务（GRI 207）
环境议题	物料（GRI 301）、能源（GRI 302）、水资源和污水（GRI 303）、生物多样性（GRI 304）、排放（GRI 305）、废弃物（GRI 306）、污水和废弃物（GRI 307）、供应商环境评估（GRI 308）
社会议题	雇佣（GRI 401）、劳资关系（GRI 402）、职业健康与安全（GRI 403）、培训与教育（GRI 404）、多元化与平等机会（GRI 405）、反歧视（GRI 406）、结社自由与集体谈判（GRI 407）、童工（GRI 408）、强迫或强制劳动（GRI 409）、安保实践（GRI 410）、原住民权利（GRI 411）、当地社区（GRI 413）、供应商社会评估（GRI 414）、公共政策（GRI 415）、客户健康与安全（GRI 416）、营销与标识（GRI 417）、客户隐私（GRI 418）

GRI 标准经过历代版本的更新，具备全面性、可比性、可持续性等特点。在全面性方面，GRI 标准要求企业在 ESG 信息披露中涵盖各个方面，包括环境维度、社会维度和治理维度。企业需要报告与其业务相关的关键 ESG 指标，如碳排放、员工福利、董事会结构等。在可比性方面，GRI 标准提供了一套统一的指标和报告原则，使得不同企业的 ESG 信息披露变得可比较，可以帮助投资者、利益相关者和其他利益相关方更好地评估企业的 ESG 表现。在可持续性方面，GRI 标准注重可持续性，可以帮助企业更好地管理其在环境、社会和治理方面的影响，促进可持续发展。

从实践来看，GRI 自 1997 年成立以来一直致力于提供一个可持续发展报告框架，以帮助企业、机构更好地理解与沟通关于环境变化、人权、腐败等一系列重要的可持续发展议题的影响，该报告框架已经发展成为全球广泛应用的自愿报告指引。GRI 提供世界上最为广泛使用的可持续发展报告和披露标准，已被 90 多个国家的成千上万家机构应用。联合国可持续证券交易所显示，截止到 2024 年 2 月全球各证券交易所 ESG 信息披露指引中引用的主流标准及占比情况如下：GRI（96%）、SASB（79%）、IRC（76%）、CDP（70%）、TCFD（63%）、CDSB（36%），GRI 标准引用率占据首位。

3. ISSB 标准

ISSB 是国际独立的标准制定机构，由国际 IFRS 发起组建。在 ISSB 成立之前，IFRS 基金会的核心机构为国际会计准则委员会（International Accounting Standards Board，IASB）。IASB 正式成立于 2001 年，在建设初期，IASB 是一个独立的民间组织。为获得国际证监会组织及其他市场监管机构，特别是美国证券交易委员会的认可，IASB 不断完善组织治理架构，并引入了监督及外部参与机制，最终形成了目前 IFRS 基金会的组织形式，IASB 制定了通用的财务准则，为全球很多国家所采纳。建立 ISSB 的行动于 2020 年 10 月启动，国际财务报告准则基金会启动了咨询程序，就全球可持续发展报告准则委员会的潜在组建以及基金会自身的地位寻求意见。在收到对其咨询文件的积极回应后，IFRS 成立了一个技术准备工作组，为拟议的提案做准备工作，并就组建新 ISSB 的战略方向发表了意见，重点关注重要信息投资者、贷方和其他债权人的决策，从气候相关问题开始，延伸到其他 ESG 问题。2021 年 11 月 3 日，在 26 届联合国气候大会上，IFRS 宣布 ISSB 的正式成立，该组织旨在制定一个全面的高质量可持续发展披露标准的全球基准，以满足全球投资者关于气候和其他可持续发展事项的信息需求。ISSB 旨在建立一套可持续发展的非财务准则，与 IASB 的财务会计准则形成 IFRS 的两大支柱，以确保企业可持续发展信息披露的全面性和可比性。

为向全球的投资机构提供全面、完整、一致的财务信息与非财务信息，IFRS 基金会成立 ISSB 技术准备工作小组（TRWG），工作组成员包括 CDSB、IASB、TCFD、价值报告基金会（VRF）和世界经济论坛，以及 IOSCO 作为观察员。2023 年 6 月 26 日，ISSB 按照计划正式发布了首批可持续披露准则《国际财务报告可持续披露准则第 1 号——可持续相关财务信息披露一般要求》（IFRS S1）和《国际财务报告可持续披露准则——第 2 号气候相关披露》（IFRS S2）。IFRS S1 明确适用企业进行可持续披露的概念基础和一般性要求等内容。IFRS S2 作为主题性准则之一，与 IFRS S1 一并使用，规范适用企业如何披露气候变化给企业经营带来的风险和机遇相关的重要信息。ISSB 计划后续发布其他可持续主题性准则。首批两份国际可持续披露准则于 2024 年 1 月 1 日或之后开始的年度报告期间生效。对不同国家或地区的企业而言，具体生效日期取决于该国家或地区对国际可持续披露准则的采纳安排。

ISSB 标准的核心内容紧密围绕治理、战略、风险管理与指标和目标四个方面：①在治理方面，可持续相关财务信息披露的目标是使通用目的财务报告使用者了解主体监督和管理可持续相关风险和机遇时所用的治理流程、控制措施和程序；②在战略方面，可持续相关财务信息披露的目标是使通用目的财务报告使用者了解主体应对可持续相关重大风险和机遇时所制定的战略；③在风险管理方面，可持续相关财务信息披露的目标是使通用目的财务报告使用者了解识别、评估和管理可持续相关风险的一个或多个流程。这些披露应能够让使用者评估这些流程是否被整合到主体的整体风险管理流程中，并评估主体的整体风险状况和风险管理流程；④在指标和目标方面，可持续相关财务信息披露的目标是使通用目的财务报告使用者了解主体如何计量、监督和管理其可持续相关重大风险和机遇。这些披露应使使用者了解主体如何评估其业绩，包括在实现其设定的目标方面取得的进展，如图 7-3 所示。

披露符合以下条件的重要信息：
— 对重大的可持续性相关风险和机遇做出完整和中立的解释；
— 涵盖治理、战略、风险管理、指标和目标；
— 重点关注投资者和债权人的需求，以及企业价值的驱动因素；
— 一致、可比和相互关联的信息；
— 与企业所在领域和行业有关；
— 应按不同的时间范围列示：短期、中期和长期。

披露重要的指标
— 气候相关的准则或未来发布的准则规定的计量要求；
— 其他指引确定的指标；
— 企业采用的其他指标。

披露的重点是对企业运营方式而言至关重要的事项：

IFRS S1 规定了一个框架

治理	战略	风险管理	指标和目标
企业用于监测可持续性相关风险和机遇的流程、控制和程序	与可持续性有关，可以在短期、中期和长期内改进商业模式和战略的事项	如何识别、评估、管理和缓解与可持续性有关的风险	了解企业在可持续发展中面临的风险和机遇

特定要求的其他准则

IFRS S2：气候相关披露　　未来的可持续披露准则

图 7-3　IFRS S1 和 IFRS S2 的信息披露框架

从特点来看，首先，可持续相关财务信息披露是 ISSB 标准的核心，可持续相关是对信息披露内容的范围限定，信息本体性质仍是明确的财务信息，表明 ISSB 标准首要为投资者所用。其次，ISSB 标准强调可持续相关财务信息披露和一般财务信息披露受众的一致性，要求公允反映、实质性、可比信息和报告频率。再次，ISSB 标准广泛整合其他 ESG 标准，这也是其成立的初衷之一，致力于建设国际通用的可持续信息标准。最后，ISSB 背景雄厚。IFRS 基金会是通过合并 CDSB 和价值报告基金会 VRF 成立的 ISSB。CDSB 和 VRF 是历史悠久且受到广泛支持的两大体系。这两个体系合计共有 27 年可持续和气候风险披露领域的积淀，现在加以 IFRS 的支持，新成立的 ISSB 将在高起点上持续为可持续领域的披露标准制定工作。

从实践来看，2023年7月6日，二十国集团G20金融稳定委员会宣布将TCFD的监督职责全部移交给ISSB。同年，国际证监会组织发表声明，表示认可ISSB标准。目前，包括加拿大、澳大利亚、新加坡、中国、日本、印度、巴基斯坦、马来西亚、菲律宾以及南美洲和非洲部分国家，已经宣布将采纳或应用ISSB准则。ISSB北京办公室于2023年中正式落成，将进一步促进ISSB的全球化布局和合作。

4. ESRS

ESRS是EFRAG于2022年1月发布的适用于欧盟企业的可持续发展报告标准，要求政策范围内的企业统一采纳该准则，以提升ESG的工作文件报告的可比性，为利益相关者提供有关公司治理、战略和可持续方法的意见。2023年7月31日，欧盟委员会审批通过了首批ESRS。ESRS作为CSRD的配套准则，对企业的可持续信息披露做出具体规范。

从ESRS的内容看，首批ESRS共包含12份准则，其中包含10项可持续主题标准。此外，《欧洲可持续报告准则——一般要求》（ESRS 1）和《欧洲可持续报告准则——一般披露》（ESRS 2）作为跨领域交叉准则，如同ISSB制定的S1准则一样，明确定义了未来可持续发展报告的基本架构，如表7-4所示。ESRS 1描述ESRS的体系结构，解释起草惯例和基础概念，提出编报可持续发展信息的一般要求，但不涉及具体的披露要求。该标准涵盖报告领域，定义了可持续发展信息的编报和可持续发展说明书的结构，还包括尽职调查义务、价值链和时间规范的规范，并从不同角度阐述双重重要性在可持续发展信息披露中的基础性地位。同时，ESRS 1提出可持续发展报告必须具备的两个基础性信息质量特征分别是相关性和如实反映，可持续发展报告必须具备的提升性信息质量特征包括可比性、可验证性和可理解性。ESRS 2规定了无论重要性评估结果如何都必须报告的一般特征和信息，例如政策、措施和目标。此外，ESRS 2指定了ESRS主题标准的结构和内容。它总共定义了五个披露领域：治理、战略、影响、风险和机遇管理、指标和目标。

两者涵盖所有可持续相关议题，具有普遍适用性，且可与10项聚焦ESG不同的主题标准相关关联，共同指导适用企业进行可持续性信息披露工作，如图7-4所示。

表7-4 ESRS体系与主要内容

准则	类别	主要内容
ESRS 1	通用准则	根据CSRD概念性要求提供通用指南
ESRS 2	通用准则	规定编制基础，基于治理、战略、影响、风险和机遇管理，指标和目标五个领域做出了一般披露要求
ESRS主题	主题准则	在ESRS 2基础上做出额外的治理、战略、影响、风险和机遇管理披露要求，同时提出主题特定的指标和目标披露要求

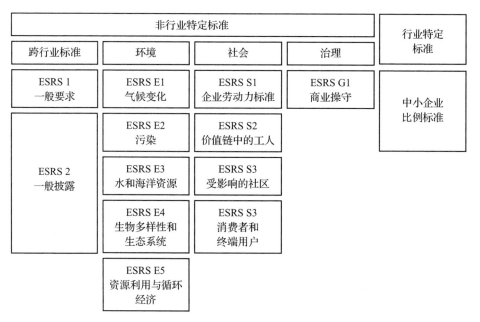

图7-4 ESRS披露框架图

ESRS具备多个特点，首先，ESRS强调求同存异。ESRS在制定之初便十分重视与其他报告之间的互操作性，与GRI、ISSB等机构开展深入交流，希望提供具有可比性的ESG信息。其次，ESRS的双重重要性原则凸显。欧盟委员会在2019年6月发布的《非财务报告指南：气候相关信息报告补充》中正式提出"双重重要性"的概念。在采用双重重要性原则的同时，欧盟委员会还发布了《双重重要性概念指引》文件，为双重重要性的信息判断提供了标准指引。再次，ESRS主题覆盖全面。相较于ISSB的气候主题，ESRS涵盖环境、社会、治理三方面。最后，ESRS的推动力量强大。ESRS由欧盟监管机构推动，其落地性和区域统一性更强。

从实践来看，ESRS从2024年1月1日起适用，并采用分阶段实施的方式。首批适用企业将于2024财年遵循CSRD和ESRS，其他适用企业随后逐年实施。CSRD的适用范围较NFRD更为广泛，涵盖三大类主体：大型企业（不论是否为上市公司），满足三个标准（资产总额超过2000万欧元；净营业额超过4000万欧元；员工人数超过250人）中的两个即视为大型企业；所有在欧盟监管市场上市的企业；在欧盟每年创造超过1.5亿欧元营业额且在欧盟设有年营业收入超过4000万欧元的分支机构或设有大型子公司或上市公司的非欧盟企业。

7.2.2 ESG标准的多样与统一

ESG国际标准的重要性日渐凸显，国外许多发达经济体的ESG发展已经较为成熟，国际ESG标准制定相关组织主要包括ISO、GRI、IIRC、SASB、CDSB、TCFD、ISSB、EFRAG等国际组织及项目。其中历史相对较长，影响力较大的应该是GRI与SASB。依据KPMG 2015年和2017年发布的企业社会责任调查报告，GRI是全球最为广泛使用的披露框架，在欧洲企业中尤其普遍。美国企业较为流行采用SASB标准进行一般性披露，并辅以TCFD标准进行气候相关问题披露。这些标准在指标体系和侧重点等方面各具特点，不同的披露标准导致各国企业ESG披露内容不尽相同，从而影响了企业ESG贡献的衡量与直接比较，如表7-5所示。

表 7-5 ESG 信息披露标准

标准/组织	ISO	GRI	ISSB	ESRS	IIRC	SASB	CDSB	TCFD
成立时间	2010年	1997年	2021年	2023年	2010年	2011年	2010年	2015年
发起组织	ISO	GRI	IFRS	EFRAG	IIRC	SASB	CDSB	TCFD
目标	制定国际标准，协调世界范围内标准化工作，与其他国际性组织合作研究有关标准化问题	编制一套可信并可靠的全球共享的可持续发展报告框架，供任何规模、行业及地区的组织使用	制定一个全面的高质量可持续发展披露标准的全球基准，以满足全球投资者关于气候和其他可持续发展事项的信息需求	提升ESG的工作文件报告的可比性，为利益相关者提供有关公司治理、战略和可持续发展方法的意见	创建可持续性会计框架，通过展示长期和广泛的决策后果来满足长期投资者的信息需求	通过与当前的金融监管体系合作，制定企业可持续性会计准则	旨在帮助企业将可持续发展信息转化为长期价值，并向投资者提供清晰、简洁和一致的信息	要求针对气候变化从治理、策略、风险管理、指标与目标四个方面进行管理和披露，为金融机构和非金融机构制定一套自愿披露建议
核心议题	组织治理、人权、劳工实践、消费者问题和社区参与	经济、环境和社会三大特定议题类别	可持续相关财务信息披露与气候相关披露等方面	既包括战略、治理、影响、风险、机遇，又包括环境、社会和治理方面的议题	包括财务资本、制造资本、人力资本、社会和关系资本和自然资本6大核心因素	环境、社会资本、人力资本、商业模式与创新、领导力与治理	以气候信息披露为主，关注环境和气候变化的信息披露	以气候信息披露为主，关注环境和气候变化的信息披露

与此同时，全球 ESG 投资规模稳步增长，越来越多的企业开始将 ESG 理念考虑进公司战略中。伴随着 ESG 投资的发展，ESG 评价体系也取得了巨大的发展，学术机构、咨询公司、基金公司、评价机构和国际组织等各类主体提出了多达几十种 ESG 评价体系。这些评价体系着力于构建能够反映企业 ESG 表现的标准化指标，从而为 ESG 评价提供一个有序可行的组织化框架。目前主导全球市场的 ESG 评级机构主要有 MSCI、汤森路透、富时罗素、路孚特、标普、Sustainalystics、CDP 等。虽然各 ESG 评价体系在逐步完善标准制定，但到目前为止，全球依然没有统一的 ESG 评价标准和评价方法。各评级机构的评价标准、评价方法难以统一，这就导致对企业的 ESG 评级出现不一致的结果，并误导投资者的决策。

值得庆幸的是，全球各 ESG 标准体系已经出现了整合的趋势，如图 7-5 所示。2020 年 9 月，GRI、SASB、CDP、CDSB 和 IIRC 五个主导机构联合发布了构建统一 ESG 披露标准的计划。几乎同时，世界经济论坛和四大会计师事务所也推出了统一标准。2021 年，SASB 与 IIRC 合并成立了 VRF，该基金会与 CDP 的分支机构 CDSB 在 2022 年 6 月并入 ISSB，通过将 CDP、CDSB、VRF 进行整合，有助于为今后形成全球统一的气候信息披露标准提供帮助。

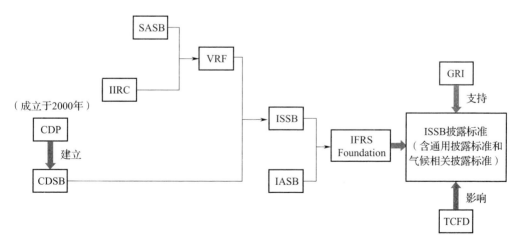

图 7-5　ESG 披露标准融合趋势

7.3　ESG 政策

2004 年全球契约组织的报告明确指出，对于 ESG 的发展，政府监管机构应以可预测和透明的方式制定法律框架，以促进 ESG 广泛应用于分析、资产管理和证券交易领域。相应法律监管框架应要求公司对环境、社会和治理问题进行最低程度的披露和问责。ESG 监管政策主要有两种，一类是自愿性政策，通过号召或激励性手段刺激企业进行 ESG 行动和披露；另一类是强制性政策，设计一些行政法规等要求企业进行 ESG 相关行动和信息披露，如图 7-6 所示。ESG 生态建立首先依赖于自愿性政策的发展。在自愿性政策中，企业与金融机构等组织都是自愿披露 ESG 信息，政府在其中更多扮演的是服务和支持角

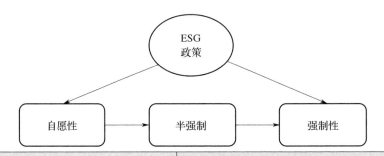

图 7-6　ESG 政策的类型和典型示例

色。ESG 的发展起源于自愿性政策，包括《关心者赢》《责任投资原则》在内的一些倡议、公约和标准框架都是"软"约束，期望和鼓励企业及金融机构积极参与 ESG 相关倡议或标准框架，切实进行 ESG 行动和信息披露。而强制性政策的出现和发展则进一步推动 ESG 合法化发展和完善，并让 ESG 在可持续发展领域取得话语权。

7.3.1 欧盟 ESG 监管政策演进

在 ESG 政策实施方面，欧盟是全球范围内的先行者和领导者。欧盟 ESG 监管政策旨在提高企业治理透明度，实现环境保护、社会公平和经济发展的均衡。

欧盟通过一系列法律法规，规定企业 ESG 披露内容和方式，加强 ESG 监管。2007 年，欧盟通过《股东权指令》，对代理投票等公司治理进行规范。2011 年，欧盟委员会提出必须提高欧盟成员国各行业企业的披露社会与环境信息的透明度并达到一致的高度，同年发布《新版欧洲企业社会责任战略报告 2011—2014》，意在深化原有 CSR 政策，落实《里约宣言》的要求。2014 年，欧盟出台 NFRD，首次将 ESG 三要素列入法规条例后，相关正式立法也进入"快车道"。该指令要求拥有超过 500 名员工的大型"公共利益实体"（即资产负债表总额超过 2000 万欧元或净营业额超过 4000 万欧元）将非财务信息披露作为其年度公共报告义务的一个组成部分。

2016 年，欧盟修订《专业退休服务机构的活动及监管》，要求对外披露 ESG 议题信息。2017 年，欧盟修订《股东权指令》，要求股东参与企业的 ESG 议题。同年发布非约束性文件《非财务报告指南》（*Guidelines on Non-financial Reporting*，GNR）。2018 年 3 月，欧盟制定《可持续金融行动计划》，将 ESG 等可持续因素纳入评级和市场研究，推进 ESG 信息披露和会计准则制定，并呼吁为可持续活动创建分类系统。2018 年 6 月，欧盟委员会设立可持续融资技术专家组（Technical Expert Group on Sustainable Finance，

TEG），旨在为专题提出建议，包括减缓和适应气候变化目标的分类技术筛选标准。同年12月，TEG启动《欧盟分类条例》（*EU Taxonomy*）征求意见，并于2019年6月针对EU Taxonomy在可持续金融领域的应用条款进行了说明。

2019年欧盟颁布《欧洲绿色协议》，确立了2050年实现碳中和的政策目标，要求金融机构说明其投资和信贷对环境可持续发展"不造成重大损害"，从机构层面和产品层面对影响可持续发展的ESG因素提出披露要求，夯实了欧盟绿色金融的发展基础。2020年6月，欧盟正式通过EU Taxonomy，从环境可持续发展的角度，构建了经济活动的分类体系，以确保经济活动对气候和环境产生积极影响，其应用是可持续金融领域最重要的发展过程之一，将对在欧盟及其他地区开展工作的投资者和发行人产生广泛影响。

2021年4月，欧盟委员会提出《企业可持续发展报告指令》（*Corporate Sustainability Reporting Directive*，CSRD）征求意见稿，拟取代NFRD。CSRD要求企业分阶段实施，已经受NFRD约束的大型公共利益实体2024年1月1日（次年提交报告）；目前不受NFRD约束的大型企业2025年1月1日（次年提交报告）；上市中小企业、小型和非复杂信贷机构和专属保险公司2026年1月1日（次年提交报告）；在欧盟净营业额超过1.5亿欧元且在欧盟至少有一家子公司或分支机构的第三国企业2028年（次年提交报告）。CSRD将可持续发展报告提升到与财务报告相同的高度，旨在推动企业ESG信息披露质量的提高以满足ESG投资的需求。2022年1月，欧洲财务报告咨询组下属的欧洲可持续报告准则项目工作组发布了适用于欧盟企业的第一批ESRS的工作文件，要求政策范围内的企业统一采纳该准则，以提升ESG报告的可比性。2022年2月18日，PTF-ESRS发布了ESRS的第二批工作文件，2月25日，EFRAG发布了工作文件《ESRS SEC1行业分类》。2022年5月，EFRAG发布了ESRS征求意见稿。2023年7月31日，欧盟委员会审批通过了首批ESRS。ESRS作为CSRD的配套准则，对企业的可持续信息披露做出具体规范。欧盟ESG监管政策历程具体发展如表7-6所示。

表 7-6 欧盟 ESG 监管政策发展历程

年份	发布者	政策文件	政策内容
2007	欧洲议会和欧盟理事会	《股东权指令》	强调了良好的公司治理与有效的代理投票的重要性，侧重公司治理范畴
2010	欧洲可持续发展论坛	《回应关于金融机构公司治理和薪酬政策的公众咨询》	建议将 ESG 与公司董事会、股东参与、薪酬等联系起来
2014	欧盟委员会	《非财务报告指令》	第一次将 ESG 三个要素统一列入法规条款中的法律文件，规定大型企业（员工人数大于 500 人）对外发布非财务信息披露内容必须覆盖 ESG 相关议题，并明确了环境议题需强制披露的内容，对社会和公司治理的议题则仅提供了参考性的披露范围
2016	全球报告倡议组织和欧洲可持续发展论坛	《关于欧洲委员会对报告非财务信息方法的非约束性准则的联合声明》	支持对 ESG 关键绩效的设定与披露
2016	欧盟委员会	《专业退休服务机构的活动及监管》	要求对外披露 ESG 议题细节，将 ESG 议题纳入风险评估范畴
2017	欧洲议会和欧盟理事会	《股东权指令》（修订）	要求股东参与公司 ESG 议题，实现 ESG 三项议题全覆盖
2019	欧盟委员会	《反思文件：迈向可持续的欧洲 2030》	汇集了社会团体领导者、非政府组织、环境组织、企业组织、欧洲政策制定者等众多利益相关者的参与，并形成战略性共识，提出要从线性经济向循环经济发展转型
2019	欧洲证券和市场管理局	《欧洲证券和市场管理局整合建议的最终报告》	明确界定与 ESG 相关术语的重要性，建议政策制定者进一步完善 ESG 条例法规
2019	欧洲议会和欧盟理事会	《金融服务业可持续性相关披露条例》	对金融服务业产品的具体披露信息进行明确，以解决可持续发展信息披露的不一致性

（续）

年份	发布者	政策文件	政策内容
2020	欧洲证券和市场管理局	《可持续金融策略》	将在其四项活动中整合ESG相关因素的战略，继续呼吁建立对ESG共识以及对ESG议题监管趋同的重要性
2020	欧盟可持续金融技术专家组	《可持续金融分类最终报告》	通过对六项环境目标相关的经济活动设定技术筛选标准，要求资产管理者和金融产品向利益相关方披露ESG相关活动，要求企业对外披露ESG因素遵循特定框架
2020	欧盟委员会	《促进可持续投资的框架》	向欧盟范围内的企业和投资者提供统一的分类系统，为企业和投资者在进行可持续性投资经济活动时提供判断标准
2021	欧洲银行、欧洲证券协会和欧洲证券管理局	《可持续金融披露条例》	涉及主体涵盖所有欧盟金融市场参与者、顾问，以及向欧盟投资者推销产品的外来参与者。本条例要求他们收集并报告指定的ESG数据，包括可持续发展风险如何影响投资者回报的信息，反之亦应披露投资如何对气候变化等可持续性因素产生负面影响
2021	欧洲议会	《气候法案》	要求成员国在2030年前将温室气体排放量在1990年水平的基础上再削减55%
2023	欧盟理事会	碳边境调节机制	非欧盟生产商未来想在欧盟销售商品，必须为二氧化碳排放付费，欧盟将成为世界上第一个征收碳关税的经济体
2023	欧盟委员会	《欧盟ESG信息披露标准》	ESRS作为CSRD的配套准则，对企业的可持续信息披露做出具体规范

总体来看，首先，欧盟委员会非常重视ESG相关的立法工作和政策规划。以标准化推动ESG价值最大化，通过制定法规要求和设立监管机构，努力确保ESG信息的一致性和有效性。其次，欧盟ESG监管政策集众家所长。例如，欧盟在国际组织的基础上制定更加系统化和标准化的可持续发展报告准则。最后，欧盟ESG监管政策日渐严格。一方面，双重重要性凸显，既要求企业由内向外评估企业对环境和人的影响，也要求企业由外向内评估可持续性议题对于企业财务的影响。另一方面，引入鉴证机制，防止企业"漂绿"。目前，欧盟要求企业聘请法定审计师或其他独立机构，对ESG报告进行鉴证并提供有限保证。待ESRS完善后，欧盟将进一步要求第三方机构需要对企业的ESG报告提供合理保证的鉴证。

7.3.2 美国ESG监管政策演进

与欧盟相比，美国的ESG立法进程稍显落后，并且当前美国迎来了日益高涨的反ESG运动浪潮。但不能否认，美国在ESG领域仍然取得了一系列重要的立法成果。进入21世纪后，美国成为全球ESG实践的重要阵地，并发展成为全球ESG投资占比最大的国家之一。

美国ESG监管政策的萌芽可以追溯到20世纪30年代。早在ESG理念还未被提出的1934年，美国证监会（SEC）就通过了《证券法》S-K监管规制（Regulation S-K），其中的第101条、103条、303条规定上市公司需披露环境负债、遵循环境法规所需的成本以及其他非财务信息。此后，美国虽然没有成文的法律对金融产品的ESG披露和投资进行严格的规范，但所有基金都遵循《1940年投资公司法案》规定的一个重要原则，即"基金名称不允许存在欺骗性或误导性"。进一步来说，如果基金名称中包含了"ESG"或同类关键词，那么基金持仓中净资产80%以上的资产应当是满足"ESG"标准的。

近年来，为了规范ESG发展，美国政府和监管机构采取了一系列法规和措施，以推动企业提高透明度、增强投资者的决策能力，并提高公司在可持续发展方面的绩效。2009年10月，美国国家环境保护局发布了《温室气体强制报告规则》。该规则要求大型排放设施必须披露温室气体排放量。2010年2月，SEC发布了《气候变化相关信息披露指南》，要求上市公司从财务角度对环境责任进行量化披露，并公布企业遵守环境法和涉及环保所耗费用。2011年，SASB在美国正式成立，致力于帮助企业进行对其财务产生实质性影响的可持续信息披露，并于2018年11月发布了全球首套针对不同行业的ESG披露标准。在此期间，在联合国2015年提出17项SDGs后，美国随即颁布了基于完整ESG考虑的《解释公告IB2015-01》。此公告向社会大众表明美国政府支持企业进行可持续性发展的立场，鼓励广大投资者和投资机构将ESG因素纳入投资决策分析范围，同时也使得ESG信息披露成为各行业企业吸引投资的重要抓手。

2016年12月，美国劳工部员工福利安全管理局出台了《解释公告IB2016-01》，针对受托者和资产管理者强调ESG考量的受托者责任，要求其在投资政策声明中披露ESG信息。对于企业ESG信息披露制度建立和标准制定的呼声，促使纳斯达克证券交易所在2017年3月发布了《ESG报告指南1.0》，并于2019年5月修订发布《ESG报告指南2.0》。该指南要求所有在纳斯达克上市的公司和证券发行人编制并发布ESG报告，并提供了ESG指标框架。随后，美国众议院金融服务委员会于2021年6月通过了《ESG信息披露简化法案》（*ESG Disclosure Simplification Act*），要求所有上市公司均应定期公开其在环境、社会和公司治理方面表现的具体情况，披露其经营过程中与温室气体排放、化石燃料使用等相关的气候变化风险等信息。

2021年以来，SEC不仅发布了大量关于ESG基金的法案，还通过监管手段对于金融机构、实体企业对市场参与者的"漂绿"行为进行了严厉的处罚。一旦机构或企业在ESG方面存在实际行为与陈述之间严重的偏差，那么SEC都可以援引相关的法律对资管机构和企业进行处罚。2022年3月，SEC在2010年的披露指南的基础上发布了要求更为精细的《加强和规范服务投资者的气候相关披露》《投资顾问和投资公司的环境、社会和治理披露》，旨在为企业提供更全面与更细致的气候信息披露指引。2022年5月，美国证券监管机构准备打击投资产品中夸大的环境、社会和治理资质相关声明,为规模已飙升至近3万亿美元的可持续基金行业制定标准。此后,SEC表示正在制定的规则将明确规定,当投资基金的名称中出现"ESG""可持续"或"低碳"等术语时,应披露投资决策的过程和考量方式。2024年3月6日,SEC宣布采纳通过了长达886页的《面向投资者的气候相关信息披露的提升和标准化最终规则》(简称"最终规则")正式文件,规则制定了美股上市公司气候相关披露的新标准,并为申报人提供明确的报告要求,以满足投资者做出投资决策时需要考虑的有关气候风险的信息,确保投资者能够获取一致、可比较且可靠的气候相关金融影响信息。自新规发布以来,反对声浪居高不下,反对者认为SEC要求企业报告温室气体排放及气候风险信息超越了其权限。SEC目前正在面临多起挑战该法规的诉讼。2024年4月4日,SEC同意暂停这一新规以面对司法审查,同时发布了一份长达三页的命令,表示尽管发布了暂停令,但SEC将继续大力捍卫这些规则。

反ESG的声音不断出现,2022年8月23日佛罗里达(Florida)宣布采取行动,禁止该州养老金的投资经理在进行资产配置决策时考虑ESG因素。截至2023年,美国有37个州提出了165个反ESG的立法提议,但大部分都不了了之。但作为美国经济实力最强的一个州,加利福尼亚州率先推出气候信息披露规则,强有力地推动了美国气候信息披露和ESG监管发展。2023年10月,美国加利福尼亚州州长签署了三项新的气候信息披露法案,包括《参议院第253号法案:气候企业数据责任法案》("SB 253")、《参议院第261号法案:温室气体-气候相关金融风险》("SB 261")和《众议院法案第1305号法案:碳市场自愿披露》("AB 1305")。新法律要求部分在加利福尼亚州开展业务的实体测量并申报温室气体排放量;申报其与气候相关的财务风险、治理、战略、目标和指标;披露与净零排放或碳中和目标相关的公开声明的信息依据。其中,"SB 253"要求在加利福尼亚州开展业务且年收入至少10亿美元的公司报告其供应链和价值链中的气候污染。"SB 261"要求收入超过5亿美元的公司报告其气候相关风险。2024年1月,"AB 1305"生效,它补充了其同日签署的"SB 253"和"SB 261",即加利福尼亚州关于温室气体排放和气候风险披露的气候问责一揽子计划(California Climate Accountability Package,CCAP)。CCAP要求适用法案范围的企业从规定时间起,对范围一、范围二和范围三温室气体排放信息进行披露;从2026年开始,每两年一次向加利福尼亚州空气资源委员会(California Air Resources Board,CARB)提交气候相关财务风险报告。美国ESG监管政策的发展历程如表7-7所示。

表7-7 美国ESG监管政策发展历程

年份	发布者	政策文件	政策内容
2010	美国证券交易委员会	《气候变化相关信息披露的指南》	要求公司从财务角度对环境责任进行量化评估,开启美国上市公司对气候变化等环境披露的新时代
2010	总统签署的联邦法案	《多德-弗兰克华尔街改革和消费者保护法》	要求美国上市公司披露是否使用冲突矿物以及矿产来源
2015	加利福尼亚州参议院	《第185号参议院法案:公共退休制度:动力煤公司的公共剥离》	要求美国两大退休基金停止对煤炭的投资,转向清洁能源过渡,以支持加利福尼亚州经济脱碳
2015	美国劳工部员工福利安全管理局	《解释公告(IB2015-01)》	对ESG作为投资考量因素公开表示支持,鼓励投资决策中考虑ESG整合
2016	美国劳工部员工福利安全管理局	《解释公告(IB2016-01)》	强调了ESG考量的受托者责任,要求其在投资政策声明中披露ESG信息
2017	纳斯达克证券交易所	《ESG报告指南1.0》	为上市公司ESG信息披露提供指引
2017	投资者管理集团	《机构投资者管理框架》	指出有效的公司治理机制对于公司价值创造和降低风险尤为重要,再次强调了公司治理的重要性
2018	美国劳工部员工福利安全管理局	《实操辅助公告No.2018-01》	强调了ESG考量的受托者责任,要求其在投资政策声明中披露ESG信息

（续）

年份	发布者	政策文件	政策内容
2019	纳斯达克证券交易所	《ESG报告指南2.0》	针对所有在纳斯达克上市的公司和证券发行人提供ESG报告编制的详细指引，明确响应了SDGs中性别平等、负责任的消费与生产、气候变化、促进目标实现的伙伴关系等目标内容
2020	金融服务委员会	《2019 ESG信息披露简化法案》	强制要求符合条件的证券发行者在向股东和监管机构提供的书面材料中，明确描述规定的ESG指标相关内容
2021	美国证券交易委员会	《2021年优先审查事项》	重点项目包括扩大对企业绿色永续投资的关注与审查，加强关注气候和ESG相关的投资风险
2021	金融服务委员会	《ESG信息披露简化法案》	要求所有公开交易公司均应定期公开其环境、社会和公司治理表现的具体情况，披露其经营过程中与温室气体排放、化石燃料使用等相关的气候变化风险等相关信息，被视为美国政府建立强制性ESG披露标准的重要一步
2022	美国证券交易委员会	《加强和规范服务投资者的气候相关披露》《投资顾问和投资公司的环境、社会和治理披露》	将ESG披露制度延伸至投资者管理和基金投资领域
2023	美国证券交易委员会	《网络安全风险管理策略、治理及事件披露》	要求公司必须及时披露网络安全事件，以及提供有关风险监督和管理的更详尽信息
2024	美国证券交易委员会	《面向投资者的气候相关信息披露的提升和标准化最终规则》	规则制定了美股上市公司气候相关披露的新标准，并为申报人提供明确的报告要求，以满足投资者做出投资决策时需要考虑的有关气候风险的信息，确保投资者能够获取一致、可比较且可靠的气候相关金融影响信息

总体而言，美国 ESG 立法监管趋势呈现出以下特征。第一，美国以市场主导和企业自治为主要立法模式，以"软法"治理为主，联邦政府与州政府之间对于 ESG 立法的态度不统一，呈现出支持或反对 ESG 立法的二元对立态势。第二，ESG 监管机构以 SEC 为主，监管对象以证券公司和上市公司为主，信息披露方式由鼓励披露逐步过渡为强制披露，且信息披露范围已逐步延伸至投资者管理和基金投资领域。第三，ESG 信息披露范围涵盖环境议题的与气候和环境相关的金融风险，社会议题的养老金投资，治理议题的财务透明度和董事多样性等。此外，尽管反 ESG 运动频发，但联邦政府和大部分的州政府仍倾向于推动有关环境、工作场所安全以及职场歧视和骚扰、最低工资、环境污染和劳动保护等 ESG 相关领域的立法进程，积极倡导绿色金融和零碳政策，并将 ESG 理念嵌入公共部门和私营机构的投资决策，严格落实相关市场主体的信息披露义务，不断建立健全自身的 ESG 规则体系。

7.3.3　中国 ESG 监管政策演进

中国作为全球最大的发展中国家之一，已经逐渐意识到 ESG 问题的重要性，并在推动可持续发展方面采取了一系列政策措施。作为重要监管措施，ESG 信息披露政策要求企业主动披露与 ESG 相关的信息，以促进企业的社会责任和可持续发展。

政府部门和交易所等监管机构上下联动，共同致力于推动 ESG 信息披露的政策引导、法令法规制定和实施，以促进 ESG 实践发展，是中国 ESG 政策体系的重要特征。以面向上市公司的 ESG 监管政策为例，企业环境信息披露问题最早由原国家环保总局在《关于企业环境信息公开的公告》提出。之后，作为上市公司信息披露工作的监管部门，证监会根据我国国情和市场发展阶段，不断推进和完善上市公司 ESG 信息披露制度，从而规范上市公司运作。此外，中国证券交易所作为负责运营和监管中国的股票市场的机构，在 ESG 信息披露方面也发挥着重要作用。各证券交易所出台更为细化的 ESG 信息披露指引要求，要求上市公司在年度报告中披露环境信息、社会责任信息和治理信息，并进行自查报告。

首都经济贸易大学中国ESG研究院院长柳学信教授指出："中国ESG发展已经驶入快车道，政府监管部门、企业及投资机构等都高度关注ESG、主动践行ESG"㊀。2024年2月28日上海发布《加快提升本市涉外企业环境、社会和治理（ESG）能力三年行动方案（2024—2026年）》。2024年3月15日北京市发布《北京市促进环境社会治理（ESG）体系高质量发展实施方案（征求意见稿）》。2024年3月19日苏州工业园发布《苏州工业园区ESG产业发展行动计划》《苏州工业园区关于推进ESG发展的若干措施》两份政策文件。2024年4月12日中国证监会统一部署，上海、深圳、北京交易所同步发布可持续发展报告指引。2024年4月18日国家标准化管理委员会批准环境社会治理（ESG）标准化项目研究组成立。2024年5月27日财政部发布《企业可持续披露准则—基本准则（征求意见稿）》，该准则预计将在2027年正式实施，随后将推出企业可持续披露基本准则和气候相关披露准则等。中国ESG监管政策的具体实践如表7-8所示。

表7-8 中国ESG监管政策发展脉络

年份	发布机构	政策	内容
2018	证监会	《上市公司治理准则》修订版	强调利益相关者合法权利保护、环境保护和社会责任、推动企业可持续健康发展
2019	银保监会	《中国银保监会关于推动银行业和保险业高质量发展的指导意见》	将环境、社会、治理要求纳入授信全流程，强化环境、社会、治理信息披露和与利益相关者的交流互动
2020	香港金融管理局	《绿色及可持续银行业的共同评估框架》《绿色及可持续银行业白皮书》	为衡量银行业及相关机构在气候和环境相关风险方面的应对能力提供了标准，还讨论了气候为银行业带来的机遇及风险，以及金融管理局对此的应对措施

㊀ 来源于华夏时报专访报道，详见 https://www.chinatimes.net.cn/article/136684.html。

（续）

年份	发布机构	政策	内容
2021	证监会	《上市公司投资者关系管理指引（征求意见稿）》	要求上市公司主动向投资者沟通企业ESG有关信息
2021	生态环境部	《企业环境信息依法披露管理办法（草案）》	要建立信息披露内容动态调整机制，强化对企业环境信息披露监督机制
2021	生态环境部	《企业环境信息依法披露管理办法》	明确企业是环境信息依法披露的主体，企业披露环境信息所使用的相关数据及表述应当符合环境监测、环境统计等方面的标准和技术规范要求，优先使用符合国家监测规范的污染物监测数据、排污许可证执行报告等
2022	深交所	《深圳证券交易所上市公司自律监管指引第1号——主板上市公司规范运作》	要求"深证100"样本公司披露公司履行社会责任的报告，并鼓励其他有条件的上市公司积极履行披露义务。其中还明确要求上市公司应当根据自身生产经营特点、对环境的影响程度等情况，履行环境保护责任，并要求公司在社会责任报告中或单独披露相关的环境信息
2022	国资委	《提高央企控股上市公司质量工作方案》	明确要求中央企业集团要进一步完善ESG工作机制，立足国有企业实际参与制定本土化的ESG信息披露规则、ESG绩效评价方法等，力争到2023年实现央企控股上市公司ESG报告披露的"全覆盖"
2022	发改委	《国家发展改革委关于进一步完善政策环境加大力度支持民间投资发展的意见》	明确引导民间投资更加注重环境影响优化、社会责任担当和治理机制完善，提升投资质量，积极探索开展投资项目的ESG评价工作
2023	深交所	《深圳证券交易所上市公司自律监管指引第3号——行业信息披露》《深圳证券交易所上市公司自律监管指引第4号——创业板行业信息披露（2023年修订）》	助力上市公司高质量发展，进一步提升行业信息披露的针对性、有效性，明确强化了对上市公司的ESG信息披露需求

（续）

年份	发布机构	政策	内容
2023	证监会	《上市公司独立董事管理办法》	推动形成更加科学的独立董事制度体系，促进独立董事发挥应有作用，助力提升公司治理水平
2023	国资委办公厅	《央企控股上市公司 ESG 专项报告编制研究》	包含《央企控股上市公司 ESG 专项报告参考指标体系》和《央企控股上市公司 ESG 专项报告参考模板》，推动加快建立统一的 ESG 信息披露标准，助力构建中国特色 ESG 体系
2024	上海证券交易所	《上海证券交易所上市公司自律监管指引第 14 号——可持续发展报告（试行）》《深圳证券交易所上市公司自律监管指引第 17 号——可持续发展报告（试行）》《北京证券交易所上市公司持续监管指引第 11 号——可持续发展报告（试行）》	要求上证 180 指数、科创 50 指数、深证 100 指数、创业板指数样本公司及境内外同时上市的公司应当最晚在 2026 年首次披露 2025 年度可持续发展报告，鼓励其他上市公司自愿披露
2024	财政部	《企业可持续披露准则—基本准则（征求意见稿）》	共六章 33 条，涵盖了总则、披露目标与原则、信息质量要求、披露要素、其他披露要求以及附则等内容

总体而言，针对不同实践主体，中国 ESG 监管政策强度也不尽相同。强制性监管政策主要面向上市公司和部分特定行业企业，通过行政法规，强制要求重点排污企业、实施强制性清洁生产审核的企业、因生态环境违法行为被追究刑事责任或者受到重大行政处罚的上市公司、发债企业披露符合最低标准的 ESG 相关信息。面向其他主体的激励性政策主要通过绿色投资等市场化手段激励企业披露 ESG 信息。此外，当前中国 ESG 实践尚未形成成熟的、明确的、系统的披露框架和披露标准，由于信息披露标准不统一、披露定量数据少等问题，难以满足实际使用需要，ESG 标准的建立与统一，需要顶层政策支持。

7.3.4 其他国家 ESG 监管政策

在过去几十年中,很多国家包括奥地利、比利时、法国、德国、意大利、荷兰、瑞典等,对相关信息特别是养老金基金披露中的 ESG 整合进行了监管。PRI 与负责任投资政策相关的法规数据库整理了整个 ESG 生态系统的国家级法规,结果表明,全球 2020 年新制定或修改的负责任投资政策工具超过 120 项,较 2019 年增长了 30% 以上。

英国是较早对 ESG 做出反应的国家,其劳动与养老金部于 2005 年开始从环境、社会、道德的考量中制定 ESG 政策框架,但当时尚未纳入治理的因素。2006 年修订的英国《公司法》中,明确董事在环境与社会影响方面的公司治理职责,并要求中大型公司发布包括 ESG 信息在内的年度战略报告。2010 年,英国财务报告委员会（Financial Reporting Council,FRC）专门针对 ESG 发布《尽职管理守则》,要求机构投资者参与被投资公司的 ESG 事项,形成了对完整 ESG 要素的要求。该《尽责管理守则》实施"不遵守就解释",要求资产所有者和资产管理者考虑被投资公司的环境、社会和公司治理表现,并采取监管手段,属于半强制化政策实践。伦敦证券交易所自 2016 年起连续三年发布的《ESG 报告指南》,旨在为各类主体规范 ESG 信息披露,并提供易量化、高质量和公开透明的信息。目前英国已退出欧盟,欧盟 NFRD、SFDR 等法律对英国不再适用。英国金融行为监管局（Financial Conduct Authority,FCA）制定了本国的可持续性金融披露框架,与欧盟的框架大体保持一致。2021 年 12 月,FCA 发布了气候相关信息的最终披露规则和指南。2022 年 2 月 21 日,英国商务、能源和工业战略部发布与气候相关财务信息的强制性披露指引,指导纳入报告范围的公司和有限责任合伙企业,按照将于 2022 年 4 月 6 日生效的公司战略报告《2022 年公司（气候相关财务披露）条例》和《2022 年有限责任合伙公司（气候相关财务披露）条例》的要求披露气候相关财务信息。此外,英国为成为全球首个强制实施 TCFD 披露要求的国家,FCA 关于强制 TCFD 披露的提案于 2022 年成为法律,并自 2022 年 4 月 6 日会计期起生效。2023 年 11 月,FCA 推出新版《可持续发展披露要求和投资标签》,其中的反

"漂绿"规则也将于 2024 年 5 月底开始生效。FCA 将推出 4 个具有可持续发展目标的投资标签,分别代表不同的可持续发展目标和投资方式。同时,在投资规则上要求至少 70% 的产品资产必须根据其可持续性目标进行投资,公司还必须披露产品中持有其他任何资产的原因。

日本相关政策法规起步晚于欧洲,但发展较快。2014 年日本金融厅首次发布《日本尽职管理守则》,努力扩大 ESG 政策法规的适用范围和完善度,该守则的适用对象从 2014 年的日本上市公司资产管理者扩大到 2020 年所有符合该守则对"尽职管理"定义的资产类别。《日本公司治理守则》(2021 年版)鼓励在东证综指市场上市的公司根据 TCFD 建议或同等框架披露气候相关风险。自 2015 年 6 月起,由金融厅与东京证券交易所联合制定的《公司治理准则》(Corporate Governance Code,CG)开始在日本上市公司实施。CG 准则列出了一个高效的治理架构应遵循的主要原则。CG 准则要求上市企业说明其在落实这些原则方面所采取的措施,其中包括妥善应对可持续发展问题、披露其在可持续发展方面的举措(尤其是在"主要市场"上市的公司),以及根据气候相关财务披露工作组或其他同等框架进行信息披露。2020 年,日本交易所集团发布《ESG 披露实用手册》,汇总了全球上市公司在开展 ESG 活动和信息披露方面面临的问题,并将 ESG 披露分为 4 个步骤,帮助上市公司根据当前的情况参考手册的指引完成 ESG 信息的披露。日本金融服务局(FSA)于 2021 年 9 月宣布,正在考虑于 2022 年引入强制性的气候披露规定。2021 年 5 月 26 日,日本国会参议院正式通过修订后的《全球变暖对策推进法》,以立法的形式明确了日本政府提出的到 2050 年实现碳中和的目标。《全球变暖对策推进法》于 2022 年 4 月施行,这是日本首次将温室气体减排目标写进法律。2023 年 1 月 31 日出台的《内阁办公室关于公司事务披露的法令》规定,从当年起被要求提交证券登记表或年度证券报告的企业同时也必须披露有关人力资本和多样性的信息,包括性别工资差距、担任管理职务的女性比例和休育儿假的男性比例。

新加坡早在 2001 年就发布重要的治理制度文件《公司治理守则》,并于

2005 年、2012 年及 2018 年进行了修订，特别是在 2012 年要求公司董事会增加在公司战略中整合 ESG 的因素，2018 年则提升了对上市公司独立性、多样性及利益相关方参与的要求。值得注意的是，2014 年，新交所宣布将逐步把上市公司发布可持续报告从"自愿性"转变为"强制性"。新加坡金融管理局（Monetary Authority of Singapore，MAS）于 2021 年 11 月发起设立了"绿色足迹项目"，跟踪、记录企业经营中与绿色相关的轨迹，将企业的自主披露、基础设施以及其他数据提供商的 ESG 数据融入整个 ESG 生态，再通过 ESG 认证机构来保证多来源 ESG 数据的一致性、完整性，帮助企业标准化 ESG 信息的披露流程、降低披露成本并且为利益相关方获取上市公司的 ESG 信息提供便利。2022 年 7 月，MAS 发布了一份题为《零售 ESG 基金披露和报告准则》的公告。公告规定，自 2023 年 1 月起，对于带有 ESG 标签的零售基金，基金经理必须披露投资项目的 ESG 重点及相关标准、方法或指标，以及可持续投资策略。同时，自 2022 年起，新加坡交易所根据 TCFD 的建议，要求所有发行人在其可持续发展报告中纳入气候相关报告。2023 年，这一强制性报告制度延伸到金融业、农业、食品和林产品业以及能源业；2024 年，扩展到材料与建筑以及运输行业。2023 年，MAS 发布《ESG 评级和数据产品提供商行为准则》和随附清单，旨在提高 ESG 评级和数据的透明度、可比性和可靠性。2024 年，新加坡对上市公司和大型非上市公司实施强制性的 ESG 气候相关报告要求，其中一些公司有义务从 2025 年开始按照国际财务报告准则的 ISSB 的标准进行披露。随后，新加坡会计和企业监管局联合新加坡交易所监管局发布了新的强制性报告要求的细节。每个类别的具体义务也将随着时间的推移而逐步实施，要求上市公司在第一年报告范围 1 和范围 2 的排放量，以及在开始报告两年后获得范围 1 和范围 2 温室气体排放的外部有限保证。

澳大利亚注重从多方面完善本国的 ESG 政策法规。近十年来，澳大利亚出台的 ESG 政策法规适用范围广、条例要求详细具体，突出了商业道德、环境、社会三项 ESG 核心要素。ESG 政策法规约束主体涵盖多个主要资本市场参与者，包括资产管理者、金融产品发行人、公司、退休基金管理者等。早在 2001 年，澳大利亚就在《公司法》第 1013DA 条中提及了环境、社会、道德因素，要求企业在产品披露声明中陈述在其选择、保留或实现投资时是否考量了劳工标准、环境、社会或道德因素。该法案虽未对 ESG 做出完整而明确的约束，但对于市场相关利益主体的 ESG 实践已经有所说明和要求。2011 年 6 月颁布的《澳大利亚公司 ESG 报告指南》为所有公司披露 ESG 信息提供具体指导，该指南从如何确定披露议题的实质性、ESG 报告可遵循的框架、如何识别 ESG 议题等方面为公司提供信息披露指引。此外，还对环境、社会、公司治理三个方面均提供了可参考的重要报告主题。2011 年 10 月和 11 月，澳大利亚证券投资委员会先后发布了《披露：产品披露声明（及其他披露义务）》和《监管指南 65：第 1013DA 条披露指南》。这两项指南作为政策指引型文件，帮助澳大利亚金融活动参与者更好地根据《2001 年公司法》的要求提供产品披露声明，履行第 1013DA 条所约定的义务。2013 年 3 月，澳大利亚金融服务委员会（FSC）颁布《FSC 标准第 20 号：退休金政策》，要求具有金融服务许可的持牌人对其管理的养老基金制定 ESG 风险管理政策，并自 2014 年 7 月 1 日起强制要求相关持牌人对外披露风险管理细节。2019 年 5 月，澳大利亚退休金投资者理事会（ACSI）颁布《走向更强的投资尽职管理》，建议审慎监管局（APRA）修订相关标准和指南，进一步突出 ESG 议题在制定投资策略中的重要性，提升市场对可持续发展议题和 ESG 的关注度。该文件也特别要求养老金受托管理委员会获得关于 ESG 的资格和能力。2023 年，澳大利亚证券投资委员会（ASIC）对美世养老金（Mercer Superannuation）采取了法律行动，指控其进行"漂绿"，这为澳大利亚金融业起诉"漂绿"行为开创了先例。其中，美世养老金被指控对其养老金投资选择的可持续性做出误导性陈述，美世养老金预计将支付 1130 万美元的罚款并披露其不法行为。2024 年，澳大利亚会计准则委员会（AASB）迈出重要的一步，发布了基于 ISSB 准则的可持续报告标准（ASRS），旨在建立全球通用的可持续披露框架。

7.4 小结

ESG 监管政策的发展特点是从"软法"约束到"硬法"规定。ESG 发展早期基本是一些倡议、公约或准则要求，如 UN PRI 及 UNSSE 等有影响力和约束力的"软"协议和框架。随后，压力组织通过向企业提供合法性支持和施加压力，推动 ESG 信息披露标准发展。将 ESG 因素纳入投资考量已成为资本市场各方的共识，产生了许多基于可持续发展理念的披露标准，例如 ISO、GRI、ISSB、ESRS。目前，强制信息披露的相关政策和标准在全球范围内快速发展，各国逐渐对 ESG 相关问题做出了硬性规定。越来越多的国家通过采纳"软法"实践，制定正式法律规则等"硬法"来要求提高企业 ESG 信息披露的质量和公司治理水平等 ESG 议题，满足社会期待和促进 ESG 实践和可持续发展，让资本市场可持续发展有据可依。在 ESG 发展过程中，政府及其他监管机构往往将 ESG 信息披露标准和监管作为"强制性"切入点，推动并规范企业与金融机构等组织的 ESG 生态实践。如果国家强制要求企业披露 ESG 信息，则会帮助改善企业的可持续表现。

整体上看，ESG 政策对相关实践和生态体系的发展起到了积极作用。但还有一些负面现象值得关注，如 2022 年 8 月美国佛罗里达州政府禁止受托管理该州政府基金的资产管理机构在投资决策时考虑 ESG 因素。这充分说明了不同主体对 ESG 的价值判断和利益取向还存在不一致，即便在政府层面也是如此。因而，未来还是要下足功夫在 ESG 认知上达成共识，并总结和分析在不同行业、不同地区及不同生命周期阶段应采取何种 ESG 政策，通过适当政策机制推进 ESG 生态构建并降低与此相关的经济社会风险和成本。

第 8 章
ESG 管理实践

ESG 管理实践主要包括 ESG 战略管理、ESG 评级和 ESG 投资等，三者之间互动协同，构成了企业可持续发展实践的核心内容。具体而言，ESG 战略管理是指在企业经营管理中融入 ESG 理念，将环境、社会、治理因素纳入企业决策和运营过程，提高企业可持续能力的一系列战略管理实践活动。ESG 评级则关注环境、社会和治理的评价方法，强调主体对生态环境、社会发展以及相关利益主体权利保障和价值实现程度的影响。ESG 评级的核心功能及战略意义在于服务 ESG 投资和实践，有助于激发企业履责、推进可持续发展的内在动机。ESG 投资通过资金融通、风险分散、市场定价和信号传递四大功能，以市场力量为主导引领企业自主进行 ESG 实践，推动企业减污降碳、协同增效。ESG 战略管理、ESG 评级和 ESG 投资三者相互促进、互动联结，共同推动企业可持续实践。

8.1 ESG 战略管理

作为企业可持续发展的核心框架，ESG 属于企业长期战略管理问题，从策划至落实需要较长周期，需要投入资源和人力启动、推进，甚至涉及组织变革问题。但目前学术界和实践界对 ESG 的关注更多聚焦于 ESG 投资、ESG 评估、ESG 信息披露等，对于企业 ESG 管理实践的系统关注相对不足。事实上，ESG披露质量、评级高低和融资水平本质上取决于ESG管理实践水平，ESG管理实践对企业而言不仅仅是一种管理模式，更是一种长远利益的追求。因此，企业需要从远景战略、组织架构、战略制定与实施、考评反馈、报告与沟通等多个维度系统建设ESG管理体系，形成"理念—战略—运营—评估—反馈"的管理闭环。本节将讨论ESG战略管理的内涵与意义以及如何系统构建ESG战略管理体系。

8.1.1　ESG战略管理的内涵与意义

ESG战略管理是指在企业经营管理中融入ESG理念，将环境、社会、治理因素纳入企业决策和运营过程，提高企业可持续能力的一系列战略管理实践活动。从战略过程来看，企业ESG战略与管理实践包括ESG愿景与文化建设、ESG组织架构设计、ESG战略制定与实施、ESG指标与绩效考核等。从内容范畴来看，企业ESG战略管理涉及众多议题，包括碳排放、资源消耗、气候变化、生物多样性等环境议题，人才吸引与发展、职业健康与安全、产品责任、社区责任等社会议题，以及董事会运作、内部控制、商业道德等治理议题。与传统企业社会责任注重社会贡献的外向性和战略性表现不同，ESG将更广泛的利益相关者诉求纳入组织决策中，促使企业思考如何在促进社会、环境、治理协同发展的过程中，实现自身的可持续发展。由此，ESG战略与实施对企业成长发展具有重要意义。

第一，企业ESG战略管理是企业迎合可持续发展制度化期望、获取合法性和社会信任的关键。当前，ESG理念在国际商业战略管理实践中盛行，特别是在气候变化等严峻挑战下，可持续理念在各个层面都达成了共识。企业的消费者、投资者和社会公众都要求企业公开披露并管理其外部性，外部监管者也通过加强监管将商业活动的外部性内化。调查显示⊖，企业采取ESG行动的原因，重要性从高到低分别是：合规（83%受访者认为非常重要）、达成环境

⊖ The Morningstar Sustainalytics Corporate ESG Survey Report 2022，https:// www. sustainalytics. com /corporate-esg-survey-report（last visited Mar. 8, 2023）.

目标（67%）、提升品牌和声誉（65%）、成为好的企业公民（64%）、应对股东压力（62%）、提升财务业绩（56%）。可见，合规是当前企业采取ESG行动的最重要的推动力。从全球ESG的兴起和发展来看，责任投资兴起以来，以全球大型资产管理公司为代表的机构投资者通过倡导ESG投资理念，积极践行ESG投资，支持绿色产业发展。因此，ESG表现良好的企业能够吸引更多的机构投资和国际合作，从而提升对外部变化和挑战的适应性和抵御能力。

第二，ESG是可持续思想的核心框架，孕育于全球对人类命运共同体和利益共同体的思考，全面践行ESG是实现价值共创共享的重要方式。根据ESG理念，企业存在与发展的根本理由是通过正向的商业行为满足不断变化的社会需求，而经营利润只是满足社会需求过程中的结果，不是目的。ESG管理实践将广泛的利益相关群体纳入战略规划，从而实现价值共创共享。例如，京东ESG报告声明致力于建立有责任的供应链，强调以人为本，将消费者的诉求置于优先位置，持续完善基础设施，从2013年开始坚持实行"春节不打烊"服务，不仅大大提高了用户黏性，而且建立了其稳固的供应链合作关系。联合利华将环境问题纳入战略决策，为践行"让可持续生活成为常态"的企业宗旨，将可持续生活产品与普通产品销售情况进行衡量，结果意外发现，这一战略行为获得了众多潜在消费者的支持，至2019年，其可持续生活产品利润增长69%，远快于其他业务的增长。由此可见，将ESG放在重要战略位置是企业与利益相关者之间建立互惠机制的重要途径。

第三，ESG框架本身具有包容性和灵活性，对企业战略管理实践有清晰有力的指导意义。ESG为企业管理实践提供了较清晰的理念框架和操作性的标准及工具，用以识别、内化经济行为的外部性，并将其应用于企业治理、投资、监管当中。系统的ESG战略管理实践帮助企业建立可持续思维，引领企业在运营活动中做出更有益于长期发展的决策行动；通过对ESG议题的积极实践和绩效改进，企业可以获得价值投资者的青睐和其他利益相关方的赞许，有助于企业在市场中建立良好声誉，在多元环境和社会性需求中的抵抗力和发展韧性。因此，在企业可持续意识觉醒和外部制度压力的双重驱动下，越来多的企业着手建立 ESG 管理体系，创新 ESG 管理实践，积极同利益相关方进行合作与沟通。

此外，从宏观经济和公共治理层面来看，企业 ESG 战略与实施亦有重要意义。在 ESG 发展过程中，实现落后产能升级迭代，最终要达到社会环境与经济发展的平衡，人与自然和谐共处，需要多方加入，企业作为 ESG 实践的主力军，建立和完善 ESG 管理体系，实现体系化良性循环与繁荣尤为重要。从公共治理的角度看，中国已经进入高质量发展阶段，达成"双碳"目标、实现 2035 年社会主义现代化目标和 2030 年可持续发展目标必然要求企业树立 ESG 理念，践行 ESG 管理实践。当前，ESG 已成为重要的国际经济合作的核心话题，在实施碳边境税、金融对外开放的背景下，形成 ESG 管理体系也有利于我国企业参与全球贸易和全球金融治理。

8.1.2 ESG 战略管理体系

随着企业可持续理念和 ESG 实践的迅速发展，企业需要采取系统的方法实施 ESG 管理实践，并定期审视和更新其当前的管理机制和 ESG 政策，以确保最佳的可持续发展水平。成熟的 ESG 战略管理是一项系统性的工作——以 ESG 价值观为核心，企业既要实现战略管理流程的全要素融合，又要有"决策层—管理层—执行层"组织架构的全方位推进，还需要资源的持续投入和部门之间的相互配合。结合 ESG 商业实践和相关研究成果，我们构建了一套 ESG 管理框架，具体包括 ESG 融入企业愿景、ESG 组织机构与功能、ESG 战略制定与实施、ESG 指标与绩效考核、ESG 报告与信息披露五个过程性环节，如图 8-1 所示。

在顶层设计层面，企业通过分析、识别内部需求和外部挑战，将 ESG 要素融入企业价值观和公司战略，构筑 ESG 顶层设计，明确目标与愿景；在结构支撑方面，根据自身发展需要设立或嵌入 ESG 治理结构，形成协同工作机制；在战略运营层面，建立 ESG 风险管理体系，通过风险评估采取适当的应对举措，增强企业韧性，同时，设立 ESG 实施路线图并落实到相关执行部门，

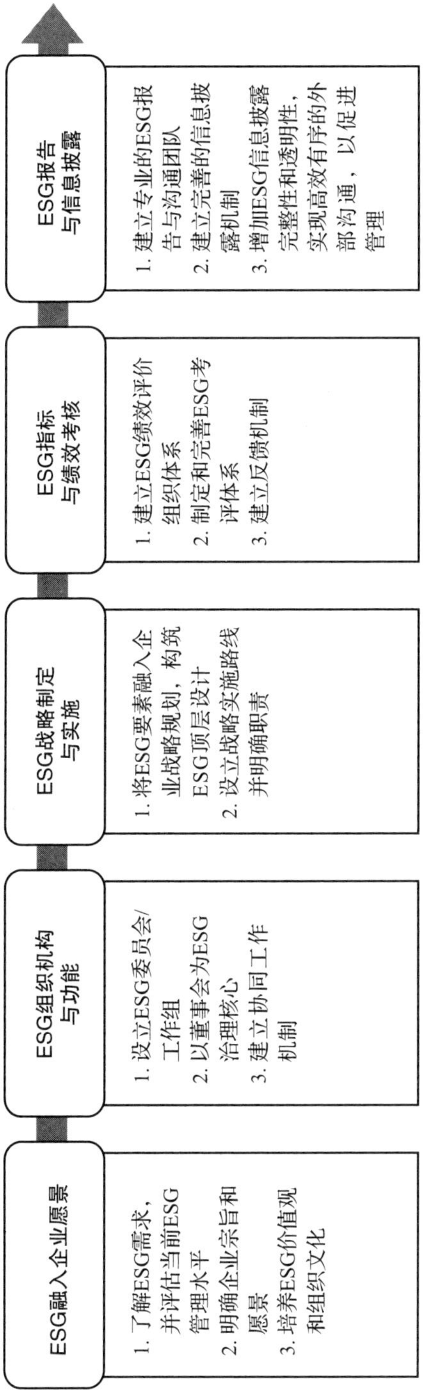

第8章 ESG管理实践

```
ESG融入企业愿景 → ESG组织机构与功能 → ESG战略制定与实施 → ESG指标与绩效考核 → ESG报告与信息披露

ESG融入企业愿景
1. 了解ESG需求，并评估当前ESG管理水平
2. 明确企业宗旨和愿景
3. 培养ESG价值观和组织文化

ESG组织机构与功能
1. 设立ESG委员会/工作组
2. 以董事会为ESG治理核心
3. 建立协同工作机制

ESG战略制定与实施
1. 将ESG要素融入企业战略规划，构筑ESG顶层设计
2. 设立战略实施路线并明确职责

ESG指标与绩效考核
1. 建立ESG绩效评价组织体系
2. 制定和完善ESG考评体系
3. 建立反馈机制

ESG报告与信息披露
1. 建立专业的ESG报告与沟通团队
2. 建立完善的信息披露机制
3. 增加ESG信息披露完整性和透明性，实现高效有序的外部沟通，以促进管理
```

图8-1 ESG管理框架

通过持续监控管理风险和绩效，提升运营管理水平，为利益相关方创造综合价值；在考评反馈层面，企业通过制定和完善 ESG 考评体系，确保激励与约束相结合，同时，建立反馈机制不断改善 ESG 工作绩效；在信息披露层面，企业通过建立完善的信息披露机制，结合内部审计和外部鉴证，提升信息披露的完整性和透明性，实现良好的外部沟通以促进管理提升。

1. ESG 融入企业愿景

企业愿景是基于企业核心信仰的发展方向、发展目的与责任，决定了企业的基本价值观和企业必须履行的使命与任务。企业愿景可以从一个侧面体现企业内部的文化凝聚力和向心力，对于社会、潜在的投资者和其他利益相关方可以侧面体现企业的感召力、影响力。将 ESG 融入企业愿景与战略是企业 ESG 管理实践的第一步，有助于企业制定整体的 ESG 行动策略，从根本上保障企业 ESG 管理的执行与落地，引领企业实现可持续发展。

企业 ESG 愿景识别与构建需要建立在对企业当前战略实践进行充分评估、系统分析的基础上。

第一，将 ESG 融入企业愿景首先要充分考虑 ESG 因素对企业愿景的内外部影响，并对自身 ESG 实践状况进行充分评估。在这一阶段，企业需要充分分析当前的 ESG 愿景与战略管理成熟度状态。ESG 融入企业愿景并不一定是企业最初的主动设计与主动行为，甚至企业现有的愿景可能违背 ESG 理念。因此，明确当前愿景对 ESG 的关注度及其管理成熟度是企业进行 ESG 愿景构建的客观基础。

第二，确定企业为什么想要或需要对 ESG 负责。对于已有 ESG 战略理念的企业与将要设立的企业而言，将 ESG 理念融入企业愿景是企业自愿、主动的行为，将 ESG 作为企业发展的主动行为和内生动力，但目前大部分企业是在外部与各利益相关方 ESG 要求与压力下的被迫、被动的行为和外生动力。这种基于外部压力的被动行为很难真正从根本上系统和深刻地将 ESG 融入企业愿景，当企业面临利益冲突时，不免存在 ESG 愿景与战略实践脱耦的风险。因此，企业需要进一步将 ESG 的外在压力与外生动力转化为企业的 ESG 内生动力，从根本上将ESG融入企业愿景，实现企业与ESG环境共同演化。

第三，根据企业自身组织特征属性及其任务环境，进一步细化ESG的驱动因素和潜在利益，并确定ESG理念与企业现行管理模式有多接近。在其所在行业和所处市场的背景下，确定ESG对企业的重要性，确定企业ESG管理实践是否能提供竞争优势。如前文所述，人类社会发展历史和商业发展实践已表明，ESG对企业可持续发展具有重要的指导意义，但是，由于ESG实践内容的广泛性和企业实践的多元化，每家企业都有独特的目标、业务战略和ESG需求，个性化的ESG战略愿景至关重要。因此，企业需要根据自身发展特征重新审视自身ESG发展需求和管理现状。

第四，根据自我评估结果，找出差距，明确企业愿景和目标，培养ESG价值观和组织文化。需要强调的是，无论企业具体愿景的差异有多大，为了企业的可持续发展，同时也是为在ESG的外生压力与要求下实现企业长期利益相关者价值最大化，无论企业是自愿还是被迫，都需将ESG外生压力转化为内生动力，将ESG作为企业愿景的基础性、前提性要求，全面融入企业的愿景。

2. ESG组织机构与功能

组织机构是ESG战略与实施的结构支撑，企业ESG组织机构以及相应的治理机制、治理效能在很大程度上决定了企业的ESG绩效。对于很多企业而言，ESG治理尚属新的内容，但也是越来越重要的内容。因此，企业建立适合的ESG组织机构势在必行，需要尽快行动起来，明确相应的ESG治理功能，促进董事会、管理层等的深度参与、高效协同，为提升企业ESG治理水平筑牢组织保障。

从企业专门的ESG组织机构来看，其主要职责包括：明确董事会ESG管理的职能、责任与权力，对企业层面的ESG管理做出决策，包括企业ESG愿景、目标、策略、政策等制定，检查ESG相关的政策、法规、标准、趋势及利益相关方诉求等，并判定企业ESG事宜的重要性，向董事会提供决策咨询建议以供审议；监督企业ESG工作的实施、ESG战略的执行情况，检讨ESG

目标达成的进度,并就下阶段 ESG 工作提出改善建议等。

由于 ESG 工作部门可能在企业的科层组织结构中承担不同层级的责任,其权限在不同组织之间可能存在实质性差异(Miller 和 Serafeim,2014)。从上市公司建立的专门 ESG 治理架构来看,按直接工作汇报对象来划分,可以划分为三类,其功能特征如表 8-1 所示。

表 8-1 上市公司专门的 ESG 治理架构分类

类型/层级	成员组成	功能特征
董事会层级	成员均由董事担任	这种专业委员会与目前在上市公司董事会普遍设立的专业委员会相同。这种专业委员会还包括了独立董事,通常由董事长或独立董事担任委员会主席或召集人
董事会下设	成员中仅有部分董事	直接工作汇报对象也是企业董事会,只不过委员会成员还包含了非董事。这类 ESG 专业委员会通常也由董事长或独立董事担任主席或召集人
执行层	成员均由执行层人员(企业执行层的高层管理人员、子公司董事长或总经理等)担任	直接工作汇报对象是企业的执行层,由执行层再向董事会做工作汇报。这类 ESG 专业委员会通常由企业人力资源、EHS(环境、健康、安全)、质量控制、采购与供应、合规管理工作组所组成,负责企业的 ESG 相关事宜。每个企业可以根据自身的情况确定 ESG 融入组织架构的形式

3. ESG 战略制定与实施

ESG 战略运营决定了企业 ESG 管理实践能否落地。在 ESG 战略制定与实施层面,企业需要明确战略实施路线并落实到相关的执行部门,建立 ESG 风险管理体系,通过风险评估采取适当的应对举措,增强企业韧性,通过持续监控管理风险和绩效,提升运营管理及流程,为利益相关方创造综合价值。

ESG 风险评估。ESG 风险是指企业管理中存在的影响环境、社会和治理方面的风险。ESG 风险评估是 ESG 战略制定的客观基础,需要综合考虑自身业务特点,分析环境、社会和治理三方面的风险。首先企业可以借助风险清单的形式，从战略风险、运营风险、财务风险和合规风险的角度出发，运用 ESG 重要性评估、影响—依赖关系映射等分析方法识别出 ESG 风险。然后企业可以借助德尔菲法、情景分析或统计数据模型等多元化方法，对 ESG 风险进行定性或定量的评估。评估应从优先级和严重程度两个层面进行。在优先级的层面，企业不仅要考虑 ESG 风险的复杂程度、发展速度和持续性，还需要考虑企业自身对于 ESG 风险的适应能力和恢复能力；在严重程度的层面，企业则需要对 ESG 风险为企业价值及价值创造所带来的负面影响进行预测和估值。

ESG 战略要素分析。在制定 ESG 战略之前，首先要根据企业自身发展特征和所处任务环境，对 ESG 战略要素进行系统分析和评估。在 ESG 战略分析过程中要做好四个方面的工作：一是要识别企业在竞争中的内部优势与劣势，对企业的经营状况做出评估判断，因企制宜地将 ESG 与业务战略有机地结合，通过负责任的发展、负责任的投资和负责任的管理为企业创造更美的声誉、更强的影响力和更高更长久的价值。二是要审视企业面临的外部挑战与机会，尤其是要审视企业 ESG 发展面临的机会与挑战等外部环境的动态变化趋势，包括监管当局对企业 ESG 发展状况与规划的要求、信息披露的要求、评估评价机构进行 ESG 评价的标准与要求变化等。三是要与利益相关方进行持续动态沟通，了解员工、股东、机构投资者、潜在的投资者、客户、政府、供应商、社区、贷款人和社会公众等对企业通过 ESG 为保护环境、价值创造所做贡献的期待和要求。四是要对国内外同行优秀的 ESG 管理实践进行对标分析，因企制宜地借鉴标杆企业将 ESG 融入发展战略、融入企业经营业务的经验与措施。

ESG 战略内容框架构建。从 ESG 管理实践的内容维度来看，企业 ESG 战略管理涉及环境、社会、治理三方面内容。依据 ESRS 等现行 ESG 披露标准，企业 ESG 战略管理至少在环境责任方面涵盖气候变化、资源管理、能源使用和废物处理等方面的表现；在社会责任方面涵盖员工权益、劳动关系、社区关系、人权和供应链管理等方面的表现；在治理责任方面涵盖公司治理结构、董事会组成、股东权益保护等方面的表现。在ESG战略议题选择时，企业需要结合自身战略要素评估结果，从ESG议题对企业自身经营业务及其对各方利益相关的重要程度入手，确定各项议题的优先级，最终形成符合企业发展实际的ESG战略内容框架。

ESG人员配置与培训。企业ESG战略的落地最终需要回归到组织内的个体管理上，因此，在明确了企业ESG战略目标和业务范围后，需要进一步明确各业务部门和职能部门的岗位职责和分工，将ESG责任分配给相关个人、团队或部门，与KPI目标或个人、团队和部门的激励挂钩，以确保ESG有效执行。此外，ESG培训和教育是搭建ESG管理体系的重要组成部分。企业应当通过组织内部培训和开展外部宣传等形式，提高员工和外部利益相关者对ESG管理的认识和理解，提升个体ESG专业技能，进行ESG管理的推广。

4. ESG指标与绩效考核

企业搭建ESG实施与运营体系后，应当对ESG绩效进行监测和评估，促进ESG管理体系的不断完善和提高。这里讲的企业ESG绩效评价不是指评级机构对企业的ESG评价评级，而是指企业自身对ESG管理实践过程进行常态化的跟踪、分析、评估，根据企业自身常态化的日常评价中发现的ESG问题，对企业的战略、实施、执行活动进行相应的优化与调整，以符合企业的ESG战略方向，保持、提升企业ESG绩效水平，同时也可以使企业更为便利地定期编制ESG报告。

建立ESG绩效评价组织体系。企业ESG绩效评价组织体系，是企业实现ESG战略目标的工具，也是企业为实现ESG战略管理目标组建的项目管理团队。ESG绩效评价组织负责ESG绩效评价的专职项目团队，应由企业ESG委员会或工作组与人力资源管理部门成员共同担任。绩效评价组织成员应对企业ESG工作及绩效考核标准非常熟悉，能公正、公平地评价每个岗位的工作的难易程度，准确把握ESG绩效考核指标标准，有效判断考核数据真实性，解决绩效评价中遇到的各种问题。企业ESG管理目标的实现需要各方面的共同努力，比如建立直线管理控制系统、制定科学的预算模式、设计可行的ESG

绩效评价体系和激励系统等，绩效评价体系要处理好评价系统目标和企业目标之间的依存关系。

建立 ESG 绩效评价指标体系。从 ESG 绩效指标的构建方法来看，首先，企业可以运用国际或国内相对一致认可的专业评估管理工具，对包括 ESG 融入企业发展战略在内的企业 ESG 管理实践状况设置企业内部认可的关键绩效指标，对整体的战略制定、实施以及阶段性的 ESG 目标进行常态化持续跟踪评估。其次，在 ESG 考核具体指标方面，企业可从自身的实际情况出发，根据国际或国内相对一致认可的 ESG 评价评级指标，编制本企业的 ESG 评价指标体系。此外，常见的绩效考核的方法有平衡计分卡、360 度考核等，企业可以将这些考核方法与战略目标相结合，将 ESG 绩效纳入现有考核体系，从而达到良好的考核效果。

建立 ESG 考评反馈机制。在企业的 ESG 管理实践中，在企业 ESG 管理体系中，为促进企业 ESG 发展，提升企业 ESG 绩效，还需要建立完善的持续改进机制，即反馈机制。建立了这种反馈机制，企业才能形成自上而下的愿景—战略—组织—执行—反馈机制。形成 ESG 的计划—执行—检查评价—处理（改进）的循环机制，从 ESG 管理机制上保证企业持续地对自身 ESG 绩效进行改善、提升。企业 ESG 管理实践反馈机制主要是要考察企业在环境、社会责任与公司治理三个方面构成要素的表现状况，查验企业 ESG 融入愿景、战略、组织架构以及企业管理的其他过程的具体表现、应用情况，并针对反馈机制中发现的问题来修正、调整企业管理全过程的 ESG 行为。

5. ESG 报告与信息披露

企业 ESG 管理实践最终需要通过系统合规的 ESG 信息披露机制与利益相关者进行沟通反馈。因此，构建 ESG 报告或信息披露机制，向社会各方充分披露信息，减少信息的不对称和提高自身信息披露的质量，是企业 ESG 管理实践的最后一环。有效的披露可为企业带来诸多益处：加强环境与社会风险的管理，推动企业可持续能力的提升；树立负责任的企业品牌和形象，提高企业声誉；满足政府、行业协会的监管要求，合规且系统展现自身在 ESG 方面的绩效；选择负责任的供应商，共同维护客户权益，提升客户满意度。

ESG报告与沟通团队建设。ESG信息披露制度的迅速发展和完善意味着企业需要加快建立和完善ESG信息收集、报告和沟通系统。首先，ESG报告与沟通团队应该至少包含负责ESG战略实施的董事会成员、高管人员，以及各业务和职能部门中负责和熟悉ESG工作的相关人员，从而确保内部信息沟通顺畅。其次，要着力提升ESG信息收集与报告撰写人员的专业技能，可以是专门聘任的人员，也可以通过对现有信息披露工作人员进行培训以达到专业要求。

ESG报告与信息披露形式。企业ESG沟通与报告的形式日渐多样化。根据监管机构的要求，上市公司应当在定期报告、临时报告、招股说明书、募集说明书、上市公告书、收购报告书等文件中披露ESG信息。随着ESG实践的兴起和迅速发展，专门的ESG报告逐渐成为ESG信息披露的主流形式，相较于社会责任报告，ESG报告更加针对性地呈现了企业在环境、社会、治理各项ESG议题上的表现，在应用场景方面更加聚焦于资本市场沟通。此外，对于规模较小、没有独立发布企业社会责任报告和ESG报告的企业来说，公司年报和半年报成为其进行ESG外部沟通的重要载体。

ESG报告与沟通流程。从过程性视角来看，ESG报告与沟通流程至少包括ESG信息收集与汇总、ESG报告编制和ESG报告发布三个关键步骤。第一，ESG信息收集是决定ESG报告编制质量的基础。通过专门的ESG报告与沟通团队进行企业ESG战略实践的原始信息和数据收集，要立足企业自身ESG战略实践，与各个部门沟通获取全面而精确的数据资料和关键指标，要结合当前广泛认可的ESG信息披露标准，帮助企业在ESG信息收集阶段查漏补缺。第二，根据不同报告形式和需求，撰写和编制ESG报告。从报告内容来看，ESG报告撰写应充分了解和遵循相关披露标准和监管机构要求。此外，为了提高ESG报告的规范性和专业性，可以引入外部专家，提供专业意见和支持。第三，企业要定期和不定期进行ESG报告发布。其中，定期发布ESG相关报告逐渐成为当前资本市场对上市公司的强制要求，因此，企业应积极制定和实施 ESG 报告发布计划。

企业 ESG 信息披露内容。企业 ESG 信息披露的内容需要遵从相关政策和披露标准，并根据企业的特点和利益相关者的需求进行灵活调整，通常包括以下几个方面。在环境披露方面，通常涵盖企业环境监测、能源消耗、废弃物管理、碳排放等方面的数据和措施。例如，企业可以披露其使用的环境管理系统、环境影响评估报告以及节能减排目标和成果等。在社会披露方面，通常涵盖企业对员工、供应商、社区和消费者的关注和支持，以及社会责任项目的实施和效果评估。例如，企业可以披露其员工培训和福利措施、供应链管理实践、慈善捐赠和公益投资等。在治理披露方面，通常涵盖企业治理结构、董事会运作、股东权益保护和公司治理制度等方面的信息。例如，企业可以披露其治理原则、独立董事占比、股东投票权利和内部控制机制等。

ESG 报告与信息披露中的关键注意事项。企业在 ESG 信息披露管理方面应注意以下几点：第一，促进利益相关方沟通，提高信息披露透明度。开展有效的利益相关方沟通是 ESG 信息披露的关键目标，全球公认的 ESG 信息披露标准、各大证券交易所均把利益相关方沟通信息的披露作为 ESG 信息披露的基本原则之一。第二，提高信息披露质量。在 ESG 信息披露过程中，应遵循实质性、真实性、完整性、准确性等基本原则，提高信息披露质量，与外部利益相关者建立高效的沟通渠道，更加及时和有针对性地获取信息反馈，进而推进企业 ESG 战略管理实践。第三，加强 ESG 信息披露合规化。随着 ESG 相关政策的密集出台，如港交所发布 ESG 新规、上交所对科创板 ESG 信息披露做出强制性规定，再到绿色发展、"碳达峰"和"碳中和"被写进"十四五"规划，ESG 信息披露的强制化和标准化正在逐步加强，企业 ESG 信息披露需要根据政策变化及时调整，做到合规化、专业化。

8.2 ESG 评级

ESG 评级是基于特定理念和框架的投资评级方法，在环境、社会和治理等维度对相关企业进行评级。各机构针对特定评估框架、模型与方法而对相关企业进行定量评级。ESG 评级的基本环节包括披露标准和要求制定、数据采集和评分评级。ESG 评级是实现 ESG 可持续发展的关键维度，良好的 ESG 评级体系能有效缓解投资者与企业之间的信息不对称问题，帮助二者共同认识 ESG 风险和价值。本部分将讨论 ESG 评级的内涵与意义，详细介绍 ESG 评级方法体系，并深刻剖析 ESG 评级分析问题及其原因。

8.2.1 ESG 评级的内涵与意义

ESG 评级是关注环境、社会和治理而非财务绩效的评价方法，强调主体对生态环境、社会发展以及相关利益主体权利保障和价值实现程度的影响。ESG 评级是各评级机构针对相应评估框架、模型与方法而对相关企业进行的定量评级，是对被评主体 ESG 综合绩效的定量化评价，是对 ESG 内涵具体化、细节化和数量化的思考（孙俊秀等，2024）。ESG 评级是 ESG 投资兴起而得到广泛接受的产物，一开始主要以上市公司作为评价对象，评价其在环境、社会和治理等维度的表现，后面逐渐扩展到其他主体和对象包括债券、基金等。从首家评级机构 VigeoEiris 于 1983 年成立到现在，全球的 ESG 评级机构已超 600 家（中国仅 20 家左右）。目前，ESG 评级尚未形成统一的定义和标准，据世界可持续发展商业理事会（World Business Council for Sustainable Development，WBCSD）报告，这 600 家评级机构要求提供 2000 多个单独的 ESG 指标。欧美在评级体系建设上开始较早而且目前处于引领地位。如明晟 MSCI 早在 1972 年开始 ESG 研究，在 1990 年开始 ESG 相关指数的开发；S&P Global 的公司可持续评估（CSA）开始于 1999 年。目前，KLD、彭博社、汤森路透、富时罗素、标普道琼斯、Sustainalytics、恒生、晨星、CDP 等发布评级指数的机构有较大的国际市场影响力。

ESG 评级是 ESG 投资趋势发展的必然产物，核心功能及战略意义在于服务 ESG 投资和实践。从国家层面而言，ESG 评级有助于引导资本服务于经济社会绿色低碳转型；就微观商业实践而言，ESG 评级有助于激发企业履责、推进可持续发展的内在动机。ESG评级的结果展示了企业在环境、社会和治理方面的表现，激励企业不断改进和创新，实现可持续发展。另外，企业还可以基于评级结果，参考行业引领型企业的实践，实现整个行业的可持续发展。

1. ESG评级对资本市场的影响

ESG评级有助于引导全球资本服务于经济社会绿色低碳转型。ESG投资试图以最小化的政府干预激励企业承担更多的社会责任，以应对日益严峻的气候变化、环境污染、贫富差距等挑战。ESG投资力图把企业在追求利润最大化过程中造成的"外部性"尽可能"内部化"，实质上是在重新定义企业与市场的边界。而ESG评级在全球ESG投资生态中扮演着筛选投资标的和指引资金流向的核心作用。全球投资者和投资机构借助ESG评级获得对企业ESG绩效表现的量化评级，并可在相对统一的口径下比较各企业在促进经济可持续发展及履行社会责任等方面的贡献，做出投资决策。同时，企业持续投资战略也非常依赖于可持续相关的数据、评级和研究。随着可持续投资成为全球大趋势，ESG评级将成为推动高质量资本供给和引导资本服务经济绿色低碳转型的重要举措。

2. ESG评级对企业的积极影响

首先，ESG评级有助于激发企业履行社会责任的内在动机。从经济学角度来看，企业的社会责任具有明显的外部性特征，即企业的可持续发展与否不仅取决于自身的经营效益，同样决定于经营派生的社会效益。然而，传统的企业价值评级体系偏重于衡量财务指标，忽略了ESG要素对企业在未来长周期内的价值影响。相比于传统的企业价值评级体系，ESG评级与企业社会效益之间密切相关，融入了更多既能为社会福祉做贡献、又能为企业自身发展提供新力量的关键因子，将企业在环境保护和社会责任履行方面的表现量化为企业价值。为了营造良好的ESG融资环境，企业有强烈的内在动机提升自身ESG评级绩效。

同时，在给定的ESG评级体系下，企业管理者能够更全面地明确自身的社会角色与职责所在，充分理解社会责任的践行与改革发展紧密关联，从外部引导转向内生发展动力。同时，通过"以评促改"，企业也能精准找出自身经营中的薄弱环节，促进企业主动向绿色可持续发展转型和积极履行社会责任。以电力行业为例，随着我国能源生产加速清洁化转型，工业、交通、建筑等领域的减碳成本将向电力行业聚集，逐步形成以清洁能源主导、以电为中心的能源供应和消费体系，将给电力系统带来深刻变化。企业亟须突破以股东价值为核心的发展范式，从更宽阔的视角重新定义企业在社会中的价值与意义。企业投入产出效率不能仅从企业自身的财务指标评级，更需要充分考虑ESG理念下新型电力系统投资带来的环境价值与社会价值。需要基于"双碳"目标大背景，构建ESG理念下的电网企业价值评级体系。通过科学的方法论，将践行ESG理念的企业估值溢价进行合理计量，体现ESG可持续发展价值观给企业带来的价值提升，能够进一步促进企业绿色转型，从而助力经济可持续发展。

最后，积极的ESG评级结果能为企业带来更好的财务绩效和更低的运营成本及风险。一方面，企业ESG评级结果向外界传递了重要信息，减少了企业与利益相关者之间的信息不对称，使其更易获得利益相关者的支持，进而获取更好的财务绩效和更高的市值。很多研究还表明，良好的ESG评级表现对企业的盈余持续性、股票收益率都有正向影响（柳学信等，2023），而且能提升企业自身的投资效率。另一方面，企业积极的ESG评级结果还会降低其他利益相关者的信息搜寻成本，因而其融资成本可能越低。甚至一些研究还发现，积极的ESG评级结果还能产生"道德资本"，产生保险机制，进而降低企业风险，进而也会降低投资者和债权人要求的报酬率，从而降低企业股权成本和债务成本。

8.2.2　ESG评级方法体系比较

对于如何进行ESG评级的问题，学术界和实务界尚未达成共识。目前的ESG评级方法大致分为两大类（袁蓉丽等，2022）。第一类评级方法是将繁杂的 ESG 相关信息有序归入环境、社会、治理三个维度下的子类中，在为子类赋予分数和权重后，计算出被评主体在三个维度上的得分，最后将三个维度上的得分按照相应权重计算出最终的 ESG 总分。目前国际上主流的 ESG 评级体系大都属于此类，包括 KLD ESG、MSCI ESG 和汤森路透 ESG 评级体系等。但该类下的不同评级体系在一些方面也存在较大不同，例如 MSCI 关注公司治理指标对企业和行业的影响程度，而汤森路透则强调增加公司争议性评分。第二类评级方法是以现有的评级框架为基础，加入自定义的特色指标进行 ESG 评级。例如，中国证券投资基金业协会 ESG 评级体系根据中国阶段性实际情况，增加特色化指标：在社会部分，增加"扶贫"指标，将"普惠金融"和"金融科技"作为行业特定指标。再如，在讨论纳入投资组合的特色 ESG 指标时，Pedersen et al.（2021）在环境维度采用低碳强度来衡量，在社会维度采用非罪恶股票（非烟草、赌博和酒精等行业的股票）指标来衡量，在治理维度采用低应计利润来衡量，最后与 MSCI 测量框架下的 ESG 相结合得出相应 ESG 指标。在估计公司的 ESG 表现时，Crifo 等则将公司在环境、社会和治理三个方面的做法分为"积极的"和"消极的"两种，并区分出"硬实践"和"软实践"两种实践质量，以独立评估每个维度对投资者进行公司估值的影响。

这些评级体系或框架的有效性到底如何？有一项专门为不同"ESG 评级体系"评级的、有影响力的项目。自 2010 开始，可持续发展咨询公司 ERM 旗下的可持续能力研究所 SustainAbility（SustainAbility Institute，Environmental Resources Management）就开始了"评级评级者"（Rate the Raters，RtR）项目，主要研究企业可持续发展领导者和机构投资者对 ESG 评级者的真正看法，如表 8-2 所示。

表 8-2　国际国内主要 ESG 评级机构的比较

机构名称	客户对象	所有权	总部	方法论接近性	ESG覆盖性	主要ESG评级信息来源
CDP	机构投资者，供应链伙伴	非营利组织	英国	完全公开	专有的	主动型

（续）

机构名称	客户对象	所有权	总部	方法论接近性	ESG覆盖性	主要ESG评级信息来源
彭博社	机构投资者	私营企业	美国	仅有概述	一般化的	被动型
MSCI	机构投资者	公众公司	美国	完全公开	一般化的	被动型
Sustainalytics	机构投资者	晨星子机构	荷兰	仅有概述	一般化的	被动型
EcoVadis	供应链伙伴	私营	法国	仅有概述	专有的	主动型
FTSE4Good	机构投资者	伦敦证券交易所集团子公司	英国	仅有概述	一般化的	被动型
ISS-ESG	机构投资者	德意志证交所子公司	美国	不公开	一般化的	被动型
Just-captital	利益相关者和公众	非营利组织	美国	完全公开	专有的	被动型
Moody's ESG	机构投资者	公众公司	美国	不公开	一般化的	被动型
Refinitiv	机构投资者	伦敦证券交易所集团子公司	英国	完全公开	一般化的	被动型
RepRisk	其他ESG评级者；第三方	私营	荷兰	完全公开	专有的	被动型
S&P Global	机构投资者	公众公司	荷兰	完全公开	一般化的	主动型
Sustainable Fitch	机构投资者	Hearst子公司	美国	仅有概述	一般化的	被动型
中证	国际国内投资者	国有企业	中国	完全公开	覆盖全部A股、存续信用债发债主体（不含城投）	被动型

（续）

机构名称	客户对象	所有权	总部	方法论接近性	ESG覆盖性	主要ESG评级信息来源
社投盟	金融机构；可持续发展投资者	非营利平台	中国	完全公开	覆盖沪深300成分股	被动型
商道融绿	相应客户	中外合资	中国	完全公开	覆盖全A股、港股通、中概股及重要发债主体	被动型

注：整理调整自《Rate the Raters 2023：ESG Ratings at a Crossroads》，中国部分的数据来自相应官网和公开数据。

根据国内外主流 ESG 评级机构和相应的 ESG 评级体系，相应对比情况如表 8-3 所示。整体来看，不同的指标体系内容维度不一致，主要表现在一级指标、二级指标和三级指标内容和数量的不同。国外评级体系的发展时间长，评级体系较完善，数据来源广泛且具有一定的客观性。但同时，这些指标体系在是否考虑产品安全性、是否考虑财务指标、是否考虑有争议事件、是否排除敏感行业、是否将评级标准化、是否考虑公司主动暴露问题、是否与企业沟通、是否采用打分法及是否考虑 ESG 的风险与机遇等方面都存在差异性。各个评级机构的关注点也有所不同，如 KLD、MSCI 及 Sustainalytics 主要采用打分法作为主要评级方法，富时罗素则建立了模型评级；又如 KLD、MSCI 数据主要的来源是公开资料，而标普道琼斯的数据来源于调研，它每年 3 月会向不同地区发出调研请求；Vigeo Eiris 的 ESG 评估则整合了定性和定量数据、管理和绩效数据及自我报告与第三方数据。

国内 ESG 评级兴起较晚，尚未形成统一标准。目前仍处于探索阶段，国内 ESG 评级体系呈现出多元发展格局，各具特点。具体地说，中证覆盖 A 股和港股上市的公司，包括 3 个维度、14 个主题、22 个单元和 180 余个指标，ESG 指数开发方面国内领先。华证覆盖全部 A 股上市公司、2000 多个债券主体，评级体系包括 ESG 评级、ESG 尾部风险两部分，具有 AI 驱动的大数据

表 8-3　国际国内典型 ESG

	时间	主要维度	评级体系特点
KLD	2006—2010 年	3 个一级指标、10 个二级指标	保留社会责任投资的筛选策略；评级标准较为严格
MSCI	2010 年形成 MSCI 评级	3 个一级支柱、10 个二级主题指标、35 个三级关键议题指标和 1000 多个具体数据点	较为全面的指标体系，关注 ESG 评级与投资回报之间的实质重要性关系
Sustainalytics	2016 年完善	21 个议题及 70 个指标	依靠 200 人专家团队进行打分；建立受争议问题评估系统
汤森路透	2009 年发布 ESG 年度得分	3 个一级指标、10 个二级指标、178 个三级指标	两步评分法；采用分位数排名打分法定制化的分析
富时罗素	20 年的 ESG 评级经验	3 个一级指标、14 个二级指标、300 个三级指标	建立 FTSE 罗素绿色收入低碳经济（LCE）数据模型
标普道琼斯	20 年经验，2019 年正式推出	3 个一级指标、12 个二级指标	指标权重因行业而设置、数据来自调研数据而非公开数据
Vigeo Eiris	2019 年	6 类大项、40 个具体三级指标	整合了定性和定量数据、管理和绩效数据及自我报告、第三方数据
中证	2020 年	3 个一级指标、13 个二级指标、44 个三级指标	包括正面指标和负面指标，以正面指标为主，负面指标作为调整和降档指标
社投盟	2017 年	3 个一级指标、9 个二级指标、28 个三级指标	建立"三A""三力"评估架构；评级机构为公益组织
商道融绿	2015 年	3 个一级指标、13 个二级指标、200 多个三级指标	指标体系包括通用指标和行业特定指标；建立负面信息监控体系
中财大绿金院	2020 年	3 个一级指标、22 个二级指标、160 多个三级指标	ESG 三个维度都包含定性数据和定量数据；负面 ESG 风险的量化衡量；添加了扶贫等本土化指标
嘉实基金	2020 年	3 个一级指标、13 个二级指标、200 多个三级指标	多采用量化数据、最小化主观判断；只有评分，没有评级；提供月度评分，时效性高

注：√表示该评级体系考虑了此项标准。参考调整自王凯和邹洋（2021）及王凯和张志伟（2022）。

评级指标体系相关信息

覆盖范围	是否考虑产品安全性	是否考虑财务指标	是否考虑有争议事件	是否排除敏感行业	是否将评级标准化	是否考虑公司主动暴露问题	是否与企业沟通	是否采用打分法	是否考虑ESG风险与机遇
全球3000多家公司	√		√	√		√		√	
截至2020年6月,全球8500家企业被覆盖	√	√	√	√	√		√	√	√
针对20000家公司和172个国家及地区进行评级		√	√				√	√	√
全球6000多家上市公司	√							√	
全球数千家公司,中国A股800多家				√	√	√	√		√
收到反馈的可持续发展评估报告的公司		√			√			√	
覆盖超过7700个发行人	√	√	√					√	
A股上市公司	√	√				√			
沪深300		√	√	√					
沪深300(2015—2019)和中证500(2018—2019)	√	√						√	
所有上市公司		√							√
A股上市公司	√	√	√					√	√

引擎。中债主要针对发债主体，评级覆盖国内债券市场约5000家公募信用债发行主体，其中上市公司仅占约13%。商道融绿覆盖全部A股上市公司，根据不同行业ESG实质性因子加权计算。社投盟是国内推动公司可持续发展价值评估和应用的先行者，评估分"筛选子模型"和"评分子模型"两步骤。此外，还有润灵环球（RKS）、中诚信绿金、中财大绿金、万得ESG、微众揽月ESG等。

8.2.3　ESG评级分歧与原因

ESG评级分歧是不同评级机构或评级框架对同一企业评价而得出一致性不高的现象。已有研究发现，Gibson et al.（2019）使用2010年至2017年的标普500公司样本，发现7家著名评级机构提供的ESG评级之间的平均相关性约为0.45，公司治理的平均相关性最低，而环境方面的平均相关性最高。Billio et al.（2021）研究比较了MSCI、Refinitiv（路孚特）、Sustainalytics（晨星旗下产品）和RobecoSAM的ESG评级结果，发现这些评级结果之间的相关性平均只有0.58（最低0.43，最高0.69），这些评级结果之间达成契合的概率平均只有24%（最低19%，最高28%）。评级结果的低相关性与低契合概率，意味着不同评级公司的评级结果差异巨大。现有研究还发现，与国外评级机构相比，国内ESG评级机构针对国有企业的评级偏高，而针对非国有企业的评级偏低；ESG评级分歧会带来负效应，例如削弱ESG信息披露带来的风险规避，也会消减投资热情。

ESG评级分歧是由于不同的评级机构设置的ESG评级内容体系不一致，在数据收集方法及模型设置等方面也有差别，而最后呈现出不同的ESG评级结果。尽管企业界主流的ESG评级体系都是将ESG分为环境、社会和治理三个因素分别进行评级再综合，但不同评级体系在子类包含的具体内容上尚未统一。ERM在2020年的报告也指出，ESG评级提供商以不同的方式对公司的可持续风险和绩效进行衡量、加权和评分。这导致了同一目标公司的评级提供者之间评级出现可比性较低的问题，即使它们拥有相似的数据点。

对于ESG评级分歧出现的原因，实践者和学者都进行了探讨。评级公司对企业的ESG评级差异巨大，背后的重要原因，一方面是ESG数据不具备传统财务数据的价值中立性，即由于企业非财务信息的界定和度量均涉及评级者的认知水平、社会背景与价值观系统，ESG评级受评级机构的目标与价值、评级体系设计原则、指标遴选规则等不同，从而导致评级结果差异。另一方面，数据问题也是不同评级公司结果相差巨大的重要原因。不同评级公司获得数据的渠道、质量不同，处理数据的方法不同，也会带来评级结果的巨大差异。Berg et al.（2022）通过分析5家著名评级机构在ESG评级上的差异，将评级差异分解为三个来源：范围差异、度量差异、权重差异，并通过实证分析发现三者分别解释了ESG评级差异的36.7%、50.1%和13.2%。

Chatterji等学者的研究证实了上述观点。他们发现，KLD和ASSET4会根据产品安全性对公司的评级进行评级，而其他评级机构则没有。此外，ASSET4和DJSI会明确考虑财务指标，而其他评级机构则没有。KLD、ASSET4和FTSE4Good将公司治理作为评级公司社会责任的要素之一，而DJSI则没有。另外，KLD和汤森路透将争议事件纳入对公司ESG的考察，而其他评级机构则没有。KLD和FTSE4Good还采用了明确的筛选方法，排除在烟草和枪支等行业中投入大量资金的公司，并筛选出与核能有关的公司，而其他评级机构则没有。另外，DJSI和FTSE4Good将评级按行业标准化，并将同行业的得分进行比较，而其他评级机构则没有。评论机构的地理来源也会导致对环境、社会和治理三个方面的侧重出现差异。例如，位于美国的KLD对社会领域的评分占总分的71%，而位于欧洲的ASSET4对社会领域的评分只占总分的47%。这表明KLD比ASSET4更重视社会问题。在其他领域，例如对于与员工相关的问题，ASSET4的重视程度则比KLD更高。KLD和FTSE4Good将公司主动暴露的问题纳入公司总分数的计算，而其他机构则只计算支柱下的类别得分。另外，ASSET4采用等权重评级法，而其他评级机构则没有。

这些评级分歧对企业可持续发展提出了巨大挑战，严重影响 ESG 市场认知、市场行为、企业动力等。因此，ESG 评级发展的一个重要趋势是加强 ESG 评级方法的标准化和提高透明度，提高评级机构的专业水平，并加强投资者对 ESG 数据和评级的理解和应用。

8.3 ESG 投资

ESG 投资的核心理念是将 ESG 因素纳入投资过程，使投资者更全面地了解企业和政府所面临的风险和机遇，为改善投资决策提供额外启示。ESG 理念在资本市场中扮演着引导长期理性投资文化的重要角色，同时也是全球资本市场的风向标。当前全球 ESG 投资呈现快速发展趋势，ESG 投资逐步主流化，获得全球各国资管机构和投资者的青睐，全球参与责任投资的机构数量持续增长，ESG 投资规模不断扩大，为推动企业可持续发展提供了核心动力。本节将讨论 ESG 投资的内涵与意义，并系统梳理 ESG 投资的发展历程及其实践现状。

8.3.1 ESG 投资的内涵与意义

美国社会投资论坛（US Social Investment Forum，USSIF）认为 ESG 投资即"在精确的财务分析背景下，将因投资而造成的正面及负面的社会或环境结果纳入投资决策的考虑范围之中"。其核心内涵在于强调投资者在分析企业的盈利能力及财务状况等相关指标的基础上，也从环境、社会及治理的非财务角度考察公司价值与社会价值。

21 世纪以来，ESG 投资的理念逐步形成。2004 年联合国全球契约组织首次提出 ESG 的概念；2006 年，UN PRI 成立，在 UN PRI 的推动下，ESG 投资的理念逐步形成，ESG 投资的原则正式确立。2020 年 3 月，美国加利福尼亚州教师养老金、日本政府养老金、英国高校退休金三家大型养老金机构联合发布了《携手共建可持续的资本市场》的公开声明，表明 ESG 投资理念在全球已经具有十足的影响力。ESG投资的原则包括三方面，分别是环境、社会责任和公司治理。环境维度主要包含气候变化、自然资源、污染以及环境治理等。社会责任维度主要包含人力资本、产品责任、产品质量等。公司治理维度主要包含公司内部治理、公司行为和股东利益保护等。企业社会责任理论强调企业在追求利润最大化、尽可能为股东创收增利的同时，还需在保护生态环境、维护社会公平、提高治理水平等方面付出努力，积极履行对其他利益相关者的社会责任，方能实现经济效应和社会效应的协同共生，维护经济社会的可持续发展，改善经济结构，提升经济效率，同时增强银行自身的综合竞争力。ESG投资反映了企业对于经济效率、环境保护、长期价值创造和经济可持续发展的追求，与企业社会责任理论的内涵高度吻合。ESG投资对于经济的可持续发展意义重大。

第一，ESG投资以市场力量推动企业可持续实践。ESG投资通过资金融通、风险分散、市场定价和信号传递四大功能，以市场力量为主导引领企业自主进行ESG实践，推动企业减污降碳、协同增效，实现企业技术创新和绿色技术供给提升，形成推动经济社会发展绿色转型的底层动力。具体而言，一方面，ESG投资通过资金融通和信号传递功能增强企业绿色技术创新投入和产品绿色升级，推动低碳或零碳的绿色技术的发展，促进我国绿色低碳发展过程中一些核心技术"卡脖子"问题的突破。另一方面，ESG投资通过资源配置、风险分散等功能倒逼企业通过ESG实践来改进自身在经济、社会、环境等方面的外部性影响，获取国际市场、政府部门、投资者和第三方机构的认可与支持，增强核心竞争力。此外，ESG投资通过资金融通、市场定价功能，引导企业以减污降碳为重要抓手，实现企业经济价值、社会价值和环境价值的有机融合。因此，ESG投资可通过支持市场化手段促进实体企业微观层面绿色转型，推动经济社会发展绿色转型。

第二，ESG投资通过金融资源支持效应促进能源＋产业＋消费结构转型。ESG投资通过金融资源优化配置效率，结合经济结构调整的关键机遇，为能源＋产业＋消费结构转型体系提供多元化、多层次、全方位的金融资源支持，实现绿色生产和绿色生活互促发展。具体而言，一方面，ESG 投资理念契合传统产业节能减排、提质增效的转型目标，能够以短期利好政策和长效市场机制对传统能源产业做金融"减法"，有效缓解其转型阵痛。另一方面，ESG 投资通过正面筛选、ESG 整合、可持续发展主体等投资策略引导资金向能源消耗低、经济附加值高的行业做"加法"。此外，ESG 投资通过政策引导和市场实践基础，能有效降低产业、能源、环保等领域的投资风险，吸引更多资本采用 ESG 策略，促进绿色供应链构建，加强产业链上下游绿色技术创新合作，并逐步形成正向激励效应和良性循环。因此，ESG 投资可以通过金融资源支持效应为我国经济社会绿色转型奠定扎实的能源+产业+消费结构转型基础。

第三，ESG 投资通过全球金融合作和国际资本流动促进产业链水平提升。ESG 投资生态体系能够有效促进资本功能深化，对全球绿色转型发展、加强全球价值链互补性合作、提升我国产业链、供应链整体水平起到关键支持作用。ESG 投资能够有效促进资本功能深化，支撑资本跨境流动和全球化配置，促进资本运作收益和经济社会发展转型的有机结合良性互动。国际 ESG 投资合作通过促进双向 FDI 产生资本供给效应、资源补充效应、技术溢出效应、产业关联效应、就业和消费结构改善等路径，促使我国加强与发达国家企业开展深度合作，以较低的成本在较短的时间获取国际领先的绿色技术、管理经验和专业人才等企业可持续发展的战略性资产和要素，以及由此产生的绿色技术溢出效应、产业集聚效应、绿色产品竞争和示范效应，有效带动行业自身和上下游行业整体绿色转型发展，从而推动产业链、供应链在整个价值链环节中不断攀升，充分激发和扩大可持续发展的内需潜力，进而提升我国绿色转型、低碳和循环发展的国际综合竞争力。

8.3.2　ESG 投资演化历程

ESG 投资源于"负责任投资"（Leins，2020），最早可以追溯到 20 世纪 20 年代教会投资的伦理道德投资，即投资者出于自身的信仰或寻求对社会产生积极价值等目的形成的投资理念。但其社会影响力、市场接受度非常有限。之后伦理道德投资涵盖的内容不断演进、优化，并于20世纪70年代左右发展为社会责任投资。当时平等问题和环境问题日益突出，1971年帕克斯世界基金（Pax World Funds）成立，它是一种社会责任基金，目前已发展成为世界上领先的社会责任共同基金之一。1977年，苏利文作为美国通用汽车公司董事会成员提出了"苏利文原则"（Sullivan Principles），要求在种族隔离、平等就业、同工同酬、员工培训、管理层多样化、生活改善及消除制度阻碍等议题方面提升企业的社会责任。在社会责任理念影响下，后面出现了"可持续发展"的概念，并在金融领域得到很大程度的应用。很多投资者都利用"可持续发展"和"社会责任"标准来进行投资决策。

21世纪初发达国家出现财务造假丑闻，"公司治理"成了决策投资的新维度。2004年全球契约组织发布的《关心者赢》报告中提出"ESG"概念，希望企业转向基于环境、社会和公司治理的管理方式。随着ESG理念受到越来越多的企业与社会公众的关注，加之诸多环境和社会责任相关法规的不断完善，投资者也逐渐接受了ESG投资偏好。他们不仅关心投资的财务回报率，还关心其投资能否给环境和社会带来正向价值。

与此同时，可持续发展问题也引起国际组织的关注。2006年，时任联合国秘书长的科菲·安南发起成立了UN PRI，提出责任投资六项原则。责任投资六项原则推动了金融机构和资产所有者将ESG因素纳入投资决策过程，也提升了资产所有者和资产管理者ESG投资能力，ESG投资原则正式确立，也为日后ESG投资的发展树立了标杆。2015年，联合国推出了SDGs，为考虑ESG因素的可持续投资以及负责任投资的社会目标提供了明确方向与全球框架，围绕着SDGs进行投资解决方案设计及调整的资产管理机构与投资者越来越多，ESG投资不断走向成熟。得益于UN PRI等国际组织和具有社会责任感的大型企业和金融机构的积极推动，ESG投资的影响力不断扩大，ESG投资也逐渐得到主流资产管理机构的青睐，从欧美走向了全球。本书整理了ESG投资演化进程中的代表性观点，如表8-4所示。

表 8-4 ESG 投资演化进程

概念	含义	特点	代表性文献
道德投资	通常采用负面筛选，按照一定的原则进行投资，以避免投资那些投资者或某些宗教、国际宣言、公约或自愿协议认为在道德上令人反感的公司的产品和服务	道德投资或基金在配置资产时，不仅会考虑投资目标的财务表现，也会将其社会责任表现或目标企业的正面社会道德标准作为决策标准	Luc Renneboog, Jenke Ter Horsta and Chendi Zhang（2008），刘凤元（2010）
社会责任投资	社会责任投资是在投资决策过程中整合了道德、社会及环境价值标准的投资方式，社会责任投资比绿色投资（与环境问题相关的投资）、伦理投资（只局限于道德标准）的概念要宽泛得多	投资过程中考虑环境、社会和公司治理因素，要获得金钱回报，还要获得非财务回报，追求可持续发展，是一种金融投资	刘波和郭文娜（2009），李敏岚和何捷（2002），孙美和池祥麟（2017）
绿色投资	绿色投资指的是将资金配置到能够缓解气候变化、生物多样性丧失、资源效率低下和其他环境挑战的资产上。还包括低碳发电和车辆、智能电网、能源效率、污染控制、回收、废物管理和能源浪费，以及有助于解决特定环境问题的其他技术和过程	绿色投资在本质上反映了经济、社会、生态之间和谐发展的关系，绿色投资是基于可持续发展的投资；绿色投资由具有生态环境理念的经济人进行的投资；绿色投资的收益是三重盈余，包括经济的、社会的和生态的收益。绿色投资具有更高的科技含量和社会价值	陈婉（2023），韩丽萌和郭君华（2021）
影响力投资	影响力投资也称为社会价值投资、社会效应投资，是瞄准特定的社会目标的投资形式，是介于一般商业企业和慈善机构之间的一个谱系，在做公益的同时可以获取一定的经济效益	主要特征是财务回报、可持续、影响力，在获取经济效益时也实现可量化的社会影响力。这种投资相比传统投资方式，更具备人文关怀和可持续发展的性质以及最大受益者为金字塔底部群体，实现投资回报和社会价值的双赢	李德健（2022），安国俊和贾馥炜（2020）

（续）

概念	含义	特点	代表性文献
ESG投资	ESG投资指在投资研究实践中融入ESG理念，在基于传统财务分析的基础上，通过环境、社会、治理三个维度考察企业中长期发展潜力，希望找到既创造股东价值又创造社会价值、具有可持续成长能力的投资标的	ESG投资是一种价值观的体现；是可持续发展投资，其具有中长期性；ESG投资是基于环境、社会和治理风险判断的投资，存在基于ESG的风险。如果判断不准确就会产生重大的可持续发展的风险。但ESG投资并不与传统的投资相冲突或相背离，更多的是传统投资理念框架上的升级	卢美伶和程蕾（2023），周宏春（2023）

8.3.3 ESG投资实践

相较于企业ESG战略管理和ESG评级，ESG投资实践更为丰富，目前已经形成了较为成熟的ESG投资市场，但不同地区在ESG投资分类、市场主体、投资规模、投资策略和投资产品等方面仍存在较大差异。其中，领先市场以欧美为代表，美国、日本等发达国家近年ESG投资规模持续保持两位数增长，ESG资产逐渐成为市场主流产品，特别是欧洲市场对ESG产品投资需求强烈且发展较为成熟，在存量ESG指数化产品数量和规模方面，均遥遥领先于其他市场。

1. ESG投资分类

对于ESG投资的分类，主要有四种分类方式，分别是全球可持续投资联盟（GSIA）的分类、欧洲可持续投资论坛（Eurosif）的分类、UN PRI的分类以及欧洲基金与资产管理协会（EFAMA）的分类，如表8-5所示。其中，GSIA定义了七大类可持续投资（ESG投资），包括负面/排他性筛查投资、积极/同类最优筛查投资、可持续性主题投资、通过法人参与和股东行动的投资、基于准则的筛查投资、整合了ESG的投资、社区投资。Eurosif同样将

ESG 投资分成七种类型，包括排他性筛查投资、积极/同类最优筛查投资、可持续性主题投资、参与和表决与可持续性相关问题的投资、基于准则的筛查投资、整合了 ESG 的投资、社区投资。UN PRI 将 ESG 投资分成六种类型，包括负面/排他性筛查投资、积极/同类最优筛查投资，可持续性主题投资，积极主动所有权、参与（代理）投票和股东决议投资，基于准则的筛查投资，整合了 ESG 的投资。EFAMA 将 ESG 投资分成五种类型，包括负面/排他性筛查投资、积极/同类最优筛查投资、专题投资、参与表决投资、基于准则的筛查投资。

表 8-5　ESG 投资类型分类

机构组织	ESG投资分类原则或具体内容
GISA	GISA 将 ESG 投资分成七种类型，包括负面/排他性筛查投资、积极/同类最优筛查投资、可持续性主题投资、通过法人参与和股东行动的投资、基于准则的筛查投资、整合了 ESG 的投资、社区投资
Eurosif	Eurosif 将 ESG 投资分成七种类型，包括排他性筛查投资、积极/同类最优筛查投资、可持续性主题投资、参与和表决与可持续性相关问题的投资、基于准则的筛查投资、整合了 ESG 的投资、社区投资
UN PRI	UN PRI 将 ESG 投资分成六种类型，包括负面/排他性筛查投资、积极/同类最优筛查投资，可持续性主题投资，积极参主动所有权、参与（代理）投票和股东决议投资，基于准则的筛查投资，整合了 ESG 的投资
EFAMA	EFAMA 将 ESG 投资分成五种类型，包括负面/排他性筛查投资、积极/同类最优筛查投资、专题投资、参与表决投资、基于准则的筛查投资

这四种分类均包含了排他性筛查投资、积极/同类最优筛查投资、基于准则的筛查投资。排他性筛查投资是指根据特定的环境、社会和治理标准将某些部门、公司或做法排除在基金或投资组合之外的投资。积极/同类最优筛查投资是指投资于选定的行业、公司或项目，其环境、治理绩效相对于行业同行而言是积极的。基于准则的筛查投资是指对照国际准则，如国际劳工组织颁布的准则，《世界人权宣言》和《全球契约原则》制定的商业惯例最低标准，对投资进行筛查的投资。此外，大部分分类包含了可持续性主题投资、基于准则的筛查投资、整合了 ESG 的投资、参与表决投资。

2. ESG 投资的市场主体比较分析

ESG 投资的市场主体主要包括投融资主体、第三方机构、交易平台、监管机构和相关社会组织五个方面，但是不同方面的参与者存在一定的差异，如表 8-6 所示。

表 8-6　国际 ESG 投资市场主体比较

国家/地区	投融资主体	交易平台	监管机构	第三方机构	社会组织
欧盟	Bluestep Bank AB、Erik Penser Bank	欧洲证券交易所	ESMA	普华、安永、毕马威、德勤等	UN PRI GRI 欧盟委员会等
美国	贝莱德集团、公共养老金加利福尼亚州公共雇员退休基金	纳斯达克交易所	SEC	彭博有限合伙企业（Bloomberg L.P.）等	UN PRI GRI CDP 等
英国	英国政府养老金	伦敦证券交易所	SIB	英国标准协会 BSI、英国劳氏等	UN PRI GRI 等
德国	安联保险公司、对冲基金英仕曼集团	法兰克福证券交易所	BaFin	德国莱茵等	UN PRI GRI 等
加拿大	加拿大政府养老金	多伦多证券交易所	CSA	Trucost 数据库等	UN PRI GRI 等
新加坡	新加坡生命控股公司、大东方控股有限公司	新加坡证券交易所	MAS	普华、安永、毕马威、德勤等	UN PRI GRI 等
日本	政府养老金投资基金	东京证券交易所	FSA	TruValue Labs 数据库、普华、安永、毕马威、德勤等	UN PRI GRI 等

在投融资主体方面，主要包括金融中介、资产管理机构和实体企业，其中金融机构是 ESG 投资的重要实践者和倡导者。截至 2023 年 3 月，全球已有

超 5400 家机构加入 UN PRI，其中具有代表性的机构包括美国资产管理公司贝莱德集团（Black Rock, Inc.）、德国安联保险公司（Allianz Insurance Company）、对冲基金英仕曼集团（Man Group）、美国公共养老金加利福尼亚州公共雇员退休基金（The California Public Employees' Retirement System，CalPERS）、日本政府养老金投资基金（Government Pension Investment Fund，GPIF）等。

ESG 投资市场中的第三方专业机构主要包括信息服务商、评级机构、鉴证机构、数据服务商等，它们主要是为投融资主体提供与 ESG 投资与可持续金融相关的信息披露报告、评级、指数编制、报告鉴证等专业服务。其中，数据服务商包括纳斯达克 ESG 数据中心、彭博 ESG 数据平台、普华永道 ESG 数字化产品等。

市场平台主要指证券交易所。国外的市场交易平台为纳斯达克交易所、欧洲证券交易所、伦敦证券交易所、东京证券交易所等。我国的市场交易平台主要是上海证券交易所和深圳证券交易所。这些交易平台都对上市公司的 ESG 信息披露提供指引甚至强制性披露要求等。

政府监管机构，主要指政府主管部门、中央银行、证监会和其他监管机构。作为市场交易规则的制定者，它们既是整个 ESG 生态系统的重要参与者，也是具有外生决策权的特殊主体。全球各国的金融监管机构都在积极推动 ESG 发展，如 ESMA、SEC、英国金融服务局（SIB）、德国联邦金融监管局（BaFin）、加拿大证券管理局（CSA）、新加坡金融管理局（MAS）、日本金融厅（FSA）等，都相继出台 ESG 发展指引政策。

社会组织包括国际组织、教育机构、行业协会/组织等，比如前文提到的国际 ESG 标准制定、评级机构和其他国际组织如 UNPRI 等。这些组织也在推广以及倡导 ESG 的理念和实践，在引导 ESG 投资发展方面发挥了重要的积极推动作用。

3. ESG 投资的规模比较分析

近年来全球参与责任投资的机构数量持续增长。截至 2022 年 9 月末，联合国支持的负责任投资原则（PRI）的签署机构达到 5179 家，当年新增 496

家，较 2021 年末增长 10.6%。从中国大陆地区来看，截至 2022 年 10 月末，签署 PRI 的机构共计 117 家，其中包括 85 家资产管理机构、4 家资产所有者和 28 家服务提供商，2022 年合计新增 36 家签署机构，较 2021 年末增长 44.4%，增幅超过全球平均水平。

目前欧洲仍为 ESG 基金规模最大的地区，ESG 基金规模占全球比例达 82%；其次是美国，占比为 12%。中国占亚洲（除日本外）ESG 基金规模比例为 68%，排名全球第三。此外 2022 年第三季度全球 ESG 基金净流入量仅为 225 亿美元，与当年第二季度相比下降 33.6%。与 2022 年全球基金资产净流出 1980 亿美元相比，ESG 基金仍较传统基金更受投资者青睐。

欧盟一直是 ESG 投资的引领者和推动者，2012 年初 ESG 投资管理规模占比高达 66%。随着美国市场 ESG 投资的蓬勃发展，欧洲 ESG 投资规模占比逐步下降至 2020 年初的 34%，位列第二名。进入 2020 年，在欧盟将 ESG 标准作为其证券选择过程的关键部分的基金数量从第一季度的 2584 只激增至第二季度末的 2703 只。欧洲作为 ESG 理念的积极响应者和 ESG 投资的先驱者，在 2021 年底已拥有 2.23 万亿美元的可持续投资基金规模，占全球可持续投资基金规模的 81%。欧洲 ESG 投资规模一直稳定增加，但 2020 年出现大幅下降，主要原因与监管打击"漂绿"行为、收紧责任投资的认定标准有关。

美国的 ESG 产品规模始终维持着稳步增长。2020 年美国 ESG 产品规模合计 17.08 万亿美元，占五大区域 ESG 产品规模合计的 48%，超越欧洲成为 ESG 产品规模排名第一的区域。日本 ESG 投资规模占资产管理总额比例从 2016 年的 3.4% 增长至 2020 年的 24%。截至 2020 年，日本 ESG 资产规模总额达 28740 亿美元，成为继美国和欧盟之后的第三大可持续投资市场。

中国 ESG 责任投资市场整体规模发展迅速，2022 年底市场总规模超过了 24.6 万亿元，同比增长约为 33.4%，较 2020 年增长近 80%。但整体市场结构仍存在发展不均衡的现象，市场整体仍以绿色信贷为代表的银行信贷的资产为主，2022 年我国绿色信贷已经达到 20.9 万亿元，占整个市场的规模超过 80%。以可持续债券、ESG 公募基金等为代表的可持续证券规模约 3.07 万亿元，以

ESG 私募股权投资为代表的可持续股权投资约 0.6 万亿元。ESG 公募证券基金规模 4984.1 亿元，绿色债券市场存量 1.67 万亿元，可持续发展挂钩债券市场存量 1059.9 亿元，社会债券市场存量 6620.2 亿元，转型债券市场存量 300.2 亿元，可持续理财产品市场存量 1049 亿元，ESG 股权基金规模约为 2700 亿元，绿色产业基金约 3610.77 亿元。

4. ESG 投资策略比较分析

根据 GSIA 出具的 2020 年全球可持续投资报告，正面筛选、负面筛选和 ESG 整合是运用较为广泛的投资策略，但不同国家地区的投资策略偏好仍有差异，如表 8-7 所示。国外 ESG 投资主要采取负面筛选策略，投资标的的选取主要是通过剔除武器、烟草、酒精、博彩等不良股票进行，2020 年 ESG 整合策略应用增长迅速。

表 8-7　国内外投资策略比较分析

国家或地区	中国	美国	欧盟	日本
ESG管理策略	主动型	主动型	主动型	主动型
ESG投资策略	多采用负面剔除策略	应用最广的是 ESG 整合，其次是 ESG 负面筛选策略	负面筛选依然是最主流的投资策略，占比在 40% 左右	应用最广的 ESG 投资策略为 ESG 整合，其次为企业参与和股东行动

美国采用 ESG 整合、筛选策略相结合的投资策略。根据 GSIA 统计，截至 2022 年，美国可持续投资应用最广的是 ESG 整合，其次是 ESG 负面筛选策略；而正面筛选、标准筛选和影响力投资在美国 ESG 资管中的应用很少。欧洲 ESG 各类投资策略规模占比相对稳定，负面筛选依然是最主流的投资策略，占比在 40% 左右。根据 GSIA 数据，2022 年日本应用最广的 ESG 投资策略为 ESG 整合，其次为企业参与和股东行动。日本的 ESG 基金倾向于分析 ESG 因素对原有估值模型的影响，对原有择股框架进行改进完善。相较而言，直接设置明确的筛选条件、规定企业 ESG 表现必须达到某一特定标准才能够

入围投资组合的情况较少。

中国ESG基金以主动型策略为主。目前中国市场在ESG投资领域正处于积极发展阶段，与欧美成熟市场相比，ESG指数仍不够丰富。研究显示，中国市场的"纯"ESG指数大多于2019年后发布。因此，中国主流ESG基金目前仍以主动型策略为主，未来随着相关指数发展成熟，被动ESG基金规模有望慢慢提升。中国ESG基金多采用负面剔除策略，海外基金则较为青睐ESG整合策略，这得益于海外较为完善的ESG框架建设，支持海外基金将ESG相关因素及数据分析纳入每只证券投资的决策分析环节中。

5. ESG投资产品比较分析

欧洲作为ESG理念的积极响应者和ESG投资的先驱者，在2021年底已拥有2.23万亿美元的可持续投资基金规模，占全球可持续投资基金规模的81%，其中主动型基金占比73.74%，被动型基金占比26.26%。总体呈现出主动基金为主、被动基金快速增长、资金流入头部效应显著的特征。由此可见，在欧盟ESG投资发展政策的指引下，ESG投资规模及覆盖范围均有较大幅度的增加。

从存量ESG指数化产品数量和规模来看，欧洲市场遥遥领先于其他市场。截至2022年底，欧洲市场ESG ETF产品数量632只，规模合计约3058.50亿美元，占该市场ETF总规模的22.55%，显著高于美国等其他发达市场，体现出欧洲市场对ESG产品的"刚性"需求。从资金流向来看，除个别市场外，过去一年全球绝大部分市场ESG产品均呈资金净流入态势，其中资金净流入排名靠前的市场分别为欧洲（341.77亿美元）、中国台湾（45.43亿美元）及美国（36.20亿美元），表明市场对ESG投资需求整体较为旺盛，未来发展空间仍较大。

美国的ESG投资发展主要依靠机构投资者的推动。在市场的驱动下，ESG投资金融在美国发展迅速。美国资本市场内不仅可持续金融产品日益丰富，同时也出现了一批ESG评级机构等第三方机构，帮助可持续金融市场形成了较为完整的产业链和价值链。从可持续投资情况来看，美国可持续投资从数额到规模全面增长，美国的可持续投资资产规模排名第一。从养老基金情况来看，美国最大养老基金加利福尼亚州公务员退休基金（CalPERS）在2017—2022年战略计划中将基金可持续发展列为第一目标，该基金目前有大约10亿美元投资于ESG全球股票基金。从绿色债券发行情况来看，根据气候债券倡议组织数据，2019年全球绿色债券市场发行金额高达2589亿美元，发行人总量为506，其中美国以513亿美元的发行额排名第一，占全球发行总额的20%。截至2022年9月底，美国绿色债券发行规模位居全球第一。

日本政府养老投资基金（GPIF）的ESG指数化投资规模最大、应用最广。作为全球资产管理规模最大的养老金，截至2022年一季度末，日本政府养老投资基金的总资产规模为1.61万亿美元。自2017年至今，GPIF积极开展ESG指数化投资，截至2022年一季度末，GPIF的ESG指数化投资规模合计为992.20亿美元，约占GPIF权益类资产规模的12.30%。在ESG指数化投资布局上，GPIF跟踪ESG标的指数类型十分丰富，包括ESG宽基、ESG主题（女性权利）以及气候变化（碳效率指数）等多种类型，且区域覆盖也较为广泛。

中国已将可持续金融列入国家战略，建立了政策基础。中国将环境、社会与治理责任融入与可持续发展相关的战略目标，在宏观层面强化社会对可持续发展及ESG相关议题的重视，为ESG投资领域发展建立政策基础。国内银行业的ESG投资主要通过绿色金融的发展得以落实，早期主要体现在绿色信贷业务上，近几年逐步发展到绿色债券、ESG银行理财、碳金融等产品的创新与实践中。绿色信贷无疑是当前国内绿色金融市场中规模最大的品种。2021年末，我国绿色贷款余额15.9万亿元，同比增长33%，存量规模居全球第一。从绿色贷款的投放方面来看，主要方向是基础设施、绿色交通、环保、水资源处理、风电项目、生态环境、清洁能源等绿色产业金融需求。在加大绿色信贷投入的同时，部分商业银行也持续降低"棕色"资产的投资规模，对钢铁、煤炭、有色金属等产能过剩行业实施"有保、有控、有压"的差异化信贷政策，"两高一剩"行业贷款余额占比逐年下降。

8.4 小结

ESG 战略管理、ESG 评级和 ESG 投资是企业可持续实践的核心内容。其中，企业 ESG 战略与管理实践包括 ESG 愿景与文化建设、ESG 组织架构设计、ESG 战略制定与实施、ESG 指标与绩效考核等，涉及碳排放、资源消耗、气候变化、生物多样性等环境议题，人才吸引与发展、职业健康与安全、产品责任、社区责任等社会议题，以及董事会运作、内部控制、商业道德等治理议题。ESG 评级是各评级机构针对相应评估框架、模型与方法而对相关企业进行的定量评级，是对被评主体 ESG 综合绩效的定量化评价，是对 ESG 内涵具体化、细节化和数量化的思考。ESG 投资将企业的 ESG 表现纳入投资决策的考量之中，以期在获得经济回报的同时实现社会和环境的价值。

ESG 战略管理、ESG 评级和 ESG 投资相辅相成。其中，ESG 战略与实施对企业成长发展具有重要意义，是企业迎合可持续发展制度化期望、获取合法性和社会信任、实现高质量发展的关键。ESG 评级的核心功能及战略意义在于服务 ESG 投资和实践，有助于激发企业履责、推进可持续发展的内在动机。ESG 投资以市场力量为主导引领企业自主进行 ESG 实践，推动企业减污降碳、协同增效。由此，不同管理实践环节形成了一个循环关系，彼此相互促进和影响，共同推动了企业和投资者在 ESG 领域的发展和进步。

第 9 章
中国 ESG 生态体系建设

　　ESG 自从 2004 年诞生以来快速发展，已经成为全球可持续投资的最佳实践和企业非财务信息披露的核心框架，也成为 21 世纪企业新的发展范式。ESG 通过调动和激励商业力量来解决企业和人类社会共同面临的环境和社会问题，为实现人类社会的可持续发展提供了一个具有勃勃生机和强大活力的市场化解决方案。ESG 正在推动形成以气候治理及可持续发展为核心的全新的全球治理体系和经济竞争规则体系，对人类社会未来发展具有深远的影响。我国作为最大的发展中国家、全球第二大经济体，经济社会体系正在以绿色低碳转型发展实现高质量发展和可持续发展。近年来我国不断加大政策扶持力度支持 ESG 快速发展，例如党的二十大报告指出"加快发展方式绿色转型，推动形成绿色低碳的生产方式和生活方式"等。ESG 可以促进企业绿色转型，从而有力推动经济社会全面绿色转型，是推进我国经济社会绿色转型发展的重要抓手，完美地契合了我国的科学发展观和高质量发展的内在需求。ESG 将是我国迈向发达国家进程中的重要市场创新和政策创新。ESG 生态系统是 ESG 高效发展的基础和支撑，涉及标准、企业实践、信息披露、监管、投资、评级、咨询服务、社会共识等活动。当前，我国 ESG 发展已经进入快车道，展现了具有中国特色的 ESG 实践，培育适合中国情境的各主体相互协作和共同发展的 ESG 生态体系至关重要。

9.1 ESG 对推动中国可持续发展的战略意义

2024 年 2 月 29 日国家统计局发布的《中华人民共和国 2023 年国民经济和社会发展统计公报》显示，中国 GDP 规模 126 万亿元，居世界第二，占全球经济份额超 17%，人均收入接近高收入国家门槛。与此同时，从 2006 年开始我国就成为世界上最大的年度二氧化碳排放国，低碳转型发展任务十分艰巨。目前我国坚定推行高质量发展战略，推动经济实现由大而快、由快而好的转变，实现经济发展质量变革、效益变革、动力变革，推动经济发展方式转变，提高全要素生产率，实现更高质量、更有效率、更加公平、更可持续的发展。近年来，党中央围绕推动我国可持续发展进行了一系列重大战略部署，例如，党的十九届五中全会提出"促进经济社会发展全面绿色转型"。

与此同时，中国可持续发展仍然面临艰巨的挑战。从国际层面看，国际环境日趋复杂，不稳定性不确定性明显增加，世界经济陷入低迷期，经济全球化遭遇逆流，全球能源供需版图经历深刻变革，国际经济政治格局复杂多变，世界进入动荡变革期，单边主义、保护主义、霸权主义对世界和平与发展构成威胁。从国内层面看，中国经济进入新常态，面临经济增速换挡、结构调整、新旧动能转换等多重挑战。

ESG 是推动我国高质量发展的重要市场创新和制度创新，而 ESG 生态系统是高质量发展的重要质量基础设施。在 ESG 生态系统中，企业是最重要的核心，企业是经济社会的基本单元和重要组成部分，经济社会的发展进步离不开企业的高质量发展，我国和谐社会、共同富裕、乡村振兴等国家战略需要企业来实现。ESG 生态系统要求企业注重生态环境保护、积极履行社会责任、提高公司治理水平，是推动我国可持续发展的重要战略工具。

9.1.1 ESG 是推动经济社会可持续发展的重要理念和工具

ESG 生态系统涉及标准、企业实践、信息披露、投资、评级等一系列实践活动。其中，ESG 标准至关重要，是国家软实力和硬实力的综合体现。ESG 标准引领 ESG 生态系统高质量建设，推动经济高质量发展与共同富裕战略目标实现。当前，国际 ESG 标准组织纷纷寻求整合，旨在形成全球统一的 ESG 标准。通过 ESG 标准构建，增加在气候、环境等方面的国际对话，有利于我国企业与国际接轨，融入国际经济体系；也有利于我国展现社会主义道路优越性，树立负责任大国形象，提升国际话语权，更好地参与全球经济治理。

第一，ESG 标准是经济社会高质量发展的质量基础设施，规范了企业与社会在可持续发展中的重要利益关系，为企业和其他市场主体提供了行为指南。标准的制定需要综合考虑环境、社会和公司治理的因素，通过规范化行为规范，促进了企业的可持续经营。标准的明确和执行有助于建立企业间的公平竞争环境，推动经济的高质量发展。

第二，ESG 不仅仅是一种标准，更是全新的企业可持续发展模式和实践，界定了企业未来的发展方式和行为准则。未来的企业将会面临"两把尺子"：财务的尺子和 ESG 的尺子，二者缺一不可。随着我国经济社会迈向高质量发展和全面绿色低碳转型发展，不能践行 ESG 的企业将逐渐会被投资者和消费者等利益相关者抛弃，也会在市场竞争中淘汰。ESG 促使企业兼顾经济效益、环境效益和社会效益，实现企业与人类社会可持续发展相向而行。企业通过践行 ESG，梳理和思考企业的宗旨和行为方式，调整业务战略和运营方式，推动自身的绿色、社会负责和高效治理。企业 ESG 实践有助于提高企业竞争力，创造更多的社会价值，促进经济的高质量发展。

第三，信息披露是 ESG 生态系统的基础工作，企业通过信息披露，向社会和利益相关方公开其在环境、社会和治理方面的绩效和计划。这不仅提高了 ESG 信息透明度，也使投资者、消费者和其他利益相关方能够更好地了解企业的可持续实践，为他们做出明智的决策提供了基础。这样，那些 ESG 绩效优良的企业会通过获得投资、消费者青睐、政府支持等多种方式得到支持和鼓励。

第四，投资者越来越关注 ESG 因素，ESG 评级成为资本市场投资决策的一个重要依据，发挥着十分重要的市场中介作用。高质量的 ESG 评级有助于科学高效地引导资金和社会资源配置到 ESG 绩效优异的企业和项目，推动企业和行业的绿色低碳转型发展，引导企业和全社会向着可持续和高质量发展的方向努力，进而实现全人类的可持续发展。只有依赖于科学高效的ESG评价评级，资本市场和众多投资者的资金才能助力人类社会实现可持续发展目标。

第五，ESG监管和政策是ESG发展的重要制度保障。ESG发展过程中，国际倡议和标准等制度框架发挥了重要的推动作用，ESG从市场自发的国际倡议不断进入全球各个国家监管机构和立法机构的视野，ESG制度也从"软法"演进成为各国政府的"硬法"。各国不断出台相应的ESG政策，使得ESG实践发展不断规范和提升。

第六，ESG咨询等中介服务是ESG健康发展的重要保障。自从2004年诞生以来，ESG只有短短30年的历史，总体而言还是一个新生事物，还有很多企业并不了解ESG。专业的ESG咨询服务等中介机构为企业提供ESG和可持续发展方面的战略转型发展建议、培训和技术支持，帮助企业更好地理解、应对和采纳ESG，这种咨询服务为企业提供了实现高质量发展的有力支持。

第七，关于ESG的社会共识是ESG行稳致远的价值观基础。我国古代哲学已经有很多可持续发展的共识，例如"天人合一""美美与共"等。近年来我国不断出台和践行的生态文明、低碳发展、乡村振兴等发展战略也是在积极凝聚ESG发展共识。而ESG理念获得全社会的共识，是基于可持续发展目标达成未来人类共同发展愿景，需要企业、消费者、政府和全社会共同努力。迈向可持续发展的道路对任何一个国家和社会而言都是巨大的社会经济变革，需要全社会共同努力才能实现。关于ESG的社会共识不仅对企业形成压力，促使其积极实践ESG，也为整个社会提供了一个共同价值观基础，推动着共同富裕战略目标的实现。

因此，ESG作为一个全面的企业管理生态体系，为企业经营发展提供了标准、实践、信息披露、投资、评级、监管、咨询服务、社会共识等多个方面的系统性支持，成为推动中国经济高质量发展的重要力量，也是推动经济社会可持续发展的重要理念和工具。

9.1.2 ESG是实现中国式现代化的战略工具

ESG是我国经济社会高质量发展的有力抓手。ESG不仅是伟大的市场创新，也是重要的制度创新，是实现中国式现代化的战略工具。目前越来越多的国家通过采纳指南、国际规则等软法实践，制定正式法律规则等硬法，提高企业ESG信息披露质量和治理水平，促进ESG实践和可持续发展。ESG政策法规可以促进企业的可持续发展，形成企业与投资者的良性互动，有利于国家经济的发展与稳定。

党的二十大报告指出，中国式现代化是人口规模巨大的现代化，是全体人民共同富裕的现代化，是物质文明和精神文明相协调的现代化，是人与自然和谐共生的现代化，是走和平发展道路的现代化。中国式现代化是中国共产党领导的社会主义现代化，既有各国现代化的共同特征，更有基于自己国情的中国特色，创新、协调、绿色、开放、共享的新发展理念有机统一于中国式现代化建设的实践中。ESG充分考虑了环境、社会和治理等多个方面，推动企业从单一追求经济利益到追求经济、社会、环境综合价值最大化，寻求可持续发展，这与中国式现代化的本质要求高度契合，成为实现中国式现代化的重要战略工具。

第一，ESG中的E——环境维度主要包括气候变化（Climate Change）、生物多样性（Biodiversity）、能源、污染和环境管理体系等核心议题，追求"天人合一"，体现了企业在生态文明建设和环境保护的作用，有助于实现人与自然和谐共生的中国式现代化。ESG的首要维度就是要实现环境责任，确保经济活动对气候和环境产生有益影响。在ESG的引导下，企业积极履行环保责任、有效应对气候变化和生物多样性危机、提高能源利用效率、减少排放，对自然和环境的影响也趋向正面，这与中国式现代化的理念一脉相承。

第二，ESG中的S——社会维度主要包括员工、供应链合作、回馈本地及社区发展和企业产品及服务责任等核心议题，是企业对其生存和成长的社会系统的责任和义务，追求"美美与共"。ESG的社会维度体现了企业对员工、供应链合作伙伴和社区的责任，有助于全体人民共同富裕的现代化。ESG中的社会维度要求企业首先要对员工负责，关注员工的福利与关系，以企业的发展带动员工的共同富裕；其次企业要打造良好的供应链关系，助力供应链合作伙伴形成共同富裕；最后企业要积极回馈社区，注重社区公平，推动可持续社会价值的创造。在人口规模巨大的情况下，提高人民生活水平、实现全体人民共同富裕是中国式现代化的追求，也是ESG中社会维度的核心内容之一。

第三，ESG中的G——治理维度强调企业治理体系对促进可持续发展的责任，特别是通过有效的治理制度和机制促进环境维度和社会维度的协调发展。与以前的企业社会责任（CSR）相比，ESG机制设计的巧妙之处是将治理纳入了这个体系，使得这个体系能够自我实施和自我发展，具有内生动力来持续改进。联合国的17个可持续发展目标中，无论是目标16所强调和平、正义与强大机构（Peace, Justice and Strong Institutions），还是目标17所强调的促进目标实现的合作伙伴关系（Partnership for the Goals），都致力于建立有效的治理体系实现可持续发展目标。治理维度既重视企业的股东、理事和监事等正式制度和机制，也重视企业文化和道德等非正式制度的重要作用，有助于物质文明和精神文明的协调发展。ESG中的治理维度所关注的企业贪污腐败、反竞争行为以及贿赂和欺诈等诸多商业道德相关问题，与我国推崇的廉洁从业、诚信经营、社会责任相呼应，共同为构建企业健康发展的道德底线提供了引导和规范，有助于提升企业的社会形象，同时也助推物质与精神文明的和谐共进。

9.1.3　ESG是我国参与全球经济治理的重要阵地

气候变化、极端天气是人类面临的共同挑战，贫富差距、种族歧视、公平正义、冲突对立是人类面临的重大课题。我国是一个发展中大国，对国际社会负有大国责任，而ESG是我国参与全球经济治理的重要阵地。大力发展ESG有利于我国提升国际话语权，更好地参与全球经济治理。在我国融入国际大循环、企业走出去的过程中，ESG已成为"必答题"。ESG的全球整合为我国赢得更多国际竞争的话语权提供了良好的契机，通过参与全球ESG标准的制定和推动，我国不仅有望在可持续发展领域取得更大的国际声誉，还能够在全球经济治理中扮演更为积极的角色。

第一，ESG体现我国道路优势的制度性开放。一方面，积极践行ESG，不断探索、总结和积累形成我国ESG实践经验和发展模式，为全球提供可持续发展的中国方案和中国智慧，是中国发展道路和发展经验的国际化。ESG作为国际通用语言，要利用国际语言讲好中国故事。从目前全球ESG进展来看，通过系统的制度创新，欧盟无疑处于全球领先的地位，但是中国也正在发挥着重要作用。作为全球第二大经济体和最大的发展中国家，中国的ESG经验和制度创新也将对全世界具有借鉴意义。在这个过程中，我们要不断对标ESG领域的国际前沿通行的投资和商贸以及企业治理规则，特别是在贸易和投资规则和规制、生产中管理和标准等方面进行对接与协调，有效促进中国和世界经济安全有序融合。要用开放包容的心态来积极学习和借鉴全球先进的经验，有效消化和吸收来指导ESG投资和企业实践，通过政府、企业和社会的艰苦努力和探索，形成我们自己的实践经验和发展范式，最后将会实现我国ESG制度创新和发展范式的全球输出，并建立我国ESG领域的对外开放战略。另一方面，ESG实践发展要实现叙事方式和重要议题的中国化。我们要积极利用ESG这一战略工具实现中国的战略目标。ESG标准和制度体系是实现国家战略的价值观工具，体现了我国的社会共识和国家意志。因此，要构建适合中国的ESG标准体系和制度体系，例如，在环境、社会、治理三个维度中，纳入体现中国国情的生态文明、乡村振兴、科技强国、共同富裕等重要议题，实现国际规则体系的中国化。同时，作为发展中大国，中国化的ESG标准体系和制度体系是人类社会探索可持续发展道路的重要实践，也将为全球提供解决可持续发展问题的中国方案。

第二，促进国际对话和合作。ESG强调环境、社会和公司治理的全球性问题，参与全球范围内的ESG对话，有助于中国在国际事务中发挥更为积极的作用，提升在全球经济治理中的话语权。中国能够更有效地参与国际规则制定，为全球治理体系的构建提供更多中国智慧，增加在气候、环境等方面的国际对话，推动全球各国面对共同的挑战。

第三，融入国际经济体系。国际上对 ESG 的关注不断增加，投资者和企业越来越注重可持续性和社会责任。通过 ESG 投资和管理实践，中国企业能够更好地融入国际经济体系。这为中国企业吸引国际投资、拓展国际市场提供了更为有利的环境，同时也促使中国企业提升自身的可持续水平。

第四，提高在国际事务中的影响力和话语权。国际 ESG 标准组织正在努力寻求全球 ESG 标准的整合，建立更加统一的国际标准体系。中国积极参与这一进程，有助于在塑造全球 ESG 标准过程中体现中国诉求，使其更符合中国的国情和发展实际。此外，中国在积极推动 ESG 的过程中，能够展现出社会主义道路的优越性。社会主义制度下，强调可持续发展、全体人民共同富裕、人与自然和谐共生等理念，与 ESG 的核心要求高度契合。通过展现社会主义制度下的可持续发展模式，中国能够树立起负责任大国的形象，为世界提供一种不同于西方资本主义的经济发展模式。

9.2 中国 ESG 生态体系建设的现实基础

尽管 ESG 在中国兴起时间尚短，但其核心理念与"天下大同、协和万邦"的中国传统文化思想、强调公平的中国特色社会主义市场经济体制、以共同富裕为目标的中国式现代化时代使命高度契合。在中国文化基因、制度支持和企业可持续实践积累的支持下，中国政府和中国企业迅速积累了丰富的中国特色可持续发展和 ESG 现实基础，为中国 ESG 生态体系建设提供了基础保障和动力支持。鉴于此，本节将从文化、制度和实践积累三个方面系统剖析中国 ESG 生态体系建设的现实基础。

9.2.1 中国 ESG 发展的文化基因

中国哲学传统的思想"天人合一"强调"天地与我并生，万物与我为一"，体现了人与自然和谐发展的思想渊源。"天下大同、协和万邦"是中华民族自古以来对人类社会的美好憧憬，也是构建人类命运共同体理念蕴含的文化渊源。习近平主席在 2019 年亚洲文明对话大会开幕式上发表题为《深化文明

交流互鉴 共建亚洲命运共同体》的主旨演讲，指出我们应该坚持相互尊重、平等相待，美人之美、美美与共，开放包容、互学互鉴，与时俱进、创新发展，夯实共建亚洲命运共同体、人类命运共同体的人文基础。中国传统文化深植于千年的历史土壤中，形成了"中庸""和谐""平衡"的哲学思想和价值体系，充分体现了人际、社会、自然和谐共生的核心价值理念。在当今社会，这一传统思想与ESG人类共同体的理念展现出惊人的内在联系和契合点，为ESG在中国的传播发展以及中国企业和社会的可持续发展提供了深厚的文化支持。

从中华民族的处世准则来看，儒家文化强调"致中和，天地位焉，万物育焉"，只有通过"致中和"，才能与天地万物相协调，达到人生的完美。中庸之道是正确和融洽的行为方式，追求适度和平衡，正如《中庸》中所言："中也者，天下之大本也；和也者，天下之达道也。"这体现了对于平衡的追求，既非过度也非偏颇，而是在中庸之中寻找道路。本质上，这与ESG核心价值理念相契合，ESG理念同样要求企业在经济、社会和环境之间取得平衡，防止过度强调某一方面而损害整体可持续性。企业应当在经济增长和社会责任之间寻找中庸之道，实现共赢。

从中国传统文化所蕴含的经济发展理念来看，中庸思想提出"义利并举"的经济观，强调在谋求个体或组织的经济利益的同时，也要注重社会的义务和责任。ESG理念同样要求企业在经济活动中兼顾社会和环境责任，实现经济利益与社会责任的平衡。中庸思想中的"义利并举"与ESG中企业的社会责任履行相互呼应，共同体现了企业在经济行为中应有的道德和责任。此外，中国传统文化思想注重长远利益和全局利益，而非眼前利益和局部利益。类似地，ESG理念也强调企业应该考虑社会和环境的长远利益，远离短视和短期行为。企业要具备中庸思想的长远眼光，通过实践ESG理念，实现经济、社会和环境的共同繁荣。

从环境、社会和治理三个具体议题来看，无论是道家思想还是儒家思想，都强调人与自然、人与人之间的和谐共生，主张适度追求，避免过度追求物质享受。ESG理念体现了这一思想，尤其在环境方面，要求企业通过创新降低碳排放，节约资源，追求适度和环保的目标。中国传统文化中的"适度"原则与 ESG 中的绿色创新相辅相成，共同引导企业迈向可持续的发展之路。在社会责任方面，中庸思想强调通过修习"仁义礼"的方式，实现个人、家庭、社会和国家的和谐。ESG 理念在社会责任方面与中庸思想相契合，要求企业在社会中发挥积极的作用，履行社会责任，关注员工福祉，支持社区发展，实现与社会的和谐共生。在治理责任方面，历代中国文化先贤都强调社会公正和政治治理的重要性，这与 ESG 中对公正和良好治理的追求相吻合。此外，中庸思想蕴含了"仁爱""义理""礼节""诚信"等核心价值观。ESG 理念同样需要企业在实践中遵循这些价值观，尤其在社会责任和治理方面。企业要具备"仁爱"的社会责任感，遵循"义理"的商业道德，遵循"礼节"规范行为，保持"诚信"透明度。

可见，中国传统文化中的中庸思想与 ESG 理念之间存在深刻的内在联系和契合点。这一联系不仅表现在价值观的相近，更体现在对人类命运共同体、可持续发展思想上的共鸣。中国传统文化思想为中国企业可持续发展实践提供了深厚的文化根基和价值支撑，企业在实践中融合中国传统文化思想的智慧，将更容易在 ESG 的实践中取得平衡、追求长远和全局利益，以及秉持仁义礼智信等价值观念，推动可持续发展的目标迈出更为坚实的一步。

9.2.2 中国 ESG 发展的制度基础

中国企业发展历程和中国社会主义经济制度决定了中国企业与社会关系区别于西方国家的企业社会关系，其最大的特征就是企业承担了创造涵盖经济、社会与环境的综合价值与社会共享价值，为增加社会整体福利与推动社会整体转型提供不竭动力的责任。

一方面，与西方社会企业发展历史相比，中国企业具有更强烈的社会属性和政治底色。以公司在中国的诞生为例，公司在近代中国产生以来，人们普遍将公司赋予了更多的政治、社会内涵，而不仅仅是追求"维护股东与自身利益最大化"。从洋务派引进公司形式力图振兴国力开始，公司在人们的思想中一直与"图强""图富""利国"等社会政治理想绑定在一起，于是政府、官吏出于经济以外目的对公司自由经营形成羁绊与干涉。此后百余年间，中国企业发展始终是在国家直接干预和引导下进行的。同时，早期的中国企业家大多都有着深厚的家国情怀。例如，清末著名企业家张謇是民族棉纺织工业奠基人之一，主张"实业救国""父教育，母实业"，一生创办了包括大生纱厂在内的大小企业 34 家，学校 370 多所，为中国近代民族工业的兴起、教育事业的发展做出了宝贵贡献。同时，他开创了唐闸镇工业区，使南通成为中国早期的民族资本主义工业基地之一，城市建设按照一城三镇的格局，成为长江下游的重要商埠和苏北的经济、文化和政治中心，带动了区域经济的发展壮大。

另一方面，中国企业发展与社会关系的重要特殊性还表现为中国特色社会主义经济体制，以及这一体制下国有企业在国家企业构成中的重要地位和功能发挥。中国国有企业一直是中国特色社会主义的支柱，是推进中国进入历史新时代的强大推动力，始终在国民经济发展过程中发挥着战略支撑作用。计划经济时期，国有企业履行国家经济建设，维护政治稳定，提供社会公共服务的职能。新中国成立之初，为了巩固革命成果，完成经济赶超，国有企业成为国家贯彻政治目标的有力武器，通过执行政府下达的指令性计划进行经济生产建设，保障人民群众的基本生活物资的供应。计划经济时期，国有企业是履行社会职能、经济职能、实现国家政治意图的社区单位。改革开放以来，国有企业不断提升自身的经营效率，为国家经济体制的变革提供物质基础，承担改革成本，实现了资产保值增值与实现社会福利最大化双重功能。

当前，伴随着我国进入新发展阶段，在新发展理念指导下，国有企业承担社会福利最大化的公共功能日益凸显。一方面，国家始终强调国有经济在国民经济中的主导地位，另一方面，人们对于提升国有企业效率，履行国有企业社会责任方面提出了新要求。在中国企业可持续实践中，国有企业率先发挥作用。首都经济贸易大学中国 ESG 研究院统计数据显示，2023 年国有企业 ESG 披露已超过 50%，超过民营企业。当前国有企业在碳达峰、碳中和、保供稳价、降低社会运行成本、援助帮扶、乡村振兴、助力区域协调发展等方面持续发力，勇于担当，发挥了重要作用。

总体而言，中国企业发展历史和中国特色社会主义经济体制放大了企业的社会属性，为企业 ESG 实践提供了有力的制度支持。例如，在环境责任方面，中国特色社会主义强调可持续发展和生态文明建设，这对于环境保护和可持续经济是至关重要的；在社会责任方面，政府要求企业在发展中更加注重解决社会问题，如教育、医疗等，以提高社会稳定性，这与 ESG 标准中的社会因素相符，有助于建设更加公正和包容的社会；在治理方面，中国特色社会主义经济体制强调加强党对企业的领导，同时注重企业的法治和市场化运作，与 ESG 标准中的公司治理要求相契合。

9.2.3 中国 ESG 发展的实践积累

当前中国政府和中国企业已经积累了大量可持续实践经验。中国积极响应联合国可持续发展号召，将可持续发展融入国家发展战略。1992 年，联合国在里约热内卢召开了"环境与发展大会"，通过了以可持续发展为核心的《关于环境与发展的里约热内卢宣言》《21 世纪议程》等文件。此后，中国政府一直秉承可持续发展的理念，不断推行和完善相关政策行动，如表 9-1 所示。中国实施可持续发展战略的指导思想是坚持以人为本，以人与自然的和谐为主线，以经济发展为核心，以提高人民群众生活质量为根本出发点，以科技和体制创新为突破口，坚持不懈地全面推进经济社会与人口、资源和生态环境的协调，不断提高中国的综合国力和竞争力。

表 9-1 中国可持续发展战略代表性事件

年份	代表性事件
1993	中国政府为落实联合国大会决议，制定了《中国 21 世纪议程》，指出"走可持续发展之路，是中国在未来和下世纪发展的自身需要和必然选择"
1994	国务院通过《中国 21 世纪议程》，确定实施可持续发展战略
1995	中共十四届五中全会正式将可持续发展战略写入《中共中央关于制定国民经济和社会发展"九五"计划和 2010 年远景目标的建议》，提出"必须把社会全面发展放在重要战略地位，实现经济与社会相互协调和可持续发展"

（续）

年份	代表性事件
1997	中共十五大把可持续发展战略确定为我国"现代化建设中必须实施"的战略
2002	中共十六大把"可持续发展能力不断增强"作为全面建设小康社会的目标之一
2003	国务院颁布《中国21世纪初可持续发展行动纲要》，明确未来10到20年的可持续发展目标、重点和保障措施
2007	中共十七大报告进一步明确提出了建设生态文明的新要求，并将到2020年成为生态环境良好的国家作为全面建设小康社会的重要目标之一
2012	中共十八大把生态文明建设摆在总体布局的高度来论述，十八大报告首次单篇论述"生态文明"；全国党代会报告第一次提出"推进绿色发展、循环发展、低碳发展""建设美丽中国"
2014	在《中美气候变化联合宣言》中，我国首次提出2030年实现碳达峰的计划
2015	习近平主席出席联合国发展峰会，同各国领导人一道通过了《2030年可持续发展议程》
2016	李克强总理在纽约联合国总部主持召开"可持续发展目标：共同努力改造我们的世界——中国主张"座谈会，并发布《中国落实2030年可持续发展议程国别方案》
2017	中共十九大将可持续发展战略确定为全面建成小康社会决胜期需要坚定实施的七大战略之一。十九大报告赋予可持续发展战略新的时代内涵，首次提出建设"富强民主文明和谐美丽"的社会主义现代化强国目标，生态文明建设上升为新时代中国特色社会主义的重要组成部分
2020	中共十九届五中全会审议通过《中共中央关于制定国民经济和社会发展第十四个五年规划和二〇三五年远景目标的建议》
2020	国家主席习近平在第七十五届联合国大会上宣布，中国力争2030年前二氧化碳排放达到峰值，努力争取2060年前实现碳中和目标
2021	习近平主席以视频方式出席《生物多样性公约》第十五次缔约方大会领导人峰会，提出中国将构建碳达峰碳中和"1+N"政策体系。《关于完整准确全面贯彻新发展理念做好碳达峰碳中和工作的意见》与《2030年前碳达峰行动方案》共同构成贯穿碳达峰、碳中和两个阶段的顶层设计，"N"则包括能源、工业、交通运输、城乡建设等分领域分行业碳达峰实施方案，以及科技支撑、能源保障、碳汇能力、财政金融价格政策、标准计量体系、督察考核等保障方案

(续)

年份	代表性事件
2022	习近平总书记在党的二十大报告中强调，高质量发展是全面建设社会主义现代化国家的首要任务。二十大报告提出，推动绿色发展，促进人与自然和谐共生
2023	国务院新闻办公室发布《新时代的中国绿色发展》白皮书
2024	2月26日上海发布《加快提升本市涉外企业环境、社会和治理（ESG）能力三年行动方案（2024—2026年）》 3月15日北京市发布《北京市促进环境社会治理（ESG）体系高质量发展实施方案（征求意见稿）》 3月19日苏州工业园区召开ESG产业发展推进大会，发布《苏州工业园区ESG产业发展行动计划》《苏州工业园区关于推进ESG发展的若干措施》两份文件 4月12日，在中国证监会的指导下，上海、深圳和北京三大证券交易所正式发布《上市公司可持续发展报告指引（试行）》（以下简称《指引》），引导和规范上市公司发布《可持续发展报告》。《指引》对上证180、科创50、深证100、创业板指数等重要市场指数的样本公司以及境内外同时上市的公司的可持续发展报告披露做出了强制要求，要求这些公司应当最晚在2026年首次披露2025年度《可持续发展报告》 5月27日，财政部发布了《企业可持续披露准则——基本准则（征求意见稿）》。该准则预计将在2027年正式实施，随后将推出企业可持续披露基本准则和气候相关披露准则。该准则的实施将采取分阶段、分层次的策略，避免一刀切的强制执行。具体实施策略将从上市公司逐步扩展至非上市公司，从大型企业逐步扩展至中小企业，从定性要求逐步过渡到定量要求，并从自愿披露逐步过渡到强制披露。该准则的制定旨在规范和引导企业在可持续发展方面的信息披露，促进企业履行社会责任

国家战略与区域目标最终要落实到企业的具体生产运营上。在中国可持续发展战略实施过程中，中国企业肩负起重要使命。就可持续商业实践的内容范围而言，中国企业正全面关注和积极践行联合国可持续发展目标。《毕马威2022年可持续发展报告调查》数据显示，在对中国N100的调查中，有17%的公司在ESG或企业社会责任报告中展现了所有的17个可持续发展目标。在相关报告引用可持续发展目标的47家中国N100公司中，超过90%的企业认为可持续发展"目标8：体面工作和经济增长""目标9：产业、创新和基础

设施""目标13：气候行动""目标3：良好健康与福祉""目标10：减少不平等""目标11：可持续城市和社区"和"目标12：负责人消费和社区"与自身业务密切相关，其中，目标8、9和13脱颖而出成为中国N100企业中最受欢迎的目标。这体现了中国企业对可持续发展的负责和关注，中国在保障产业链、供应链韧性的同时，注重就业优先、人才强国战略，完善社会保障体系，以强烈的社会责任感向世界展示了可持续发展的信念。

就可持续实践趋势而言，中国企业表现出鲜明的中国特色。第一，有为政府与有效市场结合，政府引导与企业响应上下联动。中国企业积极响应政府号召，实现可持续发展战略的上下联动，特别是"双碳"目标提出以来，中国政府积极引导企业实施可持续发展战略，激励企业加速绿色生产，推动环境与气候治理，形成了政府和企业在可持续发展方向上的紧密合作。环境保护制度、气候治理目标、碳交易市场启动等因素对企业环境管理、信息披露提出更高要求。企业积极响应政府号召，着力提升降碳、减碳甚至实现零碳的能力，积极推进环境与气候协同治理，加强环境信息披露。目前，企业推进绿色生产、节能降碳，创新和发展空间巨大，同时落后产业和产能将加速淘汰，也从市场的角度推动企业在"双碳"目标落实中承担起责任。此外，绿电采购市场机制和绿色金融工具也迅速发展起来。在政府、产业链、消费者等诸多因素的共同助推下，中国企业正在加速形成拉动低碳生产、绿色循环的新市场形态。

第二，ESG实践与国家战略高度契合。中国企业积极破解国家发展瓶颈，通过技术创新和数字化转型，推动高质量发展。这些努力与ESG（环境、社会、治理）实践高度契合，使得企业在可持续发展的道路上不仅符合国家战略需要，还能引领行业及产业链的转型升级。特别是在数字经济和新兴领域，中国企业的投入和创新助力了可持续经济的推进。自从2012年以来，中国数字经济增速连续11年高于GDP增速，根据中国信息通信研究院2023年发布的《中国数字经济发展研究报告（2022）》，2022年我国数字经济规模达50.2万亿元，总量稳居世界第二，占GDP比重提升至41.5%。特别是在新能源、新基建、智能化等重点领域，以央企、国企为领军的中国企业积极投入技术创新,推动绿色创新与转型。

第三,中国企业在ESG实践中展现出后发优势。在起步较晚的情况下,中国企业通过借鉴国际经验迅速发展,并形成了较为强劲的ESG实践势头。这表明中国企业在面对全球可持续发展挑战时,能够灵活反应和适应,加速技术创新、数字化转型,并在ESG生态体系中迅速崛起。面对全球产业链风险加剧,中国企业正加快调整供应链布局。多元化、平台化、数字化、绿色化成为新趋势。此外,为了加速实现国际对话,中国ESG投资规模持续扩大,绿色投资成为资本市场重要力量。在经济绿色复苏需要、信息披露政策支持及金融监管加强的合力下,中国正积极推动ESG投资和企业ESG实践发展,ESG生态体系初步显现,为ESG本土化发展奠定了实践基础。

9.3 中国ESG生态体系建设的理论支撑

习近平总书记在党的十八届五中全会上提出了创新、协调、绿色、开放、共享的发展理念,并多次强调:"创新是引领发展的第一动力,协调是持续健康发展的内在要求,绿色是永续发展的必要条件和人民对美好生活追求的重要体现,开放是国家繁荣发展的必由之路,共享是中国特色社会主义的本质要求。"这是中国共产党科学判断中国经济社会发展形势而提出的重大创新性理论,为将我国全面建设成为社会主义现代化国家提供了全面系统的理论体系和明确的行动指南。党的二十大报告中突出强调高质量发展是全面建设社会主义现代化国家的首要任务,必须完整、准确、全面贯彻新发展理念。

从理论范畴来看,新发展理念涵盖了ESG的核心思想和主体内容,是ESG本土化发展的理论指引。在ESG本土化的进程中纳入和融合新发展理念,有助于ESG赢得更广泛的社会共识,更容易被广泛接受和理解,体现了其对我国经济社会可持续发展至关重要的价值。这也可以使源自西方的ESG更加关注"人",更好地处理人与社会、人与自然之间的矛盾,实现"发展依靠人民,发展为了人民,发展成果由人民共享"的目标,使ESG体系在中国发展建设中焕发更大的生机与活力。对企业而言，遵循新发展理念意味着以创新为动力，以协调为行为准则，以绿色和开放为指导，以共享为目标，是在微观主体中实现ESG本土化的理论基础。

第一，"创新"是中国特色ESG体系的核心要义。目前利用商业力量来解决人类面临可持续发展难题方面，ESG是最成功的市场创新和制度创新。ESG指引企业经营活动和投资行为符合可持续发展理念，引导企业关注环境、社会和治理问题，同时ESG的发展和运行也使得企业需要通过技术和商业模式的创新解决社会问题，投资者也需要创新投资策略以实现长期价值创造，这体现了"创新"发展理念的指导作用。

第二，"协调"是中国特色ESG体系的内在本质。协调是经济持续健康发展的内在要求，意味着经济发展的目的不再仅仅是经济数量上的累积，而是追求经济、社会、人与自然多方面的协调发展。ESG通过提升治理能力，让企业在经济效益和社会效益方面协同发展。在"协调"发展理念的引导下，企业的ESG实践从单一追求利润转向更加综合平衡的发展，在发展过程中更关注社会、环境和治理的整体均衡，从而推动企业在与外部环境交互中发挥更积极的作用，为经济的可持续发展和社会生态的平衡发展贡献力量。

第三，"绿色"是中国特色ESG体系的实践基础。绿色是永续发展的必要条件和人民生活高质量发展的重要体现。绿色发展是ESG实践发展的基础。ESG的环境维度包括温室气体排放、能源管理、水污染控制、可持续资源利用以及气候变化管理等指标，充分体现了对绿色发展理念的实际践行。在绿色发展理念的指导下，企业将绿色理念融入战略决策中，致力于建立更加可持续的商业模式，以应对当下和未来的环境挑战，在企业实践中推动着环境保护、资源合理利用、气候管理等绿色发展目标的落地。

第四，"开放"中国特色ESG体系的重要特色。ESG是全球可持续投资的主流实践和企业非财务信息披露的公认框架体系，已经成为国际普遍接受的话语体系和实践模式。在"开放"理念的引导下，引入和应用ESG有助于我国企业更好地适应国际投资环境，完善企业治理结构，推动企业走向国际市场，融入全球经济循环。

第五,"共享"是中国特色 ESG 体系的终极目标。共享是中国特色社会主义的本质要求,要持续增进民生福祉,提升共建共治共享水平。ESG 充分考虑企业、政府、员工、环境等多方利益相关人的需求和期待,推动企业实现经济价值与社会价值的双赢,关注员工、供应商和社区等多方面的利益,促进各方利益间的协调与平衡,从而为社会全体成员共同分享经济与社会发展成果创造了条件。

综上所述,新发展理念与 ESG 指导思想高度契合,不仅是 ESG 的基础逻辑,更是其超越之处,强调市场主体在共创价值中分享价值的权利,推动 ESG 实践向"共生共赢与共益"逻辑的转型。在新发展理念的引导下,中国的 ESG 体系建设旨在使企业资源更趋向创造经济、社会、环境综合价值。与西方 ESG 偏重社会环境风险防范不同,中国的 ESG 体系建设将更注重对企业核心产品和服务所创造的环境社会价值的全面关注,从而引导企业回归本质责任,通过商业模式、产品创新解决社会问题,提高人民生活质量。这将促进资本在关键技术、区域协调发展和生态文明方面发挥更大作用,支持企业创造高质量就业机会,提升社会福祉,为实现共同富裕的目标做出贡献。

9.4　中国 ESG 生态体系建设

ESG 是一个生态系统,是用市场化的方法推动企业践行可持续理念的系统方法论。柳学信指出:"当前 ESG 已成为新的竞争规则和治理体系,中国 ESG 生态系统建设迫在眉睫,迫切地需要从标准建设、ESG 研究、人才培养等方方面面来补全我们在 ESG 生态系统中的短板,将 ESG 作为一种战略纳入每个企业的战略规划体系和实施体系中,构建中国特色的 ESG 本土标准体系,促进企业的高质量发展。"⊖鉴于此,本部分将基于中国式现代化建设发展的国情现状,构建中国 ESG 生态体系基本框架,并深入讨论中国 ESG 生态体系建设的主要任务,以期推动本土 ESG 实践的蓬勃发展。

⊖ 来源于华夏时报专访报道,详见 https://www.chinatimes.net.cn/article/131201.html。

9.4.1 中国 ESG 生态体系框架

从当前中国 ESG 参与主体来看，可以大致划分为监管机构、标准制定者、资金持有者与管理者、企业、ESG 中介机构、服务机构六大类。

第一，监管机构。监管机构是 ESG 生态系统中的顶层设计和宏观指导者，通过监管政策和监督实践为中国 ESG 发展提供方向。与国际市场不同，在国内，政府及相关部门机构是 ESG 生态系统中的核心监管主体，政府政策是影响 ESG 政策和报告的关键因素。此外，由于贸易和国际供应链的影响，针对外部和供应链排放的全球政策日益重要。这转而又影响着国内监管，并增加了中国企业加快 ESG 改革的压力，以符合国际 ESG 报告标准。

第二，标准制定者。ESG 标准为 ESG 生态系统多元主体提供具体行动框架。当前中国并没有完整的 ESG 披露标准框架，但多年来在环境、社会、治理方面也从未停止前进的脚步，各部门、各机构都在为构建 ESG 披露标准不懈努力。中国 ESG 标准制定的参与群体呈现出多元主体参与的特点，例如，国际组织、标准机构、监管机构、行业协会、ESG 研究机构等。

第三，资金持有者与管理者。基金公司、证券公司、银行等资金持有者和管理者是推进中国 ESG 实践发展的关键力量，是企业 ESG 实践的重要驱动因素。根据首都经济贸易大学中国 ESG 研究院发布的《中国 ESG 发展报告 2022》数据，截至 2022 年 11 月，践行 ESG 理念的基金公司已经增长到 159 家，其中有 83 家成为 UN PRI 的签署机构，占比为 51.57%；国内参与 ESG 理念的证券公司由 2020 年的 11 家增长到 18 家，其中属于 UN PRI 的签署机构共有 10 家，占整体证券公司数量的 55.56%；国内参与 ESG 相关业务的银行由 2020 年的 17 家增长至 75 家，其中大型银行、股份行、城商行和农商行均有涉猎。此外，近年来国内投资服务机构、信托公司和保险公司等机构也纷纷加入中国 ESG 投资实践中来。就投资领域来看，近年来国家重点战略（如乡村振兴战略、创新驱动发展战略、绿色发展战略、"一带一路"倡议等）为本土化 ESG 投资指明了方向。例如，2021 年，国投创益积极转型，服务国家乡村振兴战略，引入 ESG 投资，制定"星火"投资原则，聚焦乡村振兴急需和重点发展行业进行布局，结合对社会效益、环境保护和经营治理的持续关注，最终形成了ESG管理体系，作为项目投资的重要考量因素，并推动了ESG指标引入到一级市场。

第四，企业。企业是ESG生态系统在微观实现层面的核心行动主体。随着中国逐步转向寻求高质量、可持续的经济发展，ESG日益受到中国企业的关注和重视。中国企业的ESG管理实践是具有强烈中国特色的，例如，搭建中国特色的顶层设计、推进宏观机制健全与完善、构建中国特色的ESG生态体系、落地ESG示范性先行标杆（柳学信，2023）。近年来，在政策、监管等多重因素推动下，中国企业ESG行动呈现出央企先行、民企紧追的特点，特别是上市公司积极参与到ESG行动中来。A股ESG报告披露率稳步上升，根据青悦环保统计显示，截至2024年4月28日，沪、深、北交易所已有1847家上市公司披露2023年度ESG报告/社会责任报告。

第五，ESG中介机构。以ESG评级与数据提供者为代表的ESG中介机构将ESG生态系统的多元主体联结起来，为ESG市场发展注入了活力。目前，国内ESG评级机构主要有秩鼎技术、万得、妙盈科技、商道融绿、微众揽月、鼎力公司、中证指数、华证指数、盟浪、国证指数公司、中诚信绿金、润灵环球、嘉实基金、社会价值投资联盟、华测检测（CTI）、中债估值中心、中国ESG研究院、恒生聚源、责任云、商道纵横、和讯等。近年来，国内ESG评级机构数量增幅明显，且机构属性更趋多元化。据不完全统计，截止到2022年，ESG评级机构数量达到23家，这些机构主要有专业数据库、学术机构、咨询服务公司、公益性社会组织和资管机构等，但缺乏较为权威的得到市场认可的评级体系，且基本面对国内上市公司进行ESG评价。

第六，在中国ESG生态系统运行过程中，涌现了一批秉持可持续理念的服务机构，例如，致力于推动可持续发展的教育科研机构、咨询机构、行业协会、媒体等。自2020年国内第一家专门开展ESG研究的高校智库——首都经济贸易大学中国ESG研究院成立以来，清华大学、中央财经大学、上海财经大学等高校和研究机构纷纷建立企业可持续发展研究机构，共同为国内ESG发展提供技术保障和人才支持。此外，咨询机构（大部分ESG中介机构也具有咨询服务功能）、行业协会、媒体的广泛关注也为中国ESG实践发展提供了专业建议、制度期望和舆论支持。

总体而言，多元主体的参与为国内ESG市场发展奠定了客观基础。目前，中国ESG生态系统已经形成，覆盖了涉及顶层设计层面的政策监管和质量基础设施层面的标准制定，微观主体互动层面的企业实践与披露、评级与产品供给以及投资，以及服务保障层面的人才、研究等活动。中国ESG生态系统框架如图9-1所示，政府的监管政策和各方已达成共识的标准体系为ESG生态系统提供宏观制度基础，围绕企业这一核心，投资者提供动力来源，中介机构提供数据、信息支持，服务机构提供人才、技术、工具等服务和支持。以政府和标准制定机构为核心的宏观行动主体与以企业、投资者、ESG中介为核心的微观实践主体形成良性互动。

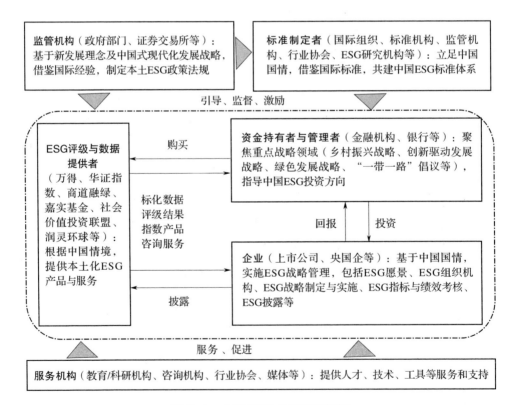

图9-1　中国ESG生态系统框架

9.4.2 中国 ESG 生态体系建设的主要任务

当前,中国可持续发展仍然面临艰巨的挑战。国际经济政治格局复杂多变,世界进入动荡变革期,单边主义、保护主义、霸权主义对世界和平与发展构成威胁。与此同时,中国经济进入新常态,面临经济增速换挡、结构调整、新旧动能转换等多重挑战。我们需要加快步伐推进中国 ESG 生态体系建设,特别是需要在 ESG 法律制度、本土化评价标准、重点战略领域 ESG 投资、企业 ESG 战略管理、本土 ESG 中介机构培育等方面下足功夫,进而赢得 ESG 全球治理的话语权。

1. ESG 法律制度建设

ESG 法律制度及监管政策是 ESG 生态系统建立与发展的基础保障。近年来,中国已经逐渐意识到环境、社会和治理问题的重要性,并为推动中国企业可持续发展采取了一系列政策措施。例如,我国制定了碳达峰碳中和"1+N"政策体系、"十四五"循环经济发展规划、促进新时代新能源高质量发展实施方案、"十四五"数字经济发展规划等,调整能源结构,大力发展清洁能源,推动重点行业领域节能减碳,提高绿色发展水平。在社会领域,我国出台了"十四五"就业促进规划,重点拓宽就业渠道、促进供需匹配、完善就业服务;实施乡村振兴战略,缩小城乡发展差距。但与欧盟、美国等国际市场相比,当前中国 ESG 实践尚未形成成熟的、明确的、系统的制度框架,特别是在气候等方面相关制度法律层级仍不高,有关社会平等、公司治理等方面的法律制度仍需健全。未来监管机构需进一步完善中国 ESG 政策体系,加快协同推进统一 ESG 法律制度,完善激励约束机制。

第一,完善顶层制度框架搭建。中国 ESG 生态体系建设离不开政府部门的大力支撑,特别是在 ESG 法律制度建设方面,需要进一步明确 ESG 监管的牵头部门,建立和完善国资委、证监会和生态环境部等主管部门之间的协同联动机制,从顶层制度层面设计和规范 ESG 发展方向。例如,各部门联合研究、推动和印发 ESG 政策方案或相关指导性文件,一方面,要借鉴国际先进经验,从宏观层面出台统一的 ESG 相关法律制度及监督激励机制;另一方面,要基于新发展理念及中国式现代化发展战略，借鉴国际经验，制定本土ESG政策法规。

第二，加强ESG政策法规适用主体多元化。目前中国ESG政策法规主要针对上市公司和机构投资者做出规定和要求，而放眼国际市场，ESG条例法规适用对象已经逐步扩大到资本市场各主要参与者，包括资产管理者、资产所有者和投资中介机构等。例如，美国ESG法律文件的适用主体从上市公司开始，进而扩大到养老基金和资产管理者，再进一步延伸到证券交易委员会等监管机构。因此，借鉴国际经验，进一步扩大中国ESG政策法规的适用范围，将更加多元的实践主体纳入ESG生态体系中，对中国ESG生态建设至关重要。

第三，强化政策法规的制度约束力度。伴随着相关政策法规文件的接连出台，需要对企业ESG管理的要求不断更新调整，逐步实现从软法到硬法的转变。例如，中国证监会规定，所有在生态环境部重点排污单位名单上的企业必须披露详细的污染信息和污染防治措施；上交所要求所有上市公司报告可能影响股价的环境信息，包括监管调查和制裁等，并要求火力发电、钢铁、水泥、电解铝和矿产开发等行业的企业报告资源消耗、污染、污染防治措施和目标等信息。这些监管政策的出台或调整一方面要求和拓宽企业信息披露的广度，另一方面强化企业披露要求，提高信息披露质量，从而强化制度法规的约束力度。

2. ESG标准体系建设

当前国际上有影响力的ESG标准和评价体系都源于国外，中国企业ESG实践与国际标准之间存在较大偏差。截至2024年1月，MSCI ESG评级100强上市公司（沪深港）中，仅8家企业达到AAA级，其中沪深上市公司仅1家（丽珠集团）；评级为AA的44家企业中，沪深上市公司仅有15家。这是由于中国企业ESG实践兴起较晚，与国际头部企业相比仍存在一定差距，但更根本的原因在于，国外ESG评级机构基于西方文化和政治背景制定的评级方法很可能难以准确衡量我国企业的ESG表现。例如，国际ESG标准难以将乡村振兴、共同富裕、农业现代化等中国情境因素纳入评级体系，因此，我国企业很多具有中国特色的ESG成果无法体现在ESG评级结果中，特别是极具我国制度特色的国有性质企业所承担的非经济责任可能更加难以得到国外ESG评级机构的客观评价。此外，西方国家把控国际ESG标准体系，国际评级机构对中国市场存在天然信息壁垒，中国企业的ESG信息披露规范不统一、量化程度低，导致许多中国企业在当前国际ESG评价指标体系下难以获得高评级。但国内可持续发展和ESG实践表明，我们已具备充分的客观基础，需要结合中国的文化和政治体系，建立本土化评价体系，以更准确、全面地评估企业的ESG表现。

我国ESG相关的标准已初具规模，生态环境部、证监会等监管机构已针对重点行业或者上市公司提供环境和社会信息披露指引，但直接规范指导企业ESG工作的国家标准尚属空白。目前国内企业ESG实践只能参考环境、社会、和治理单一维度的相关标准和指引。面对"双碳"目标背景下建立健全ESG体系的新形势、新要求，ESG标准体系的全面性、协调性和先进性都有待提升，标准与政策衔接、标准有效实施机制、标准国际化水平等还存在不足。因此，在构建本土化ESG标准体系的过程中，必须紧密结合当前中国式现代化建设的国情和企业ESG实践基础，通过协同努力、培育机构、提升国际影响力等多方面的努力，促使ESG评级更好地服务于中国企业的可持续发展，并与国际标准实现有效对接。

首先，本土化ESG标准体系应立足中国式现代化建设的国情，深度融合中国社会、文化和制度特点。由于国内企业的ESG实践可能与西方标准存在差异，标准体系建设应更贴近中国经济的发展阶段和特色。这有助于更准确地反映中国企业在环境、社会和治理方面的表现，符合中国国情的ESG评级体系才能更具针对性和实际意义。其次，各方主体需协同努力，共同推动本土化ESG标准体系的建设。监管机构、行业协会、投资机构、研究机构、企业等多方利益相关者应形成紧密合作，参与制定ESG标准的基本原则、方法和评价维度。建立开放的沟通渠道，鼓励信息共享，以确保标准体系的公正性和全面性。支持行业协会、产业联盟和企业，在国际性和国家标准的基础上，结合经营主体规模和行业特点，制定通用ESG信息披露标准。同时，应鼓励相关机构参与制定ESG披露国际标准、国家标准、行业标准和地方标准，自主制定一批团体标准和企业标准。

当前，本土化ESG标准建设的呼声越来越高，许多机构和组织纷纷参与到中国特色ESG评价体系的建设中来。例如，首都经济贸易大学中国ESG研究院已经与国家部委相关部门、国际组织、行业组织、企业、高校和科研院所、新闻媒体等企业ESG标准化工作利益相关者80余家达成战略合作，已经具备协同推进国家企业ESG标准化工作的合作基础。

首都经济贸易大学中国ESG研究院创新性提出"1+N+X"的本土化ESG标准构建思路。其中，"1"代表通用标准，分为环境、社会和治理三个维度，是中国企业ESG标准的共性议题；"N"代表行业专项标准，是根据企业所在行业或专业领域特点制定的行业实质性议题；"X"代表特色化模块议题，是根据企业所属的类型或主题等特点制定的特色议题。在通用标准构建方面，中国企业改革与发展研究会、首都经济贸易大学牵头起草，并联合包括国家能源投资集团、中国移动、蚂蚁集团等在内的数十家标准研制单位共同推出《企业ESG披露指南》（T/CERDS 2-2022）团体标准，并正式实施。该指南为中国首份企业ESG信息披露的团体标准，设计了环境、社会、治理三大维度共计118个指标。从披露指标体系来看，不仅融入全球标准，也重点突出了中国本土化的议题。在行业专项标准构建方面，首都经济贸易大学中国ESG研究院主导研制了非金属矿物制品业、废弃资源综合利用行业、零售行业、金属制品行业、酒类行业等细分行业的ESG标准体系。在特色化模块标准建设方面，研究院致力于气候风险、生物多样性、多元化平等及包容性（DEI）等重要议题和中小企业、高质量发展企业、上市公司等不同类型企业ESG信息披露框架和评价体系的研制工作。

3. 促进ESG投资发展

近年来，国内ESG投资市场迅速兴起，蓬勃发展，但与国际ESG投资相比，仍存在很大的改进空间。

第一，加强政策协调与制度保障。随着ESG理念的普及，诸多金融机构开始发布以ESG或ESG相关概念命名的金融产品，但这些金融产品的真实内涵和命名的合理性尚缺乏评估。为规范ESG发展和应对漂绿，国际上已推出相关法规，例如，欧洲于2020年颁布并实施《欧盟分类条例》(EU Taxonomy Regulation)。该条例将逐步建立一个可持续经济活动的分类系统，向企业、投资者和政策制定者提供不同类型可持续经济活动的定义，从而提高ESG信息的准确性，降低漂绿风险。这些界定ESG投资和金融产品的法规与分类条例对于中国ESG投资发展具有启示意义。由此，借鉴国际经验，通过财政政策促进ESG投资市场发展，通过法律机制规范市场行为，是中国建设健康有序的ESG金融市场的制度基础。这就要求在宏观制度层面推动完善法律法规，完善金融机构绿色金融考核评价机制，丰富相关货币政策工具，支持高排放行业和高排放项目绿色低碳转型，深化绿色金融区域改革，在国家区域重大战略中进一步支持绿色发展。

第二，聚焦国家重点战略领域。当前中国ESG金融产品的丰富程度和多样性尚显单薄，国家重点战略领域是未来中国ESG投资发展重点。近年来，党中央围绕中国式现代化目标提出了一系列重大发展战略，涵盖了多个领域，包括乡村振兴战略、创新驱动发展战略、绿色发展战略等，这些重要发展战略相互交织，共同构成了中国综合发展的蓝图，为实现经济可持续增长、社会全面进步提供了战略引导，也为中国ESG投资实践指明了方向。例如，乡村振兴基金作为新兴的金融支农手段，在各地呈现蓬勃发展之势，具有政策大力支持、发达地区行动快、投资重点项目多、合作机制细等特征。据艾格农业统计，截至2022年末，全国23个省份设立乡村振兴基金192只，总计管理规模为1239.82亿元。在乡村振兴领域的投资不仅是ESG投资理念在中国的实践，也为ESG投资工具的发展提供了广阔的空间。当前国内市场已有一些本土产品，如乡村振兴畜牧贷款、扶贫债券，以及同时对标碳中和与乡村振兴的"双标债"，同时对标碳中和、乡村振兴与革命老区的"三标债"。资本的投向应集中于更大程度上创造社会效益的领域,为中国 ESG 投资的重要贡献奠定基础。

第三,促进绿色金融产品和市场发展。以绿色发展为引导的 ESG 投资是实现中国经济社会发展系统性变革的关键一环,也是全球可持续发展和 ESG 体系建设的核心组成部分。中国是世界上最早出台绿色信贷相关监管要求、开展绿色信贷统计和关键指标评价的国家之一。在全面贯彻"碳达峰、碳中和"战略的框架下,绿色金融领域接连取得新的发展,当前,全国碳排放交易市场建立,碳减排支持工具落地生效,资金逐步投入清洁能源、节能环保、碳减排技术等领域,推动中国经济向更为环保和可持续的方向迈进。近年来,中央及地方政府对绿色金融体系的推动使得 ESG 投资在中国得到了新的发展动力。各类金融机构积极进行金融产品创新,建立绿色发展基金和碳中和基金等工具,为 ESG 投资提供更多选择。这为 ESG 投资的广泛发展奠定了坚实基础。未来,引导社保基金、保险资金、政府引导基金、产业投资基金等参与绿色投资将是关键一步。通过激发这些机构的绿色低碳投资活力,可以形成全社会的绿色发展合力,实现 ESG 投资的系统性推动。这不仅有助于中国在国际上树立领先地位,也将推动更多市场主体参与,共同推进中国 ESG 投资的实践,为经济可持续发展注入新的生机。因此,中国 ESG 投资的发展,仍需在绿色金融市场建设方面加大力度,特别是要重点推进碳排放权交易市场建设,加大绿色信贷支持力度,进一步加大资本市场支持绿色低碳发展力度,大力发展绿色保险和服务,壮大绿色金融市场参与主体。

4. 促进企业 ESG 实践

企业是 ESG 生态系统中的核心行为主体,企业 ESG 实践决定了整个 ESG 生态发展的最终水平。近年来,越来越多的中国企业开始认识到 ESG 的重要性,在企业内设置专门的 ESG 机构部门以处理相关事宜。一些具有较大影响力的企业,如腾讯、贵州茅台和阿里巴巴等,相继高调发布 ESG 报告,阐述公司的 ESG 理念、目标、战略与行动。ESG 正在更加深入地渗入企业战略制定和日常管理环节。但整体来看,许多企业的 ESG 举措还缺乏系统性和长期性的统筹规划。此外,企业对于 ESG 的关注范围往往比较狭隘,常常缺乏对于不同ESG议题的通盘规划。与国际企业相比，中国企业ESG管理实践正处于起步阶段，尚未形成全面系统的ESG管理体系。根据UN PRI面向境内外40家机构投资者的调查，由于接触不到ESG对口部门或人员、投资者关系人员不懂ESG等原因，机构投资者与中资上市公司沟通ESG问题时存在较严重的障碍，可能导致上市公司吸引投资的能力受到影响。总体而言，中国企业ESG管理实践起步晚、发展时间短，除部分龙头企业之外，普遍存在经验不足、专业性低的问题。促进中国企业ESG实践发展，需要从宏观政策建设与企业自身行动两方面共同努力。

就宏观政策建设而言，需要立足不同区域功能定位和产业结构特点，推动ESG制度体系建设，鼓励企业和相关组织进行ESG信息披露。事实上，随着ESG理念在我国经济社会中逐步推行，中国人民银行、工业与信息化部和国务院国有资产监督管理委员会等有关政府机构正在探索和推动企业ESG管理实践。国务院国有资产监督管理委员会已经明确将ESG纳入中央企业社会责任工作，从多个方面统筹推动中央企业集团公司社会责任工作和上市央企ESG工作。一些地方国有资产监督管理委员会，如上海国有资产监督管理委员会、广东国有资产监督管理委员会和深圳国有资产监督管理委员会等，也在落实所监管企业践行新发展理念，大力推行ESG管理实践，要求在企业ESG实践中将ESG理念充分融入企业发展战略，探索企业履行环境责任和社会责任、提升公司治理水平、施行负责任的投资与负责任的管理。未来需要从宏观层面调动各方主体，共同为企业ESG实践提供制度保障，特别是要建立完善本地ESG信息披露标准体系，积极支持企业进行ESG信息披露，加大重点领域信息披露力度，逐步建立信息披露鉴证制度，提供ESG资金支持等。

就企业自身行动而言，作为ESG管理实践的后发者，中国企业应该充分利用国际上ESG的已有实践经验与成果，融入全球ESG潮流，并结合中国文化、价值观、新发展理念、国情等构建具有中国特色的ESG管理模式。

第一，树立企业可持续愿景与ESG价值观。一方面，加强董事会与管理层的ESG意识与理念。在公司董事会层面强化ESG表现推动企业可持续认知，识别对公司具有重大意义的ESG议题，发挥其对ESG事项的决策、监督、引领以及战略指导工作。另一方面，将ESG理念融入企业愿景、价值观，并培养企业ESG文化，从而提升ESG管理实践的组织认同感。

第二，完善ESG治理组织架构与工作机制。一方面，建立健全ESG治理架构，优化董事会决策体系。设置ESG专门委员会，负责履行战略决策和监督职能，审议并监督ESG相关事项，自上而下推动公司内部ESG体系建设。另一方面，提升ESG协同工作能力。配备相适应的管理人员及执行人员负责ESG各维度下相关工作的管理与执行，明确并落实相应的责任主体及绩效考核，提升企业ESG管理能力，加强企业经营稳定性，促进高质量发展。此外，由于ESG事项覆盖广、专业化程度高，特别对众多处于ESG治理初期的企业来说，ESG委员会尚未形成足够的认识，更难以实际运用。企业可以参考国际优秀企业的经验，引入外部ESG专业委员会的支持，也可以针对具体某一类ESG问题成立外部专业委员会。然而，中国企业引入外部ESG委员会的情况并不常见，中国企业还没有意识到外部ESG委员会的重要作用。外部ESG专业委员会可能不是公司治理的正式组成部分，但能作为ESG治理架构的有益补充，帮助企业了解最新的ESG趋势和动态，获得外部对于企业ESG事项的专业意见和想法，从而帮助企业做出科学的ESG决策，提升ESG管理水平。

第三，提升企业ESG战略管理能力。首先，系统建立"理念—战略—运营—评估—披露"的ESG管理体系。其次，对ESG内容进行全面认知，并根据自身行业特点，与企业业务领域进行系统匹配，建立企业ESG管理内容矩阵。再次，加强ESG相关培训，提升ESG专业能力。加强与外部机构合作，开展专业培训，强化员工ESG发展意识，在业务层、管理层、决策层各个条线建立规避ESG风险的认知，将环境、社会和治理因素全面融入风险分析和公司核心业务或增长战略。此外，完善ESG信息披露机制，提高外部沟通能力，是传递ESG业绩的重要环节，企业要遵循ESG信息披露制度规则，积极规范披露ESG信息。

5. ESG 中介培育

中国 ESG 生态系统健康发展需着重培育自己的 ESG 评级机构和数据提供商，促进 ESG 中介市场发展。整体来看，国内 ESG 中介市场还处于发展初期，存在很多可完善的方向，例如 ESG 数据搜寻困难、评级存在分歧，特别是在非上市公司的 ESG 数据获取、评级以及评级内容和过程的科学化、透明化及数据更新频率等方面难度较大。

第一，提升本土 ESG 评级机构的竞争力。目前国内主流 ESG 评级机构包括万得、商道融绿、嘉实基金、社会价值投资联盟、润灵环球等。这些机构需要具备国际视野，引入国际先进的 ESG 评级方法，同时深刻理解中国企业的 ESG 实践。在具体应用中要充分考虑中国的特殊情境，使得评级更为客观、科学且有针对性。同时，需要进一步提升 ESG 评级的科学性、有效性和透明性。这一方面需要各评级机构完善评级方法，另一方面需要各类 ESG 主体，特别是监管部门共同努力，推动 ESG 数据的标准化提升企业披露水平，从而提高国内各类 ESG 评级的可比性，以及各评级之间的相关性。但我国 ESG 评级体系发展起步较晚，目前国内 ESG 评级体系呈现出多元化趋势，并存在评级指标分歧大、参照基准选择随意和缺失值替换过程不确定等问题。评级方法的科学性、公平性、评级结果的有效性有待提升，需要不断优化、调整评估方法、模型，探索特定应用场景适用的 ESG 评级方法。科学、有效的 ESG 评级方法有利于评级使用者更广泛应用 ESG 评级体系辅助风险管理和投资决策，倒逼企业提高信息披露质量。未来，随着 ESG 评级实践的发展和 ESG 投资策略的应用，ESG 评级结果的有效性有待广泛的市场验证，ESG 评级产品的质量、可靠性和透明度更需要监管机构的统一监督管理。

第二，提高公共 ESG 数据搜寻便利性。一方面，要依法合规推动生态环境、能源资源、市场监管、人力资源和社会保障、安全生产、食品药品安全等行业管理部门政务数据有序开放，提高公共 ESG 数据搜寻便利性。另一方面，要加快打造强有力的 ESG 数据信息化系统。ESG 中介系统的有效性需要精准丰富的 ESG 信息数据输入做支撑，ESG 底层基础数据提取和量化工作显得尤为重要。为此，应积极培育市场化专业机构协助企业搭建 ESG 数字化系统，同时加强企业 ESG 管理相关人员培训，实现 ESG 信息收集、测算自动化，减轻人工压力，规避数据核算人工错误。同时，数字化管理可对企业 ESG 绩效进行实时监控和跟踪，实现 ESG 管理持续监测，提升企业 ESG 信息管理能力和 ESG 治理水平。

第三，逐步建立信息披露鉴证制度。鼓励行业协会、学会等机构制定 ESG 鉴证准则、执业准则，逐步提高审计机构、咨询机构等 ESG 信息鉴证能力，提高 ESG 信息披露的透明度和可信度，有效防止企业在 ESG 报告中信息不实的风险。积极参与国家统一的信息披露鉴证准则的政策研究和模拟试点。

第四，推动设立 ESG 学会、协会等多元化的服务咨询机构。支持相关机构和企业发起设立 ESG 学会（智库端）、协会（业界端）等组织，促进行业自律和专业化发展，为政府提供决策支持，服务企业开展 ESG 实践，开展 ESG 国际国内学术研究与交流，加强 ESG 人才培育与管理。

6. 参与全球 ESG 治理

ESG 是我国参与全球经济治理的重要阵地，通过参与全球 ESG 治理可以获得更多国际竞争的话语权，从而在全球经济治理中扮演更为积极的角色。

第一，塑造开放包容的国际合作环境，积极引入国际 ESG 机构组织。中国政府正积极参与全球 ESG 治理。2022 年 4 月，中国财政部加入 ISSB 特别工作组，以推动世界各国披露标准的兼容性；2022 年 6 月，ISSB 任命中国财政部代表担任委员；中国财政部和证监会对于 ISSB 发布的两份披露标准草案也给予了正式反馈意见。2022 年 12 月底，财政部与国际财务报告准则基金会（IFRS）签署备忘录，隶属于 IFRS 的国际可持续准则理事会 ISSB 将设立北京办公室，并于 2023 年 6 月正式投入运营。依据备忘录，ISSB 北京办公室主要负责领导和执行 ISSB 的新兴和发展中经济体战略，促进与亚洲利益相关者的深入合作，并为帮助新兴和发展中经济体以及中小企业开展相关能力建设活动。

第二，积极参与国际 ESG 标准制定，推动与国际标准互认。一方面，要推动中国式 ESG 理念在国际上的认可,有助于中国在全球 ESG 领域发挥更大的作用。立足中国式现代化建设基本国情,积极参与国家可持续准则政策研究、模拟测试、披露试点,加快建立和完善国家通用准则、行业标准、团体标准,系统推动国家可持续准则标准的应用实践。另一方面,鼓励中国 ESG 生态体系中的各方主体培养国际视野,积极开展全球 ESG 对话。从 2021 年开始,首都经济贸易大学中国 ESG 研究院与 GRI、SASB、ISSB、TCFD、CDP、UN PRI 等国际组织开展沟通与相关合作,这将有效推动中国 ESG 标准体系建设,以及中国各机构制定的 ESG 披露标准的国际影响力。

第三,提升本土 ESG 评级的国际影响力,推动本土 ESG 评级体系与国际 ESG 评级体系的互认,在国际化与本土化之间寻求平衡。现行国际通用的 ESG 标准最初主要是基于欧美发达市场的发展状况和原则而制定,缺乏对不同地区、不同政治体制、不同文化背景的资本市场的多元化考量,并未充分考虑中国国情,导致其难以通过定性或定量的方式有效披露与衡量中国市场与企业的 ESG 行为。因此,必须加快培育国内 ESG 评级机构,国际化与本土化并重,取长补短,建立具有本土化、系统性、普适性和普惠性的中国 ESG 评级体系。此外,通过开展在华外企 ESG 评级等方式,纠正境外投资者的认知盲区和偏差,增强对他们对中国资本市场的了解和投资信心,推动中国 ESG 评级标准逐渐融入全球 ESG 体系,增强国际投资者对中国市场的信心。

第四,以"一带一路"倡议为引导,鼓励中国企业走出去,将 ESG 体系建设作为我国企业更好融入国际大循环的"通行证"。通过积极引导资本践行 ESG 投资理念,投资可以更好地服务于当地经济社会发展,推动"一带一路"沿线国家(地区)的绿色发展进程,使资本投资更具深远的影响。同时,加强与"一带一路"沿线国家的 ESG 政策、标准、规则的对接和互认是十分关键的。通过协调各国的 ESG 标准,可以降低企业跨国经营的壁垒,提高合作的效率。此外,互利合作和深化共融共赢也是构建"一带一路"国际合作机制的基础,有助于在 ESG 投资方面实现更多的共同利益。综合而言,以"一带一路"倡议指导ESG投资对我国企业在国际舞台上更好地发挥作用提供了有效路径。通过引导资本践行ESG投资理念，可以实现经济社会双赢，为"一带一路"沿线国家的可持续发展贡献力量，增强我国在国际合作中的影响力。

9.5 小结

在中国文化基因、制度支持和实践积累的支持下，中国政府和中国企业迅速积累了大量中国特色可持续发展和ESG现实基础，但与当前国际主流的ESG实践和相关标准之间存在较大偏差，这导致中国企业ESG实践在国际标准下难以全面发力。因此，为了让ESG能够更容易被接纳和理解，融入我国当前的发展情境，需要加快构建中国ESG生态体系。

中国共产党领导的社会主义现代化，既有各国现代化的共同特征，更有基于自己国情的中国特色，创新、协调、绿色、开放、共享的新发展理念有机统一于中国式现代化建设的实践中。因此，在我国谈论ESG问题，需要融入我国的发展情境，立足于中国式现代化的总体特征，理解中国式现代化赋予了ESG怎样的内涵，并进一步在新发展理念的指导下构建中国ESG生态体系。首先，将新发展理念作为中国ESG生态系统建设的理论基础，以创新为动力，以协调为行为准则，以绿色和开放为指导，以共享为目标，构建本土ESG生态体系。其次，中国ESG生态体系建设的具体实践中，应当以共同富裕为宗旨，引导企业共创共享价值，加强ESG法律制度建设，立足中国发展实际，构建本土化评价标准，聚焦重点战略领域指导ESG投资，引导企业ESG战略管理，培育有国际影响力的ESG中介机构，进而赢得ESG全球治理的话语权。可见，新发展理念为ESG本土化发展提供了强有力的理论依据，而中国特色的ESG也成为实现中国式现代化的重要战略工具。在新发展理念下，在监管机构、行业协会、投资机构、研究机构、企业等多方利益相关者的合作下，ESG将在中国焕发新的生机。

参考文献

[1] AGUINIS H, GLAVAS A. What we know and don't know about corporate social responsibility: A review and research agenda [J]. Journal of Management, 2012, 38(4): 932-968.

[2] ALNAFRAH I. ESG practices mitigating geopolitical risks: Implications for sustainable environmental management [J]. Journal of Environmental Management, 2024, 358: 120923.

[3] ARENDT S, BRETTEL M. Understanding the influence of corporate social responsibility on corporate identity, image, and firm performance [J]. Management Decision, 2010, 48(10): 1469-1492.

[4] BERG F, KOELBEL J F, Rigobon R. Aggregate confusion: The divergence of ESG ratings [J]. Review of Finance, 2022, 26(6): 1315-1344.

[5] BERLE A. Corporate Powers as Powers in Trust [J]. Harvard Law Review, 1931(44): 1049-1074.

[6] BILLIO M, COSTOLA M, HRISTOVA I, et al. Inside the ESG ratings: (Dis) agreement and performance [J]. Corporate Social Responsibility and Environmental Management, 2021, 28(5): 1426-1445.

[7] BINGLER J, COLESANTI S C, MONNIN P. Climate Transition Risk Metrics: Understanding Convergence and Divergence across Firms and Providers [J]. Available at SSRN 3923330, 2021.

[8] BLAIR M M, STOUT L A. A team production theory of corporate law [J]. A Team Production Theory of Corporate Law, 1999, 85: 247.

[9] BOLLEN N P B. Mutual fund attributes and investor behavior [J]. Journal of Financial and Quantitative Analysis, 2007, 42(3): 683-708.

[10] BOWLEY T, HILL J G. Shareholder inspection rights in Australia: then and now [J]. Research Handbook on Shareholder Inspection Rights, 2022, 17:323-342.

[11] BURKE J J. Do boards take environmental, social, and governance issues seriously? evidence from media coverage and CEO dismissals [J]. Journal of Business Ethics, 2022, 176(4): 647-671.

[12] CARROLL, ARCHIE B. A three-dimensional conceptual model of corporate performance [J]. The Academy of Management Review, 1979(4): 497-505.

[13] CHROBAK Q M., et al. Can clarifying instructions mitigate the effects of multifaceted questions on susceptibility to suggestion? [J]. Applied Cognitive Psychology, 2021, 35(6):1502-1509.

[14] CLÉMENT A, ROBINOT É, TRESPEUCH L. Improving ESG scores with sustainability concepts [J]. Sustainability, 2022, 14(20);doi. org/10. 3390/su142013154.

[15] COMPACT U N G. Who cares wins: connecting financial markets to a changing world [R/OL]. (2004-08) [2024. 07. 01]. https://documents1. worldbank. org/curated/en/444801491483640669/pdf/113850-BRI-IFC-Breif-whocares-PUBLIC.

[16] CORNELIUS N, TODRES M, JANJUHA-JIVRAJ S, et al. Corporate social responsibility and the social enterprise [J]. Journal of Business Ethics, 2008, 81: 355-370.

[17] CURTIS Q, FISCH J, ROBERTSON A Z. Do ESG mutual funds deliver on their promises? [J]. Michigan Law Review, 2021, 120(03): 393-450.

[18] DA CRUZ N F, MARQUES R C. Scorecards for sustainable local governments [J]. Cities, 2014, 39: 165-170.

[19] DAHLMANN F, BRANICKI L, BRAMMER S. Managing carbon aspirations: the influence of corporate climate change targets on environmental performance [J]. Journal of Business Ethics, 2019, 158: 1-24.

[20] DAVIS K, BLOMSTROM R L. Business and society: environment and responsibility [M]. New York: MeGraw-Hill, 1975.

[21] DE Jong M, ROCCO S. ESG and impact investing [J]. Journal of Asset Management, 2022: 1-3.

[22] DITLEV-SIMONSEN C D, Midttun A. What motivates managers to pursue corporate responsibility? a survey among key stakeholders [J]. Corporate Social Responsibility and Environmental Management, 2011, 18(1): 25-38.

[23] DODD E M. The modern corporation and private property by Adolf A. Berle and Gardiner C. Means [J]. California Law Review, 1932: 132-135.

[24] DONGYANG Z , LI M , JINTAO Z . Environmental subsidy disruption, skill premiums and ESG performance [J]. International Review of Financial Analysis, 2023, 90. DOI: 10.1016/j.irfa. 2023. 102862.

［25］EDMANS A. Grow the pie: how great companies deliver both purpose and profit［M］. Cambridge: Cambridge University Press, 2020.

［26］EDMANS A. The end of ESG［J］. Financial Management, 2023, 52(1): 3-17.

［27］EDWIN E. The Corporate social policy process: beyond business ethic, corporate social responsibility and corporate social responsiveness［J］. California Management Review, 1987, 19(3):104.

［28］EPSTEIN E M. Business ethics, corporate good citizenship and the corporate social policy process: a view from the United States［J］. Journal of Business Ethics, 1989, 8(8): 583-595.

［29］ERM. Study on sustainability-related ratings, data and research［R］. 2020.

［30］FASSIN Y. Stakeholder management, reciprocity and stakeholder responsibility［J］. Journal of Business Ethics, 2012, 109(5): 83-96.

［31］FERRELL A, LIANG H, RENNEBOOG L. Socially responsible firms［J］. Journal of Financial Economics, 2016, 122(3): 585-606.

［32］FLAMMER C, TOFFEL M W, VISWANATHAN K. Shareholder activism and firms' voluntary disclosure of climate change risks［J］. Strategic Management Journal, 2021, 42(10): 1850-1879.

［33］FREEMAN R E. Strategic management: a stakeholder approach［M］. Cambridge: Cambridge University Press, 1984.

［34］FREUDENREICH B, LÜDEKE-FREUND F, SCHALTEGGER S. A stakeholder theory perspective on business models: value creation for sustainability［J］. Journal of Business Ethics, 2020, 166(1): 3-18.

［35］FRIEDMAN M. Capitalism and freedom［M］. Chicago: University of Chicago Press, 1962.

［36］FRIEDMAN M. The social responsibility of business is to increase its profits［M］. New York: The New York Times Sunday Magazine, 1970.

［37］FRYNAS J G, YAMAHAKI C. Corporate social responsibility: review and roadmap of theoretical perspectives［J］. Business Ethics: A European Review, 2016, 25(3): 258-285.

［38］GADINIS S, MIAZAD A. Corporate law and social risk［J］. Vanderbilt Law Review. 2020(73): 1401-1477.

［39］GANDZ J, HAYES N. Teaching business ethics［J］. Journal of Business Ethics, 1988(7): 657-669.

［40］GOLDBERG L, LAGOMASINO D, Thomas N, et al. Global declines in human-driven mangrove loss［J］. Global Change Biology, 2020, 26(10): 5844-5855.

［41］GRIM D M, BERKOWITZ D B. ESG, SRI, and impact investing: a primer for decision-making [J]. The Journal of Impact and ESG Investing, 2020, 1(1): 47-65.

[42] HARJOTO M A, WANG Y. Board of directors network centrality and environmental, social and governance (ESG) performance [J]. Corporate Governance: The International Journal of Business in Society, 2020, 20(6): 965-985.

[43] HART O, ZINGALES L. Companies should maximize shareholder welfare not market value [J]. Journal of Law, Finance, and Accounting, 2017, 2(2):247-275.

[44] HEBB T, HAWLEY J, HOEPNER A, et al. The Routledge handbook of responsible investment [M]. London: Routledge, 2015: 553-564.

[45] HENDERSON R. Reimagining capitalism. how business can save the world [M]. London: Penguin Business, 2020.

[46] HILLIARD I. Coherency management [M]. Cham: Springer International Publishing, 2019.

[47] HOLMSTROM B, KAPLAN S. The state of U. S. corporate governance: what's right and what's wrong? [J]. Journal of Applied Corporate Finance, 2003, 15(3): 8-20.

[48] JENSEN M. Value maximization, stakeholder theory, and the corporate objective function, journal of applied corporate finance [J]. Journal of Applied Corporate Finance, 2010, 22(1): 32-42.

[49] KAESEHAGE K, LEYSHON M, FERNS G, et al. Seriously personal: the reasons that motivate entrepreneurs to address climate change [J]. Journal of Business Ethics, 2019, 157: 1091-1109.

[50] KLEIN R, ZEISS C, CHEW E, et al. Complement factor H polymorphism in age-related macular degeneration [J]. American Journal of Ophthalmology, 2005, 308(5720):385-389.

[51] KNOEPFEL I, HAGART G. Future proof: embedding environmental, social, and governance issues in investment markets-outcomes of the Who Cares Wins Initiative 2004-2008 [R/OL]. (2009-01-01) [2024-07-01]. https://documents. worldbank. org/en/publication/documents-reports/documentdetail/476811468158704493/future-proof-embedding-environmental-social-and-governance-issues-in-investment-markets-outcomes-of-the-who-cares-wins-initiative-2004-2008.

[52] KRAMER M R, PFITZER M W. The essential link between ESG targets and financial performance [J]. Harvard Business Review, 2022, 100(9-10): 128-137.

[53] HUGHES A, URBAN M A, WÓJCIK D. Alternative ESG ratings: how technological innovation is reshaping sustainable investment [J]. Sustainability, 2021, 13(6):3551-3551.

[54] LAGASIO V, CUCARI N. Corporate governance and environmental social governance disclosure: a meta-analytical review [J]. Corporate Social Responsibility and Environmental Management, 2019, 26(4): 701-711.

[55] LEINS S. 'Responsible investment': ESG and the post-crisis ethical order [J]. Economy and Society, 2020, 49(1): 71-91.

[56] LIAO, SAN, TSANG et al. Corporate governance reforms around the world: the impact on corporate social responsibility [J]. Corporate Governance: An International Review, 2021, 29(5): 496-523.

[57] LOKUWADUGE C S D S, HEENETIGALA K. Integrating environmental, social and governance (ESG) disclosure for a sustainable development: an Australian study [J]. Business Strategy and the Environment, 2017, 26(4): 438-450.

[58] MARGOLIS J D, WALSH J P. People and profits?: the search for a link between a company's social and financial performance [M]. New York: Psychology Press, 2001.

[59] MAYER C. Prosperity: better business makes the greater good [M]. Oxford: Oxford University Press, 2018.

[60] MCGUIRE J W. Business and society [M]. New York: McGraw-Hill, 1963.

[61] MILLER K, SERAFEIM G. Chief sustainability officers: who are they and what do they do? [M]. Oxford: Oxford University Press, 2014.

[62] MOON J, CRANE A, MATTEN D. Can corporations be citizens? corporate citizenship as a metaphor for business participation in society [J]. Business Ethics Quarterly, 2005, 15(3): 429-453.

[63] ORLITZKY M, SCHMIDT F L, RYNES S L. Corporate social and financial performance: a meta-analysis [J]. Organization Studies, 2003, 24(3): 403-441.

[64] PARMAR B L, FREEMAN R E, HARRISON J S, et al. Stakeholder theory: the state of the art [J]. Academy of Management Annals, 2010, 4(1): 403-445.

[65] PEDERSEN L H, FITZGIBBONS S, POMORSKI L. Responsible investing: the ESG-efficient frontier [J]. Journal of Financial Economics, 2021(2): 572-597

[66] PIES I, HIELSCHER S, BECKMANN M. Moral commitments and the societal role of business: an ordonomic approach to corporate citizenship [J]. Business Ethics Quarterly, 2009, 19(3): 375-401.

[67] PINKSE J, KOLK A. Addressing the climate change-sustainable development nexus: the role of multistakeholder partnerships [J]. Business & Society, 2012, 51(1): 176-210.

[68] POLLMAN E. The making and meaning of ESG [J/OL]. ECGI Working Paper Series in Law, [2024-07-01]. https://ecgi.global/content/working-papers.

[69] PORTER M, KRAMER M. Creating shared value: how to reinvent capitalism - and unleash a wave of innovation and growth [J]. Harvard Business Review, 2011, 89(1-2):62-77.

[70] PRAHALAD C K, HAMEL G. The core competence of the corporation [M]. HAHN D, TAYLOR B. Strategische unternehmungsplanung. Heidelberg:Physica, Heidelberg, 1997.

[71] RAIMO N, CARAGNANO A, ZITO M, et al. Extending the benefits of ESG disclosure: the effect on the cost of debt financing [J]. Corporate Social Responsibility and Environmental Management, 2021, 28(4): 1412-1421.

[72] RAJAN R, RAMELLA P, ZINGALES L. What purpose do corporations purport? evidence from letters to shareholders [R/OL]. (2023-05) [2024-07-01]. http://www.nber.org/papers/w31054.

[73] RAJNA B G, PHILIPP K, STEFFEN P S. ESG rating disagreement and stock returns [J]. Financial Analysts Journal, 2021, 77(4):104-127.

[74] REID E M, TOFFEL M W. Responding to public and private politics: corporate disclosure of climate change strategies [J]. Strategic Management Journal, 2009, 30(11): 1157-1178.

[75] RENNEBOOG L, TER HORST J, Zhang C. Socially responsible investments: institutional aspects, performance, and investor behavior [J]. Journal of Banking & Finance, 2008, 32(9): 1723-1742.

[76] ROBBINS S P. Management englewood cliffs [M]. New Jersey: Prentice Hall, 1991.

[77] ROWLEY T, BERMAN S. A brand new brand of corporate social performance [J]. Business & Society, 2000, 39(4): 397-418.

[78] SCIARELLI S. Corporate ethics and the entrepreneurial theory of "social success" [J]. Business Ethics Quarterly, 1999, 9(4): 639-649.

[79] SERAFEIM G. ESG: Hyperboles and reality [J]. Harvard Business School Research Paper Series Working Paper, 2021: 22-31.

[80] SERAFEIM G. Purpose + profit: how business can lift up the world [M]. New York:Harper Collins Leadership, 2022.

[81] STUBBS W, COCKLIN C. Conceptualizing a "sustainability business model" [J]. Organization & Environment, 2008, 21(2): 103-127.

[82] TODARO C J, EASTON M A, QIU D, et al. Grain refinement of stainless steel in ultrasound-assisted additive manufacturing [J]. Additive Manufacturing, 2021, 37. DOI:10.1016/j.addma.2020.101632.

[83] TREADWAY D C, HOCHWARTER W A, FERRIS G R, et al. Leader political skill and employee reactions [J]. The Leadership Quarterly, 2004, 15(4): 493-513.

[84] WALTON C C. Shriver's "ethic for enemies": implications for business research [J]. Business Ethics Quarterly, 1997, 7(4): 151-165.

[85] WANG H, CHOI J, LI J. Too little or too much? untangling the relationship between

corporate philanthropy and firm financial performance［J］. Organization Science, 2008, 19(1): 143-159.

［86］WANG S, CHANG Y. A study on the impact of ESG rating on green technology innovation in enterprises: an empirical study based on informal environmental governance［J］. Journal of Environmental Management, 2024, 358. DOI:10. 1016/j. jenvman. 2024. 120878.

［87］WANG T, BANSAL P. Social responsibility in new ventures: profiting from a long-term orientation［J］. Strategic Management Journal, 2012, 33(10): 1135-1153.

［88］WARTICK S L, COCHRAN P L. The evolution of the corporate social performance model ［J］. Academy of Management Review, 1985, 10(4):758-769.

［89］WEIHRICH H, KOONTZ H. Management: a global perspective［M］. Columbus: McGraw-Hill College, 1993.

［90］YORK J G, O'NEIL I, SARASVATHY S D. Exploring environmental entrepreneurship: identity coupling, venture goals, and stakeholder incentives［J］. Journal of Management Studies, 2016, 53(5): 695-737.

［91］陈婉.ESG投资理念推动绿色投资持续增长［J］.环境经济，2023，（15）：44-47.

［92］董江春，陈智，孙维章.《财务信息与非财务信息互连》述评及对ESG标准制定的启示［J］.财会月刊, 2022,（14）: 104-110.

［93］段濛.互联网企业的ESG体系构建——基于亚马逊与拼多多的双案例研究［J］.管理会计研究，2022（06）：44-54.

［94］韩丽萌，郭君华.新发展理念下绿色投资促进经济高质量发展［J］.中国管理信息化，2021，24（19）：133-134.

［95］郝颖.ESG理念下的企业价值创造与重塑［J］.财会月刊，2023，44（1）：20-25.

［96］何玲，罗孟旎.ESG信息披露能够促进实体企业未来主业发展吗？——基于供应商、客户集中度的探析［J］.西安航空学院学报，2023，41（06）：1-11, 38.

［97］胡滨.中国式现代化与金融科技赋能ESG［J］.中国金融，2023（10）：29-31.

［98］黄珺，汪玉荷，韩菲菲，等.ESG信息披露：内涵辨析、评价方法与作用机制［J］.外国经济与管理，2023，45（06）：3-18.

［99］黄世忠.ESG报告的"漂绿"与反"漂绿"［J］.财会月刊，2022（01）：3-11.

［100］贾明，姚晨雨，张喆.路演中董事长面部表情与IPO后公司业绩变脸［J］.管理工程学报，2020，34（03）：55-64.

［101］斯威德罗，亚当斯.可持续投资［M］.兴证全球基金管理有限公司，译.北京：中信出版社, 2023.

［102］李德健.论慈善组织的影响力投资及其立法完善［J］.社会科学战线，2022，（09）：219-224.

［103］李国栋，蓝发钦，国文婷.逆风而行还是顺势而为？——不确定性与企业 ESG 投资［J］.华东经济管理，2024，38（3）：84-98.

［104］李瑾.我国 A 股市场 ESG 风险溢价与额外收益研究［J］.证券市场导报，2021（6）：24-33.

［105］李井林，阳镇，陈劲.ESG 表现如何赋能企业绿色技术创新？——来自中国上市公司的微观证据［J/OL］.管理工程学报，1-17［2024-03-16］.https://doi.org/10.13587/j.cnki.jieem.2024.05.001.

［106］李立卓，崔琳昊.ESG 表现如何影响企业声誉——信号传递视角［J］.企业经济，2023，42（11）：28-39.

［107］李敏岚，何捷.责任性投资——国外的做法及对我国的启示［J］.软科学，2002，（6）：34-38.

［108］李诗，黄世忠.从 CSR 到 ESG 的演进——文献回顾与未来展望［J］.财务研究，2022（4）：13-25.

［109］李甜甜，李金甜.绿色治理如何赋能高质量发展：基于 ESG 履责和全要素生产率关系的解释［J］.会计研究，2023（6）：78-98.

［110］李小荣，徐腾冲.环境 - 社会责任 - 公司治理研究进展［J］.经济学动态，2022，738（8）：133-146.

［111］刘柏，卢家锐."好公民"还是"好演员"：企业社会责任行为异象研究——基于企业业绩预告视角［J］.财经研究，2018，44（5）：97-108.

［112］刘波，郭文娜.社会责任投资：观念的演化及界定［J］.软科学，2009，23（12）：45-49.

［113］刘凤元.绿色投资者与公司市场价值关系实证研究［J］.济南大学学报（社会科学版），2010，20（1）：63-67.

［114］柳学信，曹成梓，孔晓旭.董事会非正式层级对企业 ESG 表现的影响——来自我国上市公司的经验证据［J］.中国流通经济，2024，38（3）：104-114.

［115］柳学信，杜肖璇，孔晓旭，等.碳信息披露水平、股权融资成本与企业价值［J］.技术经济，2021，40（8）：116-125.

［116］柳学信，李胡扬，孔晓旭.党组织治理对企业 ESG 表现的影响研究［J］.财经论丛，2022，（1）：100-112.

［117］柳学信，吴鑫玉，孔晓旭.上市公司 ESG 表现与股票收益——基于股价中企业特质信息含量视角［J］.会计之友，2023，（10）：85-93.

［118］柳学信.打造 ESG 先行示范区［J］.北京观察，2023，（8）：54.

［119］卢美伶，程蕾.ESG 体系下 ESG 责任投资的"前世今生"和理论分析［J］.中国乡镇企业会计，2023，（8）：16-18.

［120］卢小兰，董馨诠.A股上市公司ESG披露对企业价值的影响——基于PSM的实证分析［J］.江汉大学学报（社会科学版），2023，40（6）：82-95.

［121］马从文，湛泳，杨洁.共同富裕目标下企业履行ESG责任的劳动收入分配效应研究［J］.华东经济管理，2024，38（2）：107-117.

［122］钱龙海.构建ESG生态系统 推动经济高质量发展［J］.中国经贸导刊，2020（24）：37-39.

［123］权小锋，吴世农，尹洪英.企业社会责任与股价崩盘风险："价值利器"或"自利工具"？［J］.经济研究，2015，50（11）：49-64.

［124］任荣明，朱晓明.企业社会责任多视角透视［M］.北京：北京大学出版社，2009.

［125］舒邵明.ESG体系对西部矿业财务绩效的影响［J］.河北企业，2023（12）：123-125.

［126］孙俊秀，谭伟杰，郭峰.中国主流ESG评级的再评估［J］.财经研究，2024，50（5）：4-18，78.

［127］孙美，池祥麟，永田胜也.社会责任投资的发展趋势和策略研究［J］.四川大学学报（哲学社会科学版），2017，（6）：141-152.

［128］孙忠娟等.ESG披露标准体系研究［M］.北京：经济管理出版社，2021.

［129］汤旭东，张星宇，杨玲玲.监管型小股东与企业ESG表现——来自投服中心试点的证据［J］.数量经济技术经济研究，2024，41（4）：173-192.

［130］唐凯桃，宁佳莉，王垒.上市公司ESG评级与审计报告决策——基于信息生成和信息披露行为的视角［J］.上海财经大学学报，2023，25（2）：107-121.

［131］屠光绍.ESG责任投资的理念与实践（上）［J］.中国金融，2019（1）：13-16.

［132］王大地，黄洁.ESG理论与实践［M］.北京：经济管理出版社，2021.

［133］王凯，李婷婷.ESG基金发展现状、问题与展望［J］.财会月刊，2022（6）：147-154.

［134］王凯，张志伟.国内外ESG评级现状、比较及展望［J］.财会月刊，2022，（2）：137-143.

［135］王凯，邹洋.国内外ESG评价与评级比较研究［M］.北京：经济管理出版社，2021.

［136］王琳璘，廉永辉，董捷.ESG表现对企业价值的影响机制研究［J］.证券市场导报，2022（5）：23-34.

［137］王思遥，沈沛龙.ESG评级对我国商业银行系统性风险的影响研究［J］.经济体制改革，2023，（5）：193-200.

［138］王馨，王营.绿色信贷政策增进绿色创新研究［J］.管理世界，2021，37（6）：173-188，11.

［139］王翌秋，谢萌.ESG信息披露对企业融资成本的影响——基于中国A股上市公司的经验证据［J］.南开经济研究，2022（11）：75-94.

［140］ 吴晨钰，陈诗一．中国特色ESG体系下的绿色转型与高质量发展［J］．新金融，2022（4）：8-16．

［141］ 席龙胜，赵辉．企业ESG表现影响盈余持续性的作用机理和数据检验［J］．管理评论，2022，34（9）：313-326．

［142］ 肖红军．改革开放40年国有企业社会责任的发展与演进［J］．当代中国史研究，2018，25（6）：118．

［143］ 肖小虹，林宇豪，贺小刚．ESG表现影响企业创新效率的效应与机制［J］．金融与经济，2024（1）：66-75．

［144］ 熊芸．多主体协同联动下财会监督体系的角色定位与路径实现——基于ESG信息监督的视角［J］．企业改革与管理，2023（19）：155-157．

［145］ 徐立青，严大中．中小企业社会责任理论与实践［M］．北京：科学出版社，2007．

［146］ 徐盛华．现代企业管理学［M］．北京：清华大学出版社，2004．

［147］ 阳立高，龚世豪，韩峰．劳动力供给变化对制造业结构优化的影响研究［J］．财经研究，2017，43（2）：122-134．

［148］ 阳镇，陈劲．共享价值创造范式的多维透视与未来进路［J］．南京大学学报（哲学·人文科学·社会科学），2023，60（1）：58-74．

［149］ 杨睿博，邓城涛，侯晓舟．ESG表现对企业财务绩效的影响研究［J］．技术经济，2023，42（8）：124-134．

［150］ 伊凌雪，蒋艺翅，姚树洁．企业ESG实践的价值创造效应研究——基于外部压力视角的检验［J］．南方经济，2022（10）：93-110．

［151］ 余汉，黄爽，宋增基．国有股参股能否提升企业ESG表现？——来自民营上市公司的经验证据［J］．上海财经大学学报，2024，26（1）：64-78．

［152］ 张小溪，马宗明．双碳目标下ESG与上市公司高质量发展——基于ESG"101"框架的实证分析［J］．北京工业大学学报（社会科学版），2022，22（5）：101-122．

［153］ 张晓玲．可持续发展理论：概念演变、维度与展望［J］．中国科学院院刊，2018，33（1）：10-19．

［154］ 赵沁娜，李航．ESG评级是否促进了企业绿色技术创新——来自中国上市公司的微观证据［J］．南方经济，2024（2）：116-135．

［155］ 周宏春．ESG内涵演进、国际推动与我国发展的建议［J］．金融理论探索，2023（5）：3-12．

［156］ 周祖城．企业伦理学［M］．北京：清华大学出版社，2005．

［157］ 朱爱萍，魏红山．ESG表现与企业绩效的关系——基于数字化转型的调节效应研究［J］．会计之友，2024（2）：44-52．